企业劳动用工合规风险防控与HR实操指引

李孝保／著

法律出版社
LAW PRESS·CHINA
——北京——

图书在版编目(CIP)数据

企业劳动用工合规风险防控与 HR 实操指引 / 李孝保著. -- 北京 : 法律出版社, 2022
ISBN 978 - 7 - 5197 - 6040 - 3

Ⅰ. ①企… Ⅱ. ①李… Ⅲ. ①劳动法 - 研究 - 中国 Ⅳ. ①D922.504

中国版本图书馆 CIP 数据核字(2021)第 205778 号

企业劳动用工合规风险防控与 HR 实操指引
QIYE LAODONG YONGGONG HEGUI FENGXIAN FANGKONG YU HR SHICAO ZHIYIN

李孝保 著

策划编辑 刘晓萌
责任编辑 刘晓萌
装帧设计 汪奇峰

出版发行 法律出版社
编辑统筹 法治与经济出版分社
责任校对 王晓萍
责任印制 吕亚莉
经　　销 新华书店

开本 710 毫米 × 1000 毫米 1/16
印张 18 **字数** 317 千
版本 2022 年 7 月第 1 版
印次 2022 年 7 月第 1 次印刷
印刷 固安华明印业有限公司

地址:北京市丰台区莲花池西里 7 号(100073)
网址:www.lawpress.com.cn
投稿邮箱:info@lawpress.com.cn
举报盗版邮箱:jbwq@lawpress.com.cn

销售电话:010 - 83938349
客服电话:010 - 83938350
咨询电话:010 - 63939796

书号:ISBN 978 - 7 - 5197 - 6040 - 3
定价:88.00 元

凡购买本社图书,如有印装错误,我社负责退换。电话:010 - 83938349

序

本书是一本以实务为主的书,因为作者有博士研究功底,故同时提供了必要的理论铺垫和解释说明。能够以劳动法实务中的重要问题为主线,附以说理阐述的书籍并不多见。李孝保律师在理论与实务方面均有厚重的基础,其撰写的著作尤显得珍贵。

中国劳动法博士是一个很小的群体,自我与中国人民大学常凯教授、南京大学周长征教授2001年在北京大学获得中国首届劳动法博士以后,陆续有几十位博士产生,与民法、刑法等相比非常少,但是这群劳动法博士仍在努力提高中国劳动法的研究水平。

有关劳动法的争论自改革开放以来就有,无非是保护资方还是劳方多一点。即使这样,劳动政策的微调方显“治大国如烹小鲜”的高超治国能力。在以人民为中心的习近平新时代中国特色社会主义思想指导下,劳动法有了一个新的指导思想,为劳动人民做出更大的保护,让劳动人民分享改革的成果,满足劳动人民不断增长的对于美好生活的向往。

通读书稿后,我认为本书有以下四个特点:

第一,实务性。孝保博士多年来一直专注于劳动法理论和实务工作,深谙企业劳动用工合规风险防控和人力资源管理的关键节点。本书即其多年来从事专业咨询、培训、诉讼及非诉实务经验的总结。全书12章内容都是企业劳动用工合规风险防控的重点内容。书中很多关于企业劳动用工的实操指引,就是作者为不同客户提供并具有共性化的实操方案。同时,本书又不仅仅是一本实务类专著,并不是相关实操方案的简单堆砌和列举,而是兼有相应的、必要的、简要的说理和理论铺垫,让企业不仅能知其然,还能知其所以然。比如,关于"工资认知中的不同视角和口径"的分析,对企业工资管理实务来说就非常必要。

第二,可操性。本书中讨论企业劳动用工管理实务,均基于实践中的具体问题,并按提出问题—分析问题—解决问题的思路展开。尤其是解决问题的具体方案具有可操性,对企业人力资源部的管理工作具有明确的指导价值。比如,关于规章制度的"三大条款"设计及"三种思维"的运用、"工资福利化"和"福利工资化"的转化运用等。

第三,时效性。本书将近年来国家和地方劳动立法、政策、司法解释等最新规定和精神融合进来,与时俱进,具有很强的时效性。本书不仅体现了《中华人民共和国民法典》及其配套的《最高人民法院关于审理劳动争议案件适用法律问题的解释(一)》(法释〔2020〕26号)的相关规定,还有针对性地提出实务应对的策略和建议。比如,关于劳动合同期满后的继续用工问题,分析了最新司法解释的不妥之处,并就应签未签劳动合同的法律责任和劳动合同终止或解除的法律问题提出应对方案。

第四,前瞻性。本书还具有一定的前瞻性,一方面,关于实践中常见的劳动用工合规风险防控问题,本书提出的实操方案并不保守,而是充分体现了开放性和前瞻性;另一方面,本书对平台用工、众包用工及共享用工等灵活用工模式给予了充分的关注,直接体现了其前瞻性和时代性。

习近平总书记指出,"当今世界正面临百年未有之大变局。对广大新兴市场国家和发展中国家而言,这个世界既充满机遇,也存在挑战"。对于劳动法研究者,需要深入研究在这个大变局中中国劳动力市场面临的机遇和挑战,提出促进中华民族伟大复兴的劳动政策和法律建议，为增进全体中国人民的福祉做出应有的贡献。

姜俊禄*

2021年11月1日于北京

* 中国社会法研究会副会长、北京市劳动和社会保障法学会名誉会长。

目 录
CONTENTS

CHAPTER 01 第一章

招聘、入职法律风险节点及其预防和应对

招聘、入职管理法律风险防控是企业人力资源管理合规的前提和基础,其重要性自不言而喻。劳动用工管理和劳动争议实务处理实践中,大部分劳动争议与入职阶段的用工管理及其法律风险防控不当有关。本章主要探讨企业在招聘、录用、入职管理过程中重要节点的法律风险及其预防和应对措施。

第一节　就业歧视的表现及其预防和应对

鉴于各种因素的影响,就业歧视现象在我国劳动力市场和劳动用工领域中极为普遍。在当前劳动用工立法和实践中,除了性别、年龄、民族、种族、宗教信仰等传统的、法定的歧视事项外,疾病歧视、地域歧视、婚育歧视以及性骚扰等也日渐普遍。就业歧视不仅是对劳动者就业权利的侵害,而且会导致劳动者人格权、生存权等基本权利的减损。因此,劳动法治发达的国家和地区,均严格规范就业歧视问题。我国目前反就业歧视立法尚不够完善,故要求完全杜绝就业歧视现象,未免过于理想和乐观。不过,在法治氛围渐浓、权利意识高涨

的新时代背景下，反歧视必是大势所趋，反就业歧视的立法和政策必将不断健全和完善。[1]

故作为用人单位，理应重视就业歧视问题，尤其需注意避免在招聘、入职管理过程中出现歧视行为。从用工管理和实操的角度看，用人单位应注意以下事项。

一、避免存在就业歧视内容的招聘广告

随着网络和信息技术的日渐发展，用人单位招聘渠道更趋灵活，招聘方式更加多元，招聘广告的形式也更加灵活和自由，并无统一标准和要求。但招聘广告的内容须注意避免就业歧视。以下两点实操建议值得关注：

第一，通过任何渠道发布任何形式的招聘广告，淡化或避免出现就业歧视的内容。在当前就业市场中，普遍存在性别、年龄、地域及疾病等歧视现象。其中，性别和年龄歧视最为普遍，但相对来说，劳动者对此不太敏感，用人单位预防和应对也更为方便。不过，劳动者和社会公众对地域和疾病歧视特别是疾病歧视更为敏感，容易引发争议并陷入舆论旋涡甚至形成公共事件，用人单位处理起来比较棘手。故笔者建议用人单位在制作招聘广告时，除了学历、工作资历、工作经验等内容的表述之外，分两种情况处理：一是淡化或模糊化处理可能涉及就业歧视的内容；二是避免敏感歧视内容的出现。

第二，将招聘工作重心后移，注重简历筛选工作。按笔者的操作建议，用人单位要淡化处理招聘广告中涉及歧视的内容，必然导致更多人符合应聘条件，这有利于扩大用人单位的选才范围，只是适当增加了筛选简历的工作任务。换言之，用人单位负责招聘的人员在筛选简历过程中，可以根据拟录用的岗位说明，结合相应岗

---

〔1〕 2019 年 2 月，人力资源和社会保障部、教育部等九部委下发《关于进一步规范招聘行为促进妇女就业的通知》规定：各类用人单位、人力资源服务机构在拟定招聘计划，发布招聘信息时和招聘人员过程中，不得限定性别（国家规定的女职工禁忌劳动范围等情况除外）或性别优先；不得以性别为由限制妇女就业求职，拒绝录用妇女，不得询问妇女的婚育情况；不得将妊娠测试作为入职体检项目；不得将限制生育作为录用条件；不得差别化地提高对妇女的录用标准。如用人单位发布含有性别歧视内容的招聘信息，最高可处以 5 万元罚款。

位的人员录用标准，挑选出参加面试的人员。[1]

二、重视招聘体检并合理安排体检时间和运用体检结果

当今社会的发展阶段正处于信息文明时代的开端，但整体而言却是一个风险社会，疾病风险首当其冲。疾病风险的范围很广，既包括劳动者个体层面上的伤病风险，也包括社会层面上的疾病风险，如禽流感、非典、新冠肺炎等传染病。所以，疾病风险的预防和应对，是一个医疗和社会保障机制运行的社会问题，而不仅是用人单位人力资源管理问题。就用人单位的用工风险管理而言，既不能避免在职和离职阶段的劳动者疾病风险，也不能避免社会层面上疾病防控的影响，[2]而只能在招聘入职阶段做一些劳动者疾病风险的防控措施。但前提是要避免在招聘入职管理中出现疾病歧视的操作。

在用工管理实践中，招聘体检是防控劳动者疾病风险的重要措施。用人单位如何在招聘体检过程中，既避免疾病歧视，又能最大限度地防控疾病风险？笔者提供以下三点建议：

第一，谁来体检？即由用人单位体检还是应聘人员自己提供体检结果。建议对拟录用的重要岗位或者对健康有要求的岗位，用人单位应组织应聘人员在与用人单位有关联关系或合作关系的医疗机构体检。

第二，何时体检？即具体的体检时间是安排在面试过程中还是录用后进行。显然，从风险防控的角度看，应在面试过程中进行，而不能在确定录用后再组织体检。具体而言，建议用人单位将面试成绩、笔试考核的结果和体检结果一并结合运用，综合考量并判定是否予以录用。特别是在应聘人员笔试、面试成绩合格，体检结果不合格但体检项目涉及疾病歧视的条件下，用人单位需灵活变相处理，以顺利

---

〔1〕 比如，用人单位基于工作和人才培养需要，倾向于招聘年轻的员工，为了避免年龄歧视，在招聘广告中应避免出现“不得超过25周岁”“25周岁以下”“本科毕业生优先”等内容或意思表示，但在筛选简历的时候可以进行相应的处理。

〔2〕 如新冠肺炎疫情防控，整个国家和社会均在防控疫情，用人单位自然受到停工、停产等影响。

实现招聘目的,避免歧视风险。[1]

第三,体检什么？即应体检什么项目。笔者认为除了常规项目的体检外,一些特殊项目是否要体检应结合工作性质、工作内容和岗位需要予以确定,同时,还应避免立法和政策规定的可能涉及疾病歧视的体检项目。当然,如果从风险管理的概率和成本控制因素考虑,即使是法定的禁止体检项目,用人单位也可以根据实际需要进行灵活处理,这样就可以最大限度地避免法律风险。

第二节 招聘、入职中欺诈的预防和应对

诚信原则是道德的基准要求,也是私法领域里的“帝王规则”。《中华人民共和国劳动合同法》(以下简称《劳动合同法》)将诚信原则吸纳进来,并作为指导劳动合同签订和履行的基本原则,体现了其私法性和自治性。《中华人民共和国民法典》(以下简称《民法典》)更是强化了诚信原则、公序良俗原则的重要性,并且对用人单位劳动用工管理产生直接影响。劳资双方在招聘过程中要讲诚信,避免彼此欺诈,固然是基于诚信的要求,但更重要的是为了满足劳资双方彼此的知情权。用人单位作为组织体且是资本和管理一方,体现的是经营权和用工权,而劳动者作为自然人,且是被管理一方,体现的是劳动权,而劳动者作为自然人享有的劳动权必然体现为人格权、隐私权等基本权利。故双方在主体的性质、地位及其各自所体现的权利位阶不同,满足彼此知情权自然也不相同。根据《劳动合同法》第 8 条的规

〔1〕 典型案例如贵州茅台酱香酒营销有限公司与刘元(化名)因艾滋病毒感染就业歧视一案。2019 年 5 月,刘元通过公司组织的资格初审、招聘考试、面试后,与其他应聘者共同在茅台职工医院参加体检。经体检发现刘元是艾滋病毒感染者,公司拒绝录用。后刘元以侵犯平等就业权为由向法院起诉。从目前能检索到的案件材料来看,公司确已构成疾病歧视,违反《艾滋病防治条例》《中华人民共和国就业促进法》等立法规定。但反观此案,公司如能灵活处理完全可以避免这一官司。公司处理的主要不当之处有两点:第一,在已经确定了笔试、面试结果,且根据笔试和面试结果,刘元已经入围后再组织体检,实质上相当于录用后再体检;第二,检查了不该检查的项目,且未就体检结果进行灵活变相的处理。公司在招聘考核中应只确定考核的大致范围或标准,而不是将某一项或几项结果与确定的录用标准对应起来,最后在综合考虑笔试、面试及体检结果基础上,最终确定录用结果。

定,用人单位在招聘时需如实、主动、全面告知劳动者与劳动合同履行有关的所有事项,而劳动者只需如实、被动、部分告知与用人单位决定录用劳动者有关的事项即可。换言之,与录用劳动者或工作无关的,或涉嫌侵害劳动者隐私权的内容,劳动者无须也不必告知。

本节拟从用人单位和劳动者各自如何避免对方欺诈的角度,进行实务分析和应对。相对而言,劳动者如何避免用人单位欺诈的问题比较简单且容易操作,从实操的角度来看,需要做到"管理留痕",即用人单位需要能证明主动、如实、全面告知相关信息。笔者建议用人单位在发出面试通知时,就可以一并发出格式化的"企业基本信息告知函",要求参加面试的应聘人员签字,等面试的时候交给单位即可。[1]

以下重点分析如何预防和应对劳动者欺诈入职。从管理和实操和角度看,笔者总结为"两个层面"和"三个阶段"。具体分析如下:

一、预防劳动者欺诈的"两个层面"

所谓预防劳动者欺诈的"两个层面"是指招聘录用劳动者,必须有实质意义上的考核机制和表面意义上书面登记、承诺及声明。前者是根本,是用人单位实施面试、考核、背景调查等措施的总称,也是用人单位能否"招到合适的人"的基础和保证,"招到合适的人"是人力资源管理的核心和关键,或者说是人力资源管理乃至整个企业管理的逻辑起点;后者是关键,体现为具体的管理流程和表单,本质上是为了"管理留痕"。

(一)实质考核机制运行中的注意事项

实质性考核机制的实施,在企业招聘工作中确属一项系统工程,其涉及招聘渠道和目标人群的定位、结构化和功能化的面试、专业且深入的背景调查等方法和手段,目标在于能招录到"合适"的人或企业想招的人。事实上,在我国人力资源管理

---

〔1〕"企业基本信息告知函"需要包括哪些内容,用人单位需根据法律的规定并结合自身的实际情况全面告知劳动者。相关立法并未明确要求具体应告知信息的范围,一般包括但不限于以下信息:企业组织经营方面的信息、工作内容、工作条件、工作地点、职业危害、安全生产状况、劳动报酬等。

领域,特别是招聘、录用过程中,用人单位存在主观主义、形式主义和个人主义之风。主观主义,主要体现为“随意招人”,缺少职位分析和人力资源规划的前提性和基础性工作,且缺乏流程意识和风险意识;形式主义,是指面试考核“搞形式”和“走过场”;个人主义,则是指在招聘考核过程中缺少业内专业人士的深度参与,一般表现为由企业人力资源部门的“单打独斗”缺少业务部门和外聘专家或机构的参与。可见,只有采取有效的实质性考核机制,招到合适的人,才真正完成了企业人力资源管理的前提和基础工作。

实质性考核机制的实施和运行,需要注意如下事项:

1. 重视职位分析这一人力资源管理的基础工作。职位分析或称职位说明、岗位分析,通俗一点说,就是“人”和“事”的问题。换言之,就是什么人做什么事的问题,即“人岗匹配”问题。规范一点说,就是职位描述(职位是干什么事的)和职位规范(由什么人来干比较合适)的问题。因此,只有基于精准的职位分析,才有可能招录到真正合适的人。

2. 淡化传统的面试考核机制,采取综合化、实践化、功能化和结构化的面试与考核。围绕职位描述,设计核心考核指标,并通过各种有效的方法进行全面、深入考核。

3. 重构企业人力资源部与业务部分的关系,调整人力资源部的角色及其职能定位。随着社会经济的发展,企业劳动用工方式及其组织架构也呈急剧变革之势,基于“六大模块”的传统人力资源管理模式已无法适应新时代背景下的企业运行和管理。企业人力资源管理将更加注重服务、协调、助推的角色定位,人力资源部与其他业务部之间的联系将更加紧密,近年来日渐盛行的“人力资源业务合作伙伴关系”(HR Business Partner, HRBP)足以说明这一点。据此,招聘过程中,人力资源部只负责招聘、录用流程的设计,提供招聘过程的服务和指导,但针对重要岗位的人员录用,最终应由业务部门确定。

4. 充分利用信息技术,做好对考核对象全面、深入的背景调查。

(二)书面登记、承诺及声明的运用

实质意义上的考核,是防止劳动者“欺诈”的根本,也是确保用人单位招录的人

员能“人岗匹配”的关键。重点在于考核的“全面性”“有效性”“重点性”,通过选拔发现候选人真正值得招用的素质。但从管理的角度看,还必须体现为一系列的管理流程和表单。笔者建议用人单位充分灵活运用以下两份表格:

第一,“应聘人员信息登记表”的设计和运用。基于诚信原则,劳动者满足用人单位知情权的要求是如实、被动和部分告知其与工作有权的信息。如何操作?笔者建议设计一份格式化的“应聘人员信息登记表”,随面试通知一并发给应聘人员填写,签字确认并于参加面试时交给用人单位。从用人单位的角度来看,这份登记表的关键在于,既要尽可能全面了解应聘人员相关信息,又要注意要求登记的信息与录用与工作的关联性和隐私权的保护,还要确保应聘人员提供信息的真实性。[1]

此处值得一提的是,在《民法典》重视个人信息保护的立法背景下,用人单位收集、处理劳动者个人信息的,可能涉嫌侵犯个人信息保护。根据《民法典》第1035条的规定:“处理个人信息的,应当遵循合法、正当、必要原则,不得过度处理,并符合下列条件:(一)征得该自然人或监护人同意,但是法律、行政法规另有规定的除外;(二)公开处理信息的规则;(三)明示处理信息的目的、方式和范围;(四)不违反法律、行政法规的规定和双方的约定。个人信息的处理包括个人信息的收集、存储、使用、加工、传输、提供、公开等。”可见,用人单位收集、处理劳动者个人信息时事先取得劳动者的书面授权至关重要,故笔者建议在应聘人员信息登记表中可设置相应的授权栏,让应聘人员授权单位正当合理使用其信息,其中包括向该应聘人员前用人单位或相关机构和人员进行背景调查。

第二,“入职声明表”的设计与运用。“应聘人员信息登记表”的目的在于应聘人员基本信息的采集与固定,然后通过各种方式进行考核予以进一步的确认,此时用人单位基本能够掌握应聘人员与录用及工作有关的大致情况,包括其人品或品性方面的信息。但如果劳动者登记的信息是虚假的,用人单位在考核中未能发现并已决定录用的如何处理?笔者建议在员工报到入职时,还需要进一步采取防欺

---

〔1〕“应聘人员信息登记表”的功能重在登记单位想了解的信息,并确保其真实性。立法并未明确具体的信息范围,完全基于用人单位的自主管理需要。一般来说,需要了解劳动者的重要信息包括但不限于:基本信息、教育和培训背景、专业资历、工作资历、家庭背景信息等。特别应注意的是,该表可以根据用人单位的管理需要灵活设计,但必须设置一栏声明签字页。

诈措施,运用“入职声明表”来阻却劳动者欺诈。具体运用详见下文分析。

二、预防和应对劳动者欺诈的“三个阶段”

预防和应对劳动者欺诈,体现在招聘、入职等主要环节上,上述“两个层面”的分析和此处所指的“三个阶段”只是从不同的视角加以划分。“两个层面”是从内容和形式两个不同的角度指出用人单位应该采取的措施和注意的事项;“三个阶段”则从历史的角度建议用人单位在不同的环节应注意的实操方案。

具体而言,招聘、入职管理中预防和应对劳动者欺诈具体可以从招聘考核、入职报到及欺诈的处理三个阶段分析:

(一)招聘考核阶段

如上所述,招聘考核阶段的主要工作是采集应聘者基本信息,并通过各种方式进行考核的过程。因此,该阶段以预防劳动者欺诈为主。具体包括:“应聘人员信息登记表”的设计和使用、面试、考核、体检、背调等。因相关内容已在其他章节中论及,此处不予赘述。

(二)入职报到阶段

入职阶段预防和应对劳动者欺诈的主要工作是“入职声明表”的设计和运用。关于“入职声明表”,须关注以下事项:

1. 定性及功能定位。据笔者观察,很多企业都备有“入职登记表”之类书面文件,在员工入职时甚至在参加招聘考核时便让员工填写。就其定性和功能而言,显然只起到了员工信息登记表的作用。故我们建议运用“入职声明表”代替“入职登记表”,因为员工信息已经在招聘考核阶段完成,员工入职时人力资源部的任务就是将之前考核、选拔阶段确定的招聘、录用条件以及该员工所具备的职位规范资料进行最终确认,由该入职员工承诺信息资料的真实性和关联性,并承担不利的后果,即“无欺诈承诺”。可见,“入职声明表”本质上是一种风险预防和转嫁机制。

2. 具体内容。“入职声明表”的主要内容包括三方面:一是进一步承诺员工所登记或提供信息的真实性;二是承诺员工提供的信息与用人单位录用,且员工能胜任工作之间存在直接的关联性；三是若员工提供的信息虚假或与单位审查、考核结果有出入，导致单位错误录用的，员工承诺承担不利后果。

3. 实务处理。鉴于“入职声明表”的功能定位，员工入职时究竟在哪些方面需要承诺和声明？这些方面的承诺和声明具体应如何安排？基于法律风险管理，笔者认为员工入职时的承诺和声明主要应包括：已登记信息的真实性及其与录用结果的关联性声明、无犯罪记录、家族病史、已离职且无竞业限制义务、联系方式、劳动合同签收、规章制度公示等。针对这些承诺和声明的具体安排，笔者建议两种方案，用人单位可以根据自身管理需要选择适用：一是综合安排，即在一张“入职声明表”中将上述承诺和声明事项分别列入进去，有员工分别签字或统一签字；二是分散安排，即将上述承诺和声明事项，分别制成不同的表格或文本，在入职时让员工分别签字。

（三）劳动者欺诈的处理阶段

理想状态下，基于诚信原则和用人单位实质考核及其相应的法律风险管理措施，劳动者很难欺诈入职，但如果遇到劳动者欺诈时，如何在合法、合规的基础上处理和应对？笔者建议采用如下“四步走”应对方案：

第一步，认定欺诈。在劳动用工和劳动法领域，欺诈大致可以分为两个层面：实质性欺诈和一般性欺诈。所谓实质性欺诈，就是劳动者提供的信息资料与工作有直接关系，并导致用人单位错误录用，典型的如学历和工作资历造假；一般性欺诈则是指劳动者提供的信息不同程度地失真，与用人单位要求的条件或掌握的信息有出入，但与用人单位录用及其工作是否胜任之间没有直接的关联性，典型的如隐婚入职。显然，对于劳动者的实质性欺诈，属于真正意义上的欺诈，但对于一般性欺诈，基于“关联性”制约和隐私权的保护，在劳动法领域并不能被认定为真正意义上的欺诈，因为不会产生欺诈的法律后果。

第二步，欺诈的过渡性处理。当认定劳动者存在欺诈时，如统一按劳动合同无效并予以解雇处理，并非理性之举，且存在巨大的法律风险。笔者建议无论是劳动者存在实质性欺诈还是一般性欺诈，均不宜立即解雇，而是应综合该员工欺诈的类型、工作表现、对单位的影响程度等因素综合判定,暂时继续用工,保留处理机会。[1] 如果后续的跟踪管理中发现该员工能胜任工作,且对单位也没有其他不利影响的,完全可以继续用工,放弃解雇。

第三步,实质欺诈,劳动合同无效解雇。一般而言,员工存在实质性欺诈,单位有权予以解雇,即员工虚假陈述或提供的虚假资料与用人单位录用要求和其工作本身有关的,则直接以欺诈导致合同无效为由解除劳动合同。这种解雇有充分法理和立法依据,无须赘述。

第四步,一般性欺诈,违反诚信,严重违规解雇。实践中,比较多见却难以应对的是员工出现诸如隐婚入职的一般性欺诈。基于关联性和隐私权保护,凡是劳动者提供的虚假资料与录用或工作无关的,或属于劳动者隐私的,用人单位是否只能听之任之?笔者认为,如果这一观点成立,无异于鼓励劳动者的不诚信行为,显然也有违诚信原则,与当今社会倡导的核心价值观相悖。因此,针对劳动者的各种不诚信行为,用人单位有权加以制约,只是需注意制约的方式和程序。笔者建议,应对员工的一般性欺诈,首先,用人单位要将诚信原则上升为企业文化,在企业运行和管理中贯彻"不诚信,零容忍"原则;其次,将违反诚信原则的行为及其后果纳入劳动规章制度体系,形成具体的制度条文,作为处理不诚信员工的制度依据;最后,以违反诚信原则,严重违规为由解除劳动合同。

第三节 录用管理中的法律风险及其应对

通过各种考核,用人单位最终决定录用应聘人员的,一般会发书面的录用通知(offer)。实践中,offer的管理除了要明确其定性、功能及内容外,还需关注其失效条件的约定等法律风险防控和应对。

---

[1] 在当前我国劳动立法体系下,这一措施有很大的存在空间,有利于用人单位的人力成本和法律风险的降低。因为相关立法并未规定用人单位基于劳动者过错而解雇的时限要求。

一、offer 的定性和功能定位

offer 如何定性？理论和实务界有要约和要约邀请两种观点。笔者认为，从立法规定来看，offer 是用人单位同意录用的意思表示，符合要约的要件，应该属于要约。从管理的规范性来看，offer 体现了用人单位人力资源管理的规范性，更应该被定性为要约。当然，在实践中为了避免可能的风险，也有很多方法将 offer 设计成要约邀请，如在 offer 中明确表示此 offer 属于要约邀请，或直接不发书面的 offer，而是电话通知报到入职。事实上，将 offer 设计成要约邀请貌似规避了一些法律风险，但这一操作显然不专业、不规范，故规范化管理的用人单位录用通知均应设计成要约。

offer 被定位为要约，则对用人单位而言，offer 发出后能否撤回或撤销？显然，可以撤回但撤回的通知必须先于或同时到达受要约人，即拟录用的员工。撤销 offer 意味着员工已经承诺，根据《民法典》第 500 条的规定，用人单位“反悔”，需要承担缔约过失赔偿责任，故必须谨慎。

offer 有何功能？我们认为至少有三种功能：其一，通知功能，无须赘言。其二，示明功能，即将单位招录该员工的相关条件待遇等进行充分示明，使员工在正式承诺之前有进一步思考的机会。换言之，如果员工有另外更好的机会，可以不承诺；如果达不到相关的条件，则入职后有被发现并被解除合同的风险。其三，协商的功能，即员工收到 offer 后，在承诺之前，可以就某些录用条件或薪资待遇等与单位进一步协商。

二、offer 的内容设计

既然 offer 定性为要约，那么写什么内容就很重要。offer 究竟应包括哪些内容，没有统一的要求和格式文本，用人单位可根据具体情况，可繁可简。从实务的角度看，一般应包括以下几项内容：第一，同意录用的意思表示；第二，单位拟提供的劳动条件和待遇及合同期限等；第三，报到入职的时间、地点及应提供的入职资料等；第四，录用条件的明确；第五，承诺的具体期限和方式；第六，失效条件的约定；第七，违约金的约定等。

在offer的以上内容中,有两点需要进一步说明:

第一,录用条件是否应在offer中进行列明?笔者认为,如果拟在劳动合同中约定试用期的,有必要在offer中将录用条件列举上。作用之一:提前让拟录用的员工知晓,让其权衡利弊,决定是否承诺;作用之二:拟录用人员如果认为录用条件有疑问,还可以与用人单位进一步沟通,以便在劳动合同中完善。如果不约定试用期,则可以不列明。

第二,承诺的具体期限和方式及违约金如何设计和运用?offer作为规范化的要约,应该明确承诺的具体期限和方式,特别是承诺的方式,最好是将回执寄回单位。至于是否约定违约金,则要看拟录用人员对用人单位的重要程度。如针对很想要的人,可以一并明确,在offer规定的期限内承诺,拟录用员工须签署offer回执单并寄回单位。不承诺或不在规定的期限内承诺的,视为放弃承诺。作出承诺后,未按时报到的,需承担一定的违约金。建议违约金数额不宜过高,以1~3个月的工资为标准较为合理。

三、offer失效条件的约定

从用人单位的角度看,offer管理的法律风险主要有三点:一是拟录用的人不来报到入职,徒增招聘成本;二是拟录用人员报到入职时不符合用人单位的入职条件(注意不是录用条件),徒增用工法律风险;三是offer内容与劳动合同内容不一致时,员工纠缠并拒签劳动合同,增加用人单位未签劳动合同的法律风险。那么,如何约定offer的失效条件,才可以避免上述风险?具体应明确约定或交代以下内容:

1. 不按时寄回"同意offer"的回执给用人单位的,该offer失效;

2. 拟录用人员不按时报到入职的,该offer失效,且需承担一定的违约责任;

3. 报到时不能按规定提供退工单或离职证明等用人单位所需主要资料的,offer失效(当然,也可以规定提供相关资料属于录用条件之一,特殊情况下可以缓交,但若在试用期结束前仍无法提供的,视为不符合录用条件);

4. 签订劳动合同，本 offer 失效，offer 信息与劳动合同不一致的，以劳动合同为准。[1]

第四节　入职管理中的法律风险及其应对

经用人单位考核和录用，员工报到入职后便完成招录进入劳动关系运行、劳动合同履行及人力资源管理阶段。单位在员工报到、入职阶段应该如何管理才能有效预防法律风险？目前实务界并无统一认识和操作模式。笔者认为，对员工报到、入职阶段的法律风险管理是人力资源合规和劳动用工风险管理的重要组成部分，具有重要的“承上启下”的作用，一方面是以入职声明的方式对招聘考核中员工提供或单位获取的员工信息进行进一步的确认，另一方面又是为劳动合同的履行做好准备。据笔者观察，员工报到入职阶段的有效管理主要是在一个完整的入职流程过程中完成若干管理事项。具体可概括为“一个流程，两大事项”。

一、入职流程的设计和运用

所谓入职流程，简单而言就是新员工报到时，通过什么样的步骤或方式完成入职手续，进入工作岗位和工作状态。就笔者观察，实践中大致有两种流程设计模式：一种是新员工到人力资源部或行政人事部门报到，再走完相关的职能部门，完成相应的入职交接后，再回到人力资源部，从而形成一种“闭环”的流程。这是当前典型的、主流的入职流程设计和运行模式，此模式始终由人力资源部主导和引导，相关职能或业务部门配合，从而有利于单位入职管理模式的统一。另一种是非主流的入职流程设计，常见于一些规模较小、管理灵活的高科技企业，新员工报到入

[1] 在劳动用工管理实践中，招聘广告—offer—劳动合同三者之间是按招聘录用的时间顺序形成的递进关系，均应标明相关信息或事宜，以后者为准。特别是 offer 和劳动合同不一致时，容易引起劳动者的纠缠和拒签劳动合同。故有必要事先在 offer 中明确以劳动合同为准，同时进一步明确，如劳动者以此为由不签劳动合同的，视为劳动者拒签劳动合同，单位可以依法终止劳动关系。

职比较随意,完全是一种"开放式"流程,由新员工岗位所在部门的管理人员主导,主要围绕与新员工工作有关的、必要的入职培训。

笔者认为,无论是哪种入职流程,均需要注意以下共性的事项:第一,入职流程涉及报到入职管理的期限,多长时间完成入职流程?第二,入职流程涉及企业其他职能或业务部门及相关人员,是否都有关系并需要接触?第三,入职流程涉及入职培训,应达到什么样的培训目标才算完成入职流程?事实上,上述三个事项是入职流程管理的关键问题,入职流程所需时间长短,取决于单位和员工在入职阶段要完成多少事项,简单的,入职当天既可以完成所有的入职流程,进入工作状态;复杂的,需要数周甚至数月时间才能完成。一般而言,笔者建议 1 ~ 3 个工作日,以不超过一周为宜。至于是否要接触企业所有的部门及相关人员,这涉及入职流程的"广度",笔者认为按"主次轻重"原则处理较为妥当,即只接触与新员工岗位和工作有关的、重要的部门和人员,以完成入职工作的交接。入职培训应达到什么程度或标准,涉及入职流程的"深度",笔者建议以岗前培训为限,以新员工基本能"融入工作"为标准即可。

二、入职声明及相关协议、文本的签署和确认

员工报到入职,单位为进一步核实员工的信息资料,并让员工能顺利进入工作状态,需要完成一些协议和文本的签署。就管理的合规性、必要性和可操作性而言,笔者建议应完成以下工作。

(一)劳动合同的签订、签收与"私人订制"

员工入职,与劳动合同签订有关的事项,需关注以下四点:

1. 劳动用工模式的选择。随着社会经济的发展,雇佣灵活化、自由化已是大势所趋,除了传统意义上的标准劳动关系之外,非标准劳动关系及非劳动关系等多元化用工模式也开始勃兴。我国现行法律框架和体系中,除了像"众包用工""平台用

工”“共享用工”[1]等缺少明确的法律依据外，非全日用工、劳务派遣、劳务用工、外包用工等灵活用工模式均有相应的立法依据。囿于篇幅和论题所限，笔者在此无意去探讨劳动用工模式问题本身，而是想借此提醒和建议用人单位，在签订劳动合同之前，应考虑是否需要签订劳动合同。因为在很多用人单位的运行和管理中，并不需要“铁板一块”的标准劳动关系，单位完全可以根据所在行业及自身生产经营的特点，设计多元化的用工模式。只有在必须与部分劳动者建立劳动关系时，才考虑劳动合同的签订问题。

2. 劳动合同的签订和签收。涉及签订时间、签订方式、签订内容三个问题。

第一，何时签？入职报到时及时签订。劳动立法允许用人单位自用工之日起一个月内签订，即一个月的“宽限期”。但是，对用人单位的管理来说，这所谓的一个月“宽限期”不仅没有降低人力成本，还徒增法律风险，如该“宽限期”可能拉大“社保空档期”，故笔者将其视为“美丽的陷阱”。所以，笔者建议单位在员工报到入职时，应第一时间签订劳动合同。只有在因各种原因导致无法在入职环节签订劳动合同的条件下，才可以考虑一个月的“宽限期”，此时单位需书面通知员工，并要求员工限时来单位人力资源部签订劳动合同，否则，视为拒绝签订劳动合同，单位将依法处理。此时，用人单位可设计一份格式化的“签订劳动合同通知书”，在一定程度上可以降低未签劳动合同的举证难度，从而降低法律风险。

第二，怎么签？面签并签收。基于实践中屡屡出现的各种不诚信签约行为，笔者建议用人单位应在员工入职报到当天面签劳动合同。据笔者实务经验，劳动合同签订过程中以下实务问题值得关注：一是代签劳动合同的，需注意书面授权委托，不方便书面委托的，须微信或短信委托，并及时向单位补交书面委托；二是倒签劳动合同的，应以双方协商一致为基础；三是补签劳动合同的，对补签之前的应签

[1]　“共享用工”是2020年年初举国抗击新冠肺炎疫情期间，劳动用工管理实践中出现的新型用工方式。如西贝餐饮为了自救与盒马“共享员工”，员工入驻盒马各门店工作。“共享用工”大致有两种方式：一种是用工紧缺企业与尚未复工企业之间签订协议共享员工，体现为尚未复工企业将员工“出借”给用工紧缺企业；另一种是用工紧缺企业与尚未复工企业的员工之间签订协议实施共享，体现为员工的兼职。第一种显然没有法律依据，既不同于劳务外包，也不同于劳务派遣，但不失为一种灵活的用工措施。第二种兼职型的共享用工，虽然不违背劳动立法的精神，但缺少具体的规定，可以作为一种灵活用工方式进行细化。

未签劳动合同的事实劳动关系状态,应做好明确处理意见;四是必须签收劳动合同,从管理的规范性来说,劳动合同的签订其实包括劳动合同的签订和签收,用人单位不但要与劳动者签订劳动合同,而且要证明劳动者已经签订并签收劳动合同,这就有必要设计签收环节。[1]

第三,签什么?劳动合同的“私人订制”。《劳动合同法》基于对书面劳动合同重要性的强化,而对用人单位未签劳动合同行为课以严苛的法律责任。故而在劳动用工实践中,劳动合同逐渐被流于形式,正所谓“劳动合同签什么不重要,重要的是要有劳动合同”。事实上,无论是从立法本意,还是从管理的有效性和规范性来看,劳动合同的内容无疑是最重要的。每一位员工都有不同的禀赋、品性及岗位职责,故劳动合同的内容应该是因人而异的,实务管理中就需要注意劳动合同的“私人订制”。笔者认为,劳动合同条款的“私人订制”,除了常规的、必备的和可备条款外,以下条款值得重视:一是联系方式条款(具体见下文入职声明部分的分析);二是薪酬条款的细化和优化,如根据地方立法和裁审空间,约定加班工资的计算基数;三是赔偿责任条款,特别是劳动者赔偿责任条款;[2]四是劳动者在外单位兼职而不告知本单位的处理方式等约定。[3]

3. 未签劳动合同的法律后果。就目前劳动争议司法实践的主流观点而言,实务部门均采用客观主义的视角评判未签劳动合同,并在适用法律时“一边倒”,即只要没有签订合同,不问动机不问理由,一律由用人单位承担其法律后果,事实上就是“零容忍”态度。这种“倒逼”机制虽然有利于完成必须签订劳动合同的立法目

---

[1] 实践中,很多单位让入职新员工签订主要内容是空白的劳动合同,并以各种理由取回,不依法给员工一份。笔者认为,这显然是一种拙劣的违法行为,但为何单位乐此不疲?因为该行为不仅违法成本低,还能控制未签劳动合同的法律风险。

[2] 如针对劳动者随意辞职走人的,可以约定:“乙方不按法律规定和公司规章制度规定辞职的,或不辞而别的,需向甲方支付一个月工资作为赔偿。”本书涉及协议主体的表述中,如无特别指明,甲方均指用人单位,乙方均指劳动者或员工。

[3] 随着雇佣的灵活化和自由化,劳动用工实践中,兼职现象日渐普遍。《劳动合同法》对此语焉不详,故劳动者利用业余时间在外兼职,并不违法。但从人力资源管理的角度看,劳动者未经单位同意从事兼职,必然会给用人单位的管理,特别是保密和竞业方面的管理带来一定程度的混乱和困扰。为此,劳动合同可以约定:“原则上,甲方不允许员工外出兼职。乙方利用业余时间,在外单位兼职的,需向甲方提交书面报告,以保证不影响本职工作。乙方在外兼职不报告的,甲方有权解除劳动合同。”

标,但忽略了劳动合同本身“合意”性和入职管理环节的特性,无疑增加了用人单位的管理难度。[1]

未签劳动合同的司法认定,需注意仲裁时效的运用。目前,我国劳动司法实践关于仲裁时效的起算和计算,大致有三种观点:第一,从劳动者主张之日(申请仲裁之日)向前推一年,按月计算,只要相应未签劳动合同的月份处在这一年的时效范围内的就支持;第二,从应签未签劳动合同之日起,往后按月推算,这与第一种观点相同,只是计算方式不同;第三,从应签未签劳动合同之日起,往后整体推算一年。显然,上述前两种计算方式与劳动争议仲裁时效的立法本意相符,比较有利于单位,而第三种计算方式有利于劳动者,但并不符合仲裁时效的本意。

由上文分析可知,用人单位在遇到特殊情形而未签合同的,要么随后补签,要么终止劳动关系。当然,如果遇到劳动者不愿签订合同,而单位又想留用的,就可以利用一年仲裁时效或“视为已签订无固定期限劳动合同”两种制度,从而满足单位管理目标。

关于未签劳动合同的双倍工资问题,实务处理中还有一点存在争议,即根据《劳动合同法》第 14 条第 2 款和第 82 条第 2 款的规定,应当签订无固定期限劳动合同而未签的,双倍工资如何计算的问题。劳动立法对此并不明确,笔者认为,从立法的目标和体系进行解释,其立法本意显然是可以主张自应签订无固定期限合同之日起到双方补定之日的双倍工资差额,但受 1 年的仲裁时效制约。

4. 用工之日的理解和运用。关于劳动关系和劳动合同之间的关系,我国劳动立法语焉不详,理论和实务界长期以来将两者画等号,直至原劳动部《关于确立事实劳动关系有关事项的通知》(劳社部发〔2005〕12 号)的颁行。《劳动合同法》明确规定劳动关系的建立以用工之日为衡量标准。在招聘录用环节,有两个实务问题与此有关,颇值关注:

---

〔1〕 当然,也有部分地方立法或裁审意见对该立法本意作出了实质性的修订。如 2020 年 5 月 9 日,江西省高级人民法院、江西省人力资源和社会保障厅印发《关于办理劳动争议案件若干问题的解答(试行)》(赣高法〔2020〕67 号)第 6 条规定:用人单位有证据证明其已主动履行订立劳动合同义务,但劳动者拒绝订立或劳动者利用主管人事等职权故意不订立,以及因其他客观原因导致用人单位无法及时与劳动者订立劳动合同的,劳动者主张用人单位支付二倍工资差额的,不予支持。

第一，注意避免“以工代考”，实践中很多单位以一定期限或一定方式的工作表现(试工)作为单位录用的标准，特别是在单位决定不予录用或造成应聘人员人身伤害的，很容易引发争议。显然，这种争议的解决对单位极其不利，因为单位已发生实际的用工行为，双方已建立劳动关系。

第二，用工之日能否通过约定或实际操作予以调整？笔者认为，在一定程度上可以根据单位的需要进行操作，但前提是必须避免实际用工行为的发生。实务中，“用工之日”或“上班之日”的衡量标准并不确定，这在一定程度上给管理和自治提供了契机和空间。比如，有些行业和岗位需要较长时间的系统培训，无论是从降低管理成本还是控制法律风险的角度，有必要也有可能将培训期间进行非劳动关系化的处理。[1]

(二)入职声明的运用

据笔者观察，实践中很多企业习惯用“入职登记表”来完成新员工报到和入职的审查和登记。此举意味着两点不足：第一，整个招聘、录用过程中就用了一张“入职登记表”，而且是在员工报到入职的时候才用的；第二，单纯的“入职登记表”只是起到员工信息的登记和确认功能，缺少风险转嫁机制的预设，无法有效预防法律风险。

笔者认为，从风险管控的角度来看，应在招聘、考核、报到、入职整个环节中贯穿信息的登记、告知、确认、核查等管理工作。大致可以归结为“两个方面”和“两个环节”。“两个方面”，就是分别从劳动者和用人单位的角度，进行信息的告知和确认，以满足彼此的知情权。如前所述，“应聘人员信息登记表”和“企业信息告知函”可以满足此功能。“两个环节”，是指信息的登记、告知及确认环节和信息真实性、关联性的声明和承诺环节。显然，第一个环节只是信息的采集和确认，一般体现为“入职登记表”；第二个环节则是将之前招聘、选拔阶段确定的招聘、录用条件以及

---

〔1〕 如有必要，我们建议可以从以下几方面着手：第一，以“职前培训”代替“岗前培训”或“业务培训”；第二，实践不宜太长，不超过一个月为宜；第三，不发工资，但可以根据培训的次数领取相应的补贴；第四，体现自愿原则，不能进行实质性的支配和管理。

该员工所提供的信息及具备的职位规范资料进行最终确认，由该入职员工承诺资料的真实性和关联性，并承诺承担不利的后果。可见，"入职声明表"的核心功能在于员工的"无欺诈承诺"，其实质是一种风险转接机制。

入职声明的具体运用，主要是考虑其内容和形式两方面。内容方面须考虑入职声明应包括哪些项目。而形式方面则需考虑用什么样的文本形式。笔者认为，广义上的入职声明可以包括但不限于以下内容：(1)员工及其职位的基本信息；(2)入职资料真实性、关联性的承诺；[1] (3)无违法犯罪记录的承诺；(4)无重大疾病隐患或家族遗传病史的承诺；(5)与前一家单位已经离职的声明；(6)与前一家单位是否存在竞业限制关系以及如何处理的承诺；(7)劳动规章制度的签收与承诺；(8)联系方式的声明和承诺等。[2]

在入职声明的形式上，用人单位可以根据实际管理需要设计成不同的"入职声明表"。不过，入职声明表的设计和运用具有一定的动态性和灵活性，可以根据企业管理的细化和优化程度不同而设计不同的内容和表格风格。换言之，上述8项内容既可以设计在一张声明表上，也可以分别设计成多张不同的声明表。在此，有两点需要进一步说明：第一，无论如何设计和使用入职声明表，员工及其职位基本信息都是必备信息，同时，入职资料真实性、关联性的承诺也应是必备的基本内容；第二，鉴于劳动规章制度和联系方式的声明或承诺，贯穿企业HR管理的全过程，是涉及企业HR管理合规性的重要制度体系，建议将两者进行单独处理，而不在入职声明表中统一处理。

---

〔1〕 入职资料真实性和关联性的声明，可以设计为："本人声明，本人提供的信息登记表及本表上的所有信息和资料均属实，公司可就此进行相关调查。本人确认，本人的登记信息及相关入职资料符合公司的招聘和录用条件，且是公司决定录用本人的主要考察要素，与公司决定录用本人有直接的因果关系。本人承诺，若因上述信息和资料与公司的考察、考核结果出入，并导致公司错误决定录用本人的，公司可无条件解除劳动合同。"

〔2〕 联系方式的声明可以设计为："本人声明，本人提供的手机、固定电话、个人电子邮箱、微信及公司提供的办公邮箱、办公软件、微信群等均属于双方合法、有效的联系方式。凡登录本人办公系统和办公邮箱收阅和发送文件、信息的记录，均由本人操作。本人保证经常登录系统，及时查阅并处理相关文件和信息，自公司相关通知、文件等信息发送之日起3日，视为本人收到并知悉该信息。本人提供的邮寄送达地址为……本人保证该地址为有效地址，公司向该地址寄送文件或物品的，因无人签收、拒收等原因导致无法送达的，本人承诺，自公司寄出之日起第3日视为已经送达。邮寄地址如有变更，本人及时通知公司，否则，自愿承担不利的法律后果。"

（三）规章制度的公示及相关协议文本的签署

规章制度的公示，就是用人单位制定或修订的规章制度，应让员工知悉并遵守。就规章制度公示的对象而言，公示主要有两种：一是劳动规章制度制定或修订后，针对现有职工的公示；二是针对新入职的员工，应就企业现行劳动规章制度对其进行公示。鉴于现行劳动规章制度已经履行民主制定程序，则只需向新员工入职进行有效公示即可生效。

实务中，如何对新入职员工进行规章制度的公示，有不同的操作方式。大致经历了从“简单、粗暴”到“合规、有效”的发展过程。比如，用工实践中很多企业在新员工入职时，只让员工“签收”规章制度，从举证的角度来看，“签收”只能证明员工签收了规章制度，但不能证明单位已向其有效公示，即员工已经知悉并表示愿意遵守。因此，员工入职阶段规章制度的公示，需要进行内容和形式的设计。[1]

三、入职交接及培训

一般而言，在传统的人力资源管理中，只有离职交接而并无入职交接。但是，如果从工作交接本身的功能来看，无论是入职还是离职均有工作交接的必要。从广义上看，工作交接是镶嵌在企业人力资源管理的各个环节中，是不同部门、岗位及其工作职责的一种转移和接续，是企业生产、经营、管理顺利、高效推进的必要条件。从狭义上看，工作交接是因工作人员入职、调职及离职的变化，而导致的工作职责的移转和承接。可见，工作交接就是因人员变动而引起的一种岗位职责的对接，当然包括入职工作交接。

此处的入职交接，主要指两个层面：

第一，流程和显性层面上，需根据入职工作需要和可能涉及的部门和人员，进行一个简单的、整体意义上的入职交接，其目标是“接纳新员工”，从而让新员工成

[1] 比如，入职报到时规章制度的公示内容可以设计为：本人于2019年8月1日入职，收到《员工手册》（2018年版）、《薪酬管理制度》（2008年版）等规章制度文本。本人理解上述规章制度是公司规范人力资源管理的主要依据，本人承诺应尽快了解上述制度内容，并自愿遵守相关规章制度。

为企业的一员。这一层面的入职交接,一般需要各部门配合提供相应工作条件、工具、物品及相关工作资料,并由相关部门责任人签章确认("新员工入职表")。显然,此举既是入职管理的需要,也是为了将来员工离职时工作交接做准备,与通常意义上的离职交接相对应。因此,报到入职必须考虑将来的离职交接和离职手续的办理,进行联动管理。

第二,实质和隐性层面上,需根据工作职责要求,进行具体的工作职责的交代和指导,其目标是"认可新员工",从而让新员工逐渐融入新的工作环境。因此,真正意义上的入职交接,应该是尽快让新员工融入工作,并认可企业文化。笔者认为,新员工入职最核心的工作就是具体工作职责的交接,包括工作范围、工作方式、工作流程、工作资料、客户信息等信息的转移,特别是工作经验的传承。事实上,无论是入职交接还是离职交接,企业文化的认同、工作技能和经验的传承才是工作交接的深层意涵。

此处需要关注的一个实务问题就是入职培训。员工入职一般都需要进行相应的培训,但究竟何为入职培训、其范围包括哪些、功能是什么等,理论和实务界无统一认识。加之在整个企业人力资源管理过程中存在岗前培训、业务培训、专业技术培训等多种类型的培训,故有必要在实务中结合企业实际情况,具体界定入职培训。笔者认为,真正意义上的入职培训须具备两个前提:其一,发生在入职阶段,根据企业实际的入职报到的期限而定,超过入职阶段的培训不宜再称为入职培训;其二,入职培训不是业务培训,只是员工入职报到后企业相关人员集中或分散式地引导员工入职,介绍企业文化及新员工所在部门和岗位的工作注意事项。因此,入职培训的目标在于确保新员工能准确理解企业文化的意涵,并迅速进入工作状态,不至于影响企业运行和管理的既有秩序。当然,入职培训一般由人力资源部门引导,业务部门主导,其他相关部门或人员配合进行,从而形成联动的入职培训机制。

CHAPTER 02

第二章 企业劳动规章制度实操指南

“没有规矩不成方圆。”企业的运营和管理,需以一系列的规章制度为支撑,方能维持并推动企业的正常运营。其中,劳动规章制度〔1〕涉及企业运营最重要的资源,即人力资源的管理,无疑是企业管理中最主要的制度体系。无论是从企业人力资源管理的必要性、合规性及有效性,还是从现行劳动立法对规章制度的重视程度而言,规章制度对用人单位劳动用工管理的重要性不言而喻。本章拟从实务的角度,全面、系统地探讨企业劳动用工管理中涉及规章制度的理解和运用。主要内容大致概括为“三个三”,即规章制度合法性上必须具备三要素,以确保其“可用”;规章制度实用性方面,应准确运用三大条款,以保证其“好用”;规章制度实操性方面,应注意三种思维的综合运用,以满足其具体“怎么用”。

〔1〕 当前,我国劳动立法、理论及实践中,通常都用规章制度来泛指企业人力资源及劳动用工管理方面的制度体系。实际上,企业的规章制度有很多,劳动规章制度只是规章制度的主要组成部分。故规范意义上应表述为劳动规章制度。鉴于习惯用法,本书中在具体内容表述时也用规章制度指代劳动规章制度。

第一节　规章制度合法“三要素”

2020年12月29日，最高人民法院发布的《最高人民法院关于审理劳动争议案件适用法律问题的解释(一)》(法释〔2020〕26号，2021年1月1日实施，以下简称《劳动争议司法解释(一)》)第50条第1款规定：“用人单位根据劳动合同法第四条的规定，通过民主程序制定的规章制度，不违反国家法律、行政法规及政策规定，并已向劳动者公示的，可以作为确定双方权利义务的依据”。据此，规章制度的合法“三要素”，具体是指规章制度必须满足内容合法、民主程序制定和有效公示才能作为合法有效的用工管理的制度依据。

一、规章制度内容合法

规章制度制度内容合法，是用人单位据此管理或处理劳动者的基本要求。劳动用工实践中，与规章制度内容合法性有关的，主要需关注以下五个问题：

(一)规章制度的内容不得与劳动基准法相冲突

众所周知，劳动基准法具有基准性、法定性、强制性和社会性，这些特性决定其不可通过劳资双方的规定、约定和承诺予以排除适用。据笔者观察，用人单位规章制度中的内容不合法主要体现在薪酬管理制度、绩效管理制度及工作时间和休息休假等方面。摘其要者分析如下：

1. 薪酬管理制度中的常见不合法条款。薪酬管理制度违反基准法的规定，主要是不当拖欠和克扣工资。比如，“公司每月从员工工资中扣除10%，作为年终奖金，年终视公司效益情况，由公司决定发放”；“上班晚到10分钟属迟到，迟到一次扣半天工资，旷工一天扣三天工资”；“一个月内连续旷工超过3个工作日，累计旷工超5个工作日的，停发当月工资”；“劳动者在工作中造成公司经济损失，需进行相应的赔偿”等。

此处值得关注的一个问题是，用人单位能否依据规章制度对劳动者实施“罚款”或类似的经济处罚？实践中有两种意见：第一种意见认为，用人单位的法律地位和性质决定其不具有处罚权，对员工“罚款”没有法律依据。第二种意见认为，可以罚款。根据“法无禁止即自由”的原则，国家没有明确禁止用人单位基于管理需要向员工罚款。而且，用人单位罚款有相应的立法例，如《深圳市员工工资支付条例》就有罚款的规定。笔者认为，规章制度中表述为“罚款”还是“扣款”抑或其他用词，只是表述不同而已，但意思基本相同。就用人单位管理的合规性而言，具体用词和表述并非问题的关键，问题的关键是用人单位作出上述处罚措施时有无正当的理由和法定的程序。笔者建议，用人单位在规章制度中不宜用“罚款”或“违约金”等经济处罚措施，而应改为依法依规“扣减”或“不予支付”等管理措施。

2.绩效管理制度中常见不合法内容。绩效管理制度常见的不合法条款，主要体现为“末位淘汰”或以降薪、降职为手段的变相“末位淘汰”。比如，“员工连续两次绩效考核不达标，或未完成公司交付的业绩任务，员工须主动离职。员工不离职的，公司有权解除其劳动合同，并不予任何补偿”；“为提高员工绩效，公司在支付员工提成工资时，每次扣除15%作为风险金，至员工离职时未能收回货款的，用以冲抵货款”等。

3.工作时间和休息休假制度与劳动基准法的常见冲突。最高工时和法定休假制度是劳动基准法的基本内容之一，用人单位规章制度凡是违法安排超时工作或剥夺劳动者休息休假权的，均无效。比如，“公司因生产经营需要，经与怀孕女员工协商同意，可以安排其加班”；“员工因个人家庭原因需要请假的，须按照公司规定请假”；“一年请假累计不得超过10日，超过10日的，不享有下一年度的年休假”等。

（二）规章制度的内容，不能与集体合同相冲突

从劳动关系调整的层次和模式来看，集体合同处于中观层次，其内容不能与劳动基准法相悖，但同时集体合同的主要内容是规范性条款，也具有一定的基准性、强制性和准立法性，并据此约束企业规章制度和劳动合同的内容。换言之，规章制度和劳动合同的内容，特别是劳动条件和劳动待遇条款只能等于或高于集体合同的基准内容，而不能与之相冲突。鉴于此部分内容涉及集体劳动关系的运行及其

法律规制,在此不予赘述。[1]

(三)规章制度的内容具有一定的“边界”

所有法律赋予的权利都具有一定的边界。规章制度的合法性,也必然体现一定的“边界性”。这从规章制度和劳动规章制度的界分就可见一斑。具体而言,规章制度是用人单位基于生产经营需要,在本企业内部实施的,在实际的劳动用工过程中,据以进行劳动用工管理的制度规范。因此,规章制度的边界原则上应遵守“三工原则”,即工作时间、工作场所和工作原因。[2] 当前,司法实务部门对此类争议的裁审口径基本一致,对用人单位规章制度涉及劳动者工作之外的私人生活或涉嫌侵犯劳动者人格权、隐私权等基本权利的条款,一般不认可其效力。[3]

不过,在以迅速发展的互联网技术为支撑的新时代背景下,灵活用工和弹性工作渐成主流工作方式,使工作和生活的边界趋于模糊,这为用人单位管理员工带来新的挑战。员工在工作时间和工作场所之外,做出的与工作并无直接关联的行为,在网络和自媒体如此发达的今天,可能会给用人单位带来极大的不利影响。此时,应赋予用人单位相应的惩戒权进行处理。[4]

(四)规章制度的“合理性”问题

规章制度究竟有无合理性问题,在劳动用工管理实践中一直存有争议。主流观点认为规章制度不仅要合法,还要合理。笔者认为,在宏观层面或一般意义上讨论规章制度的合理性并没有问题,但在具体制度条款的设计和执行层面上所谓规

---

〔1〕 有兴趣的读者可以参阅李孝保:《中国集体劳动关系法律规制研究》,法律出版社 2018 年版。

〔2〕 当然,与工伤认定应遵循的“三工原则”不同,此处的“三工原则”具有一定概括性和模糊性,主要强调与劳动者及其工作的关联性。

〔3〕 典型的案例见张某某诉京隆科技(苏州)违法解雇支付赔偿金案,载《最高人民法院公报》2014 年第 7 期。

〔4〕 典型事例是 2020 年 3 月 17 日,新冠肺炎疫情防控期间,拜耳集团北京公司解雇了一名澳籍女员工。原因是该女员工返回北京后拒不按规定居家隔离,执意外出跑步且不戴口罩,蛮横对待社区防疫工作人员。事件视频经网络传播后引起广泛关注。拜耳中国公司第一时间进行核实并对涉事女员工做出辞退处理。

章制度的合理性问题，实质是一个“伪命题”，至少可以被规章制度合法性问题所吸收或涵摄。理由有三：第一，劳资双方及相关实务部门对合理性的认知和把握完全是基于“见仁见智”的主观判断，没有固定的评判标准，在劳动司法实践中不易认定；第二，如果强调规章制度的“合理性”，在一定程度与劳动立法关于规章制度的程序要求，即民主制定程序和公示，存在自相矛盾；[1]第三，任何用人单位设置相应的规章制度，必然有其文化背景和生产经营管理之需，不能想当然认为单位会针对劳动者故意设置不合理的制度条款。事实上，如果真的不合理，完全可以通过“排权免责”条款无效的制度规则加以调整，而无须在合法性之外另行考量其合理性问题。

（五）规章制度内容不合法的法律后果及其权利救济

规章制度内容不合法，如何处理？实践中大致有两种观点：其一，只要发现用人单位规章制度内容存在不合法的，就可以主张规章制度无效并要求赔偿；其二，只有当用人单位据以管理的规章制度内容不合法，导致劳动者权益受损的，劳动者才可以主张相关条款无效并要求赔偿。前者称为“无效赔偿论”，后者称为“损失赔偿论”。就现行劳动立法的本意而言，应持“损失赔偿论”。具体有如下两点立法依据：

其一，根据《劳动合同法》第38条及第46条第1款的规定，用人单位的规章制度违反法律、法规的规定，损害劳动者权益的，劳动者可以解除劳动合同，并要求单位支付经济补偿金。

其二，根据《劳动合同法》第80条的规定，用人单位直接涉及劳动者切身利益的规章制度违反法律、法规规定的，由劳动行政部门责令改正，给予警告，如给劳动者造成损害的，应当承担赔偿责任。

二、规章制度的民主制定

《劳动合同法》施行前，劳动立法和实务部门对规章制度的民主制定程序问题

---

[1] 此处是指如果规章制度真的不合理，则劳动者在民主制定时必然会提出异议，相反，在规章制度民主制定时未提出异议，则规章制度便具有合理性。

并无统一的认知和操作模式,从而导致规章制度的民主制定程序完全被“无视”。《劳动合同法》第4条对规章制度合法性及具体要求做了较为明确的规定。实务中,规章制度的民主制定程序问题,可从以下两方面分析。

(一)民主程序的定性——民主程序的理论前提和基本认知

从《劳动合同法》立法过程来看,关于规章制度的定性经历了由“劳资共决”到“共议单决”制转变。该法一审稿采取“劳资共决制”,即劳动者参与制定并决定各项规章制度,最终立法采取了“共议单决”制,即劳动者只参与规章制度的讨论和协商,并不具有最终的决定权。笔者赞同在当前我国社会经济发展阶段,立法采取的这一定位和价值取向。主要原因在于,“劳资共决”制采取的是集体自治的劳动条件调整机制或模式,显然我国尚未形成“劳资共决”的社会经济及制度条件。“共议单决”采取的是个体自治的劳动条件调整机制,维护用人单位的决定权,符合我国当前劳资关系的实际。这是认识和指导我国劳动用工管理实践的前提和基础。

“共议单决”主要体现在如下两方面:第一,“共议”只是劳动者一方一定程度和一定范围的参与。“讨论,提出方案和意见”的规定表明,立法注重的是劳动者参与的过程和程序,而不关心参与的程度。换言之,劳动者参与“讨论,提出方案和意见”,依然是由资方决定是否采纳以及在多大程度上采纳而已。第二,“平等协商确定”,并非“共决”。“平等协商确定”不影响资方单决,劳动者的参与权并无具体制度保障,即使劳动者反对,依然不能对抗用人单位的决定。因此,规章制度民主制定过程中,劳动者只是形式意义上的参与,完全不影响用人单位的最终决定权。[1] 员工参与,是指能够让企业内基层员工有权利参与决策的一切制度性设计。

---

〔1〕 劳动者的这种参与方式,理论上称为民主参与,与集体谈判、集体协商等共同构成产业民主制度体系。事实上,产业民主是政治民主的延伸,但更重要地体现并落实在工作场中的参与和决策权。换言之,真正的民主参与是指劳动者有权利参与企业的管理,并在一定范围内和程度上具有决策的权力。所以,我国劳动立法关于规章制度的民主制定和劳动者的民主参与,算是一种形式意义上的民主参与。

（二）民主程序的具体内容——“讨论＋协商”的理解和操作

《劳动合同法》第4条规定了规章制度民主制定的具体步骤，但实务中关于究竟有哪几个步骤一直存在争议。主要两种观点：一是规章制度草案的拟定、讨论、协商确定三步；二是规章制度草案的讨论、提出方案和意见、协商确定三步。笔者根据实务经验，结合劳动立法的本意，认为只需“讨论”和“平等协商确定”两个步骤即可。具体有两点理由：第一，规章制度草案的拟定是单位内部议事程序，是用人单位用工自主权的重要体现，无须作为民主制定的程序或步骤；第二，讨论的程序包括了提出方案和意见，或者说提出方案和意见本身就是在讨论规章制度草案。以下仅就“讨论”和“平等协商确定”两个步骤进行实务分析。

1. 如何进行规章制度的“讨论”。《劳动合同法》第4条只规定了规章制度的制定需经职工代表大会和全体职工讨论的程序，但并未规定具体如何讨论。这无疑给实务界带来一定的不确定性，即究竟采用何种形式才属于立法规定的“讨论”。当然，立法这一本身的不确定性，也为用人单位的实务处理提供了一定的自治空间。比如，对具体讨论的方式，用人单位有一定的自主权。

笔者总结了一套契合时代发展要求的、合法且有效的“讨论”程序，具体言之：用人单位通过一定的议事规则拟定规章制度的草案后，通过邮件或办公系统发给所有员工，并附上一书面通知，明确员工对草案内容有意见的可以在一定期限内书面向单位人力资源部提出，不提或逾期提出视为同意规章制度的草案。笔者称这一讨论程序或方式为“书面讨论”。

关于劳动者一方参与讨论的主体，立法规定有职工代表大会和全体职工两种。在上述“书面讨论”的操作模式下，用人单位的规模和职工数量并不影响讨论程序的实施效果，也无必要区分全体职工讨论还是职工代表大会讨论。讨论程序的复杂程度和管理成本基本相同。当然，如果采用“会议讨论”，即职工代表大会或全体职工实际通过开会的形式参与讨论，则应考虑程序的复杂性和管理成本的控制问题。单位规模不大，员工数量不多，可以直接召开全员会议，对草案内容进行讨论，并形成会议纪要。如果单位规模人员数量大的,可先行成立职工代表大会制度,〔1〕再进行"会议讨论"。

2. 如何把握"平等协商确定"。经上述"书面讨论"或"会议讨论"后,一般会产生部分异议或修改意见,此时需要在工会或职工代表的参与下针对草案和部分修改意见进行平等协商,最终确定规章制度内容。笔者建议,"平等协商确定"的程序更能体现劳动者民主参与的程序价值,应以会议的形式进行,并形成有效的会议纪要。

另外,根据笔者实务经验和教训,还需提醒和关注两点:其一,相关会议纪要的形成,需参会人员的签字确认,并表明意见,同时需注意会议主题、内容与签字确认的意思一致性和不可分性;其二,上述讨论和协商确定,不宜合二为一,两个步骤缺一不可,且必须分开进行。

三、有效公示

规章制度的民主制定,是确保规章制度的产生在一定程度体现了劳动者的意志,民主制定需遵循"少数服从多数"的民主理论,但不可能做到全员参与讨论和协商确定。为此,必须将民主产生的规章制度进行全员公示,并让员工知悉规章制度的内容,方能对员工产生约束作用。已如前述,实践中规章制度的公示有两种:其一,规章制度的制定和修订时,需进行统一公示;其二,新员工入职时,需进行公示。鉴于新员工的规章制度公示在第一章中已分析,在此不予赘述。

规章制度经民主程序制定或修订后,如何公示?实践中有诸如网站公布、张贴、培训学习、签收、考试等方式。基于公示的成本和有效性考量,笔者建议采用如下两种简单有效的公示方法。

---

〔1〕 关于职工代表大会制度的成立和运行,根据中共中央纪委、中共中央组织部、国务院国有资产监督管理委员会、监察部、中华全国总工会、中华全国工商业联合会《企业民主管理规定》(总工发〔2012〕12 号)的相关规定:第一,职工代表人的人数按照不少于企业全体职工人数的 5% 确定,最少不少于 30 人,职工代表超过 100 人的,由企业和工会协商确定代表人数;第二,职工代表中,企业中层以上管理人员和领导人员不超过职工代表总人数的 20%;第三,如有女职工和劳务派遣工的,应有适当比例的女职工和劳务派遣工的代表。

1. 规模大、机构庞杂、员工数量多(超过 100 人)且与员工之间管理和工作联系方式的约定比较明确的用人单位,可以通过单位办公系统(Office Automation,OA)公示。具体而言:第一,将定稿后的规章制度通过办公系统发给每一位员工,并要求员工在一定期限内学习并了解其中的主要内容,同时附上格式化的“学习并遵守规章制度的承诺函”;第二,员工学习了解规章制度,并将“承诺函”打印出来,签字确认交回人力资源部。

2. 如针对规模不大,员工数量不多(不超过 100 人)的用人单位,则可以组织全体员工集中或分批培训。具体而言:第一,现场由单位引导员工对规章制度进行集中培训和学习;第二,制作会议纪要或签到表之类的文本。

第二节　规章制度“三大条款”的理解与运用

如上所述,满足规章制度的合法三要素,只能确保其“可用”或“能用”,但企业用工管理是一项繁杂、动态的系统工程,规章制度内容的设计不能仅满足于合法性,而应更关注其实用性。规章制度的实用性,整体上要求其内容应全面系统、重点突出、逻辑清晰,[1] 具体而言,主要体现为一些特殊条款的设计。笔者将其概括为规章制度的“三大条款”,即兜底条款、递进条款和转化条款。

一、兜底条款的理解和运用

关于规章制度兜底条款的理解和运用,可从以下三个方面进行实务分析和观察。

(一)兜底条款的必要性分析

完善的规章制度为什么要设计兜底条款?笔者认为,可从以下两个视角进行

[1] 规章制度内容全面系统,是指内容尽量全面,应有尽有,才能最大限度地实现用工管理并尽可能地制约员工违规行为;重点突出,是指应结合行业生产和经营管理的特点,重点突出行业性的规范内容;逻辑清晰,是指规章制度的制度板块和具体条款设计应符合逻辑。

分析：

第一，成文法的局限性和社会生活的动态性决定了规章制度应有兜底条款。规章制度作为单位用工管理的规范性文件，不可能调整劳动者所有的违规行为。同时，社会生活变动不居，用人单位的经营、管理以及员工的身心状态等因素会随着社会的发展变化，而呈动态调整过程，运用兜底性条款则可以尽量涵摄单位和员工所有的、可能的管理事项和违规行为。

第二，设计并运用兜底条款，是由用人单位依法、依规管理和处理员工的基本逻辑决定的。用人单位任何以违规为由对员工进行相应的管理或处理，都需遵循"有规章制度，并存在相应的条款"为前提条件。故运用兜底条款，就是在遵循这一简单的认知逻辑，将员工的违规行为与规章制度尽可能地关联起来，从而确保对员工的处理除了有违规事实依据外，还有制度依据。

（二）兜底条款的运用与相关用工管理行为的冲突和协调

实践中颇为困惑的一个问题是，在单位没有规章制度，规章制度无效或虽有规章制度但没有具体针对劳动者违规行为的对应性条款的情况下，如何处理？以解除劳动合同为例，大致有两种观点和处理方式：其一，不能解除，理由是没有明确的依据，换言之，解除的依据不能泛化，劳动关系解除对劳动者影响甚大，在实体理由和程序规则上应从严把握；其二，可以解除违规员工，根据《劳动法》第 3 条、第 25 条的规定，劳动者应遵守劳动纪律和职业道德，即劳动者在劳动关系存续和劳动合同履行期间，须勤勉尽责，遵守忠实义务，信守诚信原则，任何违反上述义务或原则的，单位均可以进行相应的处理。

笔者认为，面对上述困惑，第一种观点和处理思路显然不现实，无论是基于情理还是法理，问题员工必须处理，否则，用人单位的经营管理权和用工自主权无法体现。第二种观点可行，但其处理路径与现行劳动立法和实践有一定的冲突。这一冲突源于《劳动法》第 3 条、第 25 条和《劳动合同法》关于规章制度和劳动合同内容的相关规定之间的不一致。根据《劳动合同法》关于劳动合同和规章制度的规定，违反劳动纪律行为无须作为劳动合同的内容之一，并已纳入规章制度的体系和内容范畴，即违纪行为也是违反规章制度行为，应以违规为由进行相应处理。因此，抛开规章制度处理违纪员工，特别是以严重违纪为由解除劳动合同并不符合立法本意。但是，目前部分地方劳动立法或指导意见认可用人单位在没有规章制度相应条款或规章制度欠缺合法要素的条件下，以劳动者违反《劳动法》第 3 条或第 25 条为由解除劳动合同行为的合法性。这一实践中的操作在一定程度和意义上可以说是权宜之计，甚至是不得已而为之。

如上所述，内容全面系统是规章制度的基本要求之一。就规章制度内容的系统性和层次性而言，一般有三个系统或层次：一是企业文化、价值观和使命；二是诚信、忠实、职业道德；三是具体的用工管理制度体系。从严格意义上说，只有第三个层次才是真正意义上的规章制度，或称狭义上的规章制度体系，而第一个、第二个层次并非具体的制度体系，但又是约束和规范员工的依据，故可称为广义上的规章制度。笔者认为，上述第一个、第二个层面的制度内容，完全可以通过规章制度内容的设计，特别是兜底条款的设计和运用，将其纳入规章制度范畴，从而让员工的任何“不轨”行为均能与违规相关联，进而做到对员工的任何处理均有制度依据。当然，员工违反诚信原则、忠实义务及相关职业道德的，即使没有规章制度条款，也可以直接引用法律原则予以处理，因为这是员工需要履行的附随义务，无须具体约定和规定。不过，笔者建议像旷工、怠工等具体的违纪行为，应该纳入规章制度范畴，并以违规为由进行相应的处理。

(三)兜底条款的实例解析

用工管理实践中，员工的每一类违规行为，特别是一些常见的、亟须规范和制约的行为领域，都应设计兜底条款。笔者在此提供几项示例：

1. 针对员工各种消极怠工或各种“大错不犯，小错不断”的问题员工，可以规定：“在本规章中没有规定的其他违规行为，公司给予两次书面警告，若出现第三次此类行为时，视为严重违规。”

2. 针对员工突发性的严重违规行为或违法、违规事件的，可以规定：“其他与劳动合同履行有关的各种违法、违规行为，对公司生产经营造成重大损害（如 5000 元经济损失)或重大不利影响的,视为严重违规。"[1]

3. 针对员工不服从用人单位合理异动安排的行为,可以规定:"劳动关系存续期间,公司基于生产经营管理需要,对员工薪资、岗位、工作地点等相关事项作出合理异动安排时,员工自接到通知之日起7日内可书面提出异议。不按时提出异议,又不服从公司安排的,视为严重违规。"

二、递进条款的设计和运用

从实务角度观察,在规章制度的内容设计和运用的整个过程中,都需要在不同层面上遵守基本的逻辑认知。主要是两个层面:一是整体制度结构上应遵循"具体行为模式或条件假设 + 相应的罚责内容"(见后文分析);二是具体制度规范上,要讲究逻辑递进关系。本部分暂只讨论递进条款的设计和运用。

(一)递进条款的必要性分析

如上所述,规章制度兜底性条款的设计和运用是为了让规章制度能发挥"无中生有"的功能,从而将员工各类违规行为或违规情形与规章制度进行关联。递进条款,则是在现行制度条款的基础上予以整合和改进,使之更加具体明确,更符合逻辑,称为"有中优化",即递进条款发挥的是对现有条款的优化功能。笔者认为,规章制度递进条款的必要性至少可以体现在以下三个方面:

1. 递进条款的设计和运用,可以将用人单位各类劳动者,可能出现的各种违规行为进行类型化处理。管理规范的用人单位,其规章制度体系必然是因人而异,因岗位而异。不同部门和不同岗位可能出现的违规情形自然不同,故将违规情形进行类型化处理其本身就是递进条款的应有之义。

2. 递进条款的设计和运用,可以根据员工违规行为的情节或后果,按主次轻重的顺序进行层次化处理。一般而言,根据员工违规行为的轻重,可以分为轻微违

---

[1] 比如,在抗击新冠肺炎期间,患有或疑似患有该肺炎的员工,应当如实陈述病情,自觉配合接受检疫、隔离和治疗。员工违反相关规定,故意隐瞒病情,拒绝接受检疫、隔离和治疗,危害公共安全的,属于严重违规行为,用人单位据此可解除劳动合同。

规、一般违规和严重违规三个层次,递进条款的作用就在于将员工的每一种违规行为进行层次化处理,从而确保对员工的处理或处罚客观公正。

3. 递进条款的设计和运用,可以针对员工不同层次的违规行为,对应并施以轻重不同的处理后果。实践中,很多用人单位的规章制度只是笼统地规定了若干处罚措施,并未将处罚措施与违规行为予以对应,更未将不同层次或轻重的违规行为与相应的处理后果对应起来,从而导致实务部门无法适用规章制度只能自由裁量的尴尬局面。递进条款的设计和运用,可以作为整理、修订用人单位规章制度的一种方法和要求,从而使规章制度能日臻完善。

(二)递进条款实例评析

实践中,单位规章制度有很多不符合逻辑递进的条款和内容,笔者在此摘取部分实例予以分析,以期能对读者提供一定的指导和借鉴。

比如,用人单位考勤管理中,在相应的规章制度中作出如下规定:“员工迟到、早退及旷工的,给予警告、罚款直至解除劳动合同的处理。”显然,这一规定过于笼统,整体上违规行为和处理后果是对应关系,但不能形成具体的对应关系。单位据此管理或处理违规员工时,稍有不慎就会陷入不能自圆其说的被动局面。如果员工迟到一次,单位能否直接解除劳动合同?按该规定可以,但若单位据此解除劳动合同,则又涉嫌违法解除。姑且不论迟到一次被解除劳动合同是否合理,单就劳动者提出迟到一次为何不给予警告或罚款,而是直接解除劳动合同,单位便无法解释,徒增法律风险。

再如,在笔者代理的一起某银行违法解雇高管案中,银行《员工责任追究办法》第 6 条规定:“责任追究工作由各行监察部门统筹管理,各专业条线各负其责,一般违规行为和严重违规行为分层分类追究……”第 9 条规定:“违规人员责任追究类型(一)纪律处分,按追究程度从轻至重依次为:警告、记过、记大过、降级、撤职、留用察看、解除劳动合同……”第 20 条规定:“本行各级员工日常有下列情形之一,视违规严重程度、违规性质、造成经济损失或不良后果程度给予相应的责任追究:……10. 充当资金掮客,违规为客户之间借贷提供帮助或担保……”该案中,高管涉嫌违反该行《员工责任追究办法》第 20 条第 10 项,即“充当资金掮客,违规为客户之间借贷提供帮助或担保”。但是,若将上述各条款进行体系化对比和解释,就不难发现其相关内容存在如下的逻辑缺陷:第一,并未明确劳动者的违规行为是一般违规还是严重违规;第二,针对劳动者的违规情形,并无明确的、相应的罚责内容。可见,该案中即便高管违规行为属实,银行根据上述规章制度直接进行解雇处理依然存在法律风险。

综上,递进条款的设计,主要把握以下三个原则:第一,在将员工违规行为类型化的基础上,对各类违规行为的轻重进行划分;〔1〕第二,一般违规和严重违规应分别设置相应的处理措施;〔2〕第三,一般违规与严重违规需设置具体的递进条款,如两次以上一般违规视为严重违规等。

三、转化条款的设计和运用

在上述兜底条款的分析中,笔者将企业文化、价值和使命以及诚信、忠实及职业道德纳入广义的规章制度范畴。事实上,在规章制度管理实务中,基于制度内容的体系化和统一化考虑,有时候还需要设计一些转化条款或过渡条款,将一些需要专门制度规范的内容转嫁出去,或将其他一些制度规范嫁接进来。

(一)转嫁条款

转嫁条款,既可以将规章制度的内容转嫁到专门性的规章制度,也可以将规章制度转嫁到非规章制度体系中。转嫁到专门性的规章制度是最主要的转嫁性条款,常见于用人单位采用的“一体化的规章制度(如《员工手册》)+具体的专门性的制度体系(如单独的《薪酬管理制度》等)”制度架构模式,其中,《员工手册》虽然规定了相关的制度体系,但囿于篇幅,不可能对每一类制度进行细化和优化,因而可以适时转嫁到具体的专门性的制度体系中。如关于薪酬管理制度,《员工手册》

〔1〕 据笔者观察,很多单位的规章制度设置了轻微违规、一般违规、重大违规、严重违规等多个层次的违规行为。基于方便管理和实操考虑,笔者建议设置一般违规和严重违规两个层次。

〔2〕 实践中,很多用人单位在规章制度中设置口头警告、书面警告、记过、记大过、降级、撤职、开除或解除劳动合同等多种处理措施。笔者同样认为,为方便管理应简化操作,建议设置三种:书面警告、降职或降级、解除劳动合同。

只需规定宏观性的、原则性、总体性的内容,具体可以见《薪酬管理制度》。同时,规章制度涉及其他非劳动规章制度内容的,也可以转嫁到其他非劳动规章制度体系。如薪酬管理制度中,涉及报销、财务、税收等内容要求的,可以规定“详见公司《财务管理制度》”等。

(二)嫁接条款

嫁接条款,是将其他非用人单位的制度、行业性规范甚至立法规定,通过条款设计过渡到本单位的规章制度体系。据笔者观察,需要运用嫁接条款的主要有两方面:第一,集团公司旗下关联企业之间的规章制度互用或通用;第二,将行业性规范过渡到用人单位规章制度。[1] 比如,“本公司适用××集团公司规章制度”“本公司所属的所有分支机构,适用本规章制度”“本公司所在的相关行业规范,属于本规章制度的内容,公司员工必须遵守”等。不过需要注意的是,集团公司规章制度虽然可以在其旗下子公司或关联公司中使用,嫁接到旗下关联公司,但需满足两个条件:其一,需要在本公司或集团公司的规章制度中存在嫁接条款,将规章制度的适用范围交代清楚;其二,关键是要依法向员工进行有效公示。

第三节　规章制度实操的“三种思维”

规章制度实务中,除了合法性和实用性之外,还需要关注的就是其“实操性”,即具体“怎么用”的问题。笔者认为,从具体实操的角度,应注意三种思维的运用,即逻辑思维、证据思维和管理思维。

---

[1] 关于行业性规范是否应该过渡到用人单位的规章制度,实务界有不同观点。不赞同嫁接到规章制度者认为,行业性规范属于规范性文件,所属行业的用人单位及劳动者必须遵守。笔者持赞同意见,有两点理由:第一,行业性规范并非规范性法律文件,并不具有普适性和强制性;第二,行业性规范与用人单位的规章制度体系密切,特别是关涉该行业的一些特殊要求,也是用人单位规章制度的重点内容。基于管理的规范性和合规性,建议设计嫁接条款。

一、逻辑思维的重申

如前所述，内容合法，经民主程序制定，并经有效公示的规章制度可以作为实务部门处理或裁判案件的依据。这足以体现规章制度的准法规性属性，且足以证实规章制度的管理和适用应遵循法律适用的最基本逻辑、基本原则或思维模式。众所周知，大陆法系国家和地区法律适用的最基本原则或模式是遵循“三段论”，即大前提、小前提和结论。同理，劳动用工管理实践中，规章制度的适用，也完全遵循这一逻辑认知结构，即“大前提 + 小前提 = 结论”。具体言之，大前提就是规章制度，小前提就是劳动者违规事实，结论就是用人单位可以依规处理。

这一基本的、简单的认知逻辑本无须赘述，但据笔者观察，在当前的用工管理实践中很多用人单位有意或无意地违背这一逻辑，特别是在员工违规的条件下，不问有无制度依据，也不问现有制度有无明确规定，就直接进行处理。显然，如此处理会因欠缺大前提而无法得出预期结论。故笔者认为，有必要在此重申这一基本的逻辑认知规律。建议用人单位在用工管理实践中，必须在满足“大前提”和“小前提”的条件和基础上，才能进行相应的处理。事实上，上文所述兜底条款的设计和运用，就是为了满足“三段论”的要求。

值得一提的是，规章制度的管理和运用，在劳动用工管理实践过程中多处体现了这种逻辑关系和逻辑认知。除了整体上、宏观上的“大前提 + 小前提 = 结论”之外，上文已分析的“行为模式 + 处理后果”和“具体条款之间的逻辑递进关系”等也属于此处所指的逻辑认知范畴。

二、证据思维的运用

证据思维的运用，是从实务的角度探讨规章制度的具体适用。在具体劳动争议的处理实践中，涉及规章制度的管理和运用时，需满足“三次举证”要求。具体来说：第一次，要有员工违规事实的证据；第二次，要有规章制度民主制定程序方面的证据；第三次，要有规章制度业经向劳动者有效公示的证据。

此处需要说明的是“三段论”和“三次举证”的关系问题。“三段论”是适用规章制度基本逻辑，关涉用人单位处理员工的合法合规问题，“三次举证”则是对“三段论”中的“大前提”和“小前提”的具体证明,“三次举证”圆满完成,则意味着“三段论”中“结论”的合规和可预期。故在一定程度和相对意义上,“三段论”是宏观的、整体的思维或处理路径,而“三次举证”是具体方法。

“三次举证”中,规章制度的民主制定程序和有效公示的举证相对比较简单,用人单位完全可以事先完善和健全证据材料,而劳动者违规事实的举证则具有很大的不确定性甚至会出现举证不能的局面。因此,真正考验用人单位用工管理合规的是员工违规事实方面的举证。笔者总结几点违规事实举证的实务经验,供参考:第一,培养举证意识,重视管理留痕;第二,制度先行,重点管理的环节,设置流程和表单,方便固定和采集证据;第三,重视直接证据的固定和采集,尽量搜集员工签名确认的证据材料;第四,在没有直接证据的情况下,充分运用“证据链”,锁定共同指向的证明对象,从而完成举证义务。

三、管理思维的重视

应该说,上述关于规章制度的相关实务分析,都属于用人单位的管理,都应遵循一定的管理思维。但此处笔者所指的管理思维,并非通常意义上的涉及规章制度的用工管理,而是针对规章制度的健全和完善而特别提出并值得用人单位重视的一些管理措施或方法。

社会经济生活的变动不居及规章制度的成文性、滞后性等特性决定了规章制度必然需要不断地被清理和完善,方能满足用人单位的管理需要。具体如何管理?笔者认为,可以从自上而下和自下而上两个维度进行:

(一)自上而下:清理、更新和完善

据笔者观察,用人单位的规章制度体系至少每年应该清理、更新或完善一次,操作时应注意以下方面:(1)是否与新颁行的劳动立法相冲突;(2)是否与新执行的劳动政策相违背;(3)用人单位经营战略和经营管理发生变化时,规章制度是否作出相应的变更和调整;(4)在规章制度适用过程中,新出现的一些常见问题,应如何纳入规章制度范畴;(5)如何在整体上完善规章制度的标准文本和通用条款。

(二)自下而上:收集、研究和修订

如上所述,自上而下的完善管理,是用人单位基于经营和管理环境的变化,而做出的被动的调整和完善。如果要触及企业管理中的核心问题,笔者认为,必须建立自下而上的规章制度健全和完善机制。自下而上的完善思路,意味着一线员工将出现的各种实践问题,通过一定的路径或渠道向用人单位反映或反馈,用人单位进而进行研究,并对规章制度进行相应修订。故自下而上的管理,是一种主动的、有针对性的完善和调整,值得用人单位重视。为此,笔者建议在以下两方面完善管理:

一方面,针对一线管理人员,在岗位职责中普遍增加一项,如"能在工作中及时发现与本职工作相关的公司管理漏洞或问题,每年至少提出2条具体完善建议。公司给予相应的奖励"。

另一方面,对管理人员发现的重要的、常见的管理问题,并提出合理化对策或建议的,用人单位需设置相应的奖励。同时,对一定期限内多次出现的员工违规行为或管理过程中出现的新问题,相关管理人员没有及时反馈并建议单位修订规章制度的,可扣除相应的绩效奖金等。

CHAPTER 03

第三章 劳动合同期限管理中的法律风险防控

劳动合同期限,是指劳动合同有效存续的时间,也是劳资双方依法和依约享有权利和履行义务的时间,它一般始于劳动合同的生效之日,终于劳动合同解除或终止之时。《劳动合同法》设置了固定期限、无固定期限及以完成一定工作任务为期限三种类型的劳动合同。就管理实务而言,固定期限劳动合同和以完成一定工作任务为期限的劳动合同相对简单易操作,但无固定期限合同的管理和实操空间大,且存在较大的合规管理风险。本章主要分析与劳动合同期限管理有关的重要法律风险节点,并提供相应的实操应对方案。

第一节 固定期限劳动合同管理实务

固定期限合同的实务管理,主要体现为以下三个问题:固定期限劳动合同约定多长期限合适?固定期限劳动合同的期限究竟应如何约定?如何处理固定期限劳动合同的顺延问题?具体分析如下。

一、固定期限劳动合同的期限约定及其考量因素

用工管理实践中，固定期限劳动合同是最常见、最普遍的劳动合同类型，但实务部门对究竟应签多长期限合适、有无具体考量标准或因素等问题一直没有统一认知。一般而言，固定期限合同的期限由劳资双方自行协商确定，劳动立法并无最低期限的要求，原则上也无最高期限的要求。[1]

固定期限劳动合同签多长期限合适并无统一标准，因行业、岗位和人员差异，一般需要考虑人力资源战略、人才发展规划、岗位特性等多种因素。据笔者观察，如果单位需要储备人才的，劳动合同期限应签长一些，如5年以上。关键岗位、核心岗位需要自己培养核心人才的，期限签长一些也比较合适。岗位所需专业比较紧缺的，可替代性不高的，也适合签期限长一点。如果具体到不同岗位，可参考以下建议：

行政管理人员的劳动合同期限一般不少于3年，不仅符合岗位需要，而且符合当前的立法预期。因为行政管理人员是否胜任工作，不易考核，最好是用“劳动合同期限3年以上，试用期不超过6个月”的立法规定。这样，用人单位就可以充分利用试用期的观察和考核，决定是否继续留用员工。

一线生产员工一般存在较大的流动性，如果工作年限长，对单位生产员工队伍稳定有较大影响的，则宜签订期限较长的劳动合同。当然，如果工作技术含量不高，可替代性强，则宜签订期限较短的劳动合同，一方面方便单位管理，另一方面也方便此类员工离职或“跳槽”。不过，对于生产类员工，试用期不宜约定过长，因为生产类员工是否符合岗位要求比较容易判定，试用期约定过长虽然可以控制一定的用工成本，但对本身就属于员工流动性较大的生产型岗位而言，具有更大的负面影响。

企业销售岗位及销售人员一般具有偏年轻化且流动性大的特点，选择从事销

---

〔1〕 固定期限劳动合同的期限，理论上可以签得很短甚至1天，虽然实务中极其少见。不过，特殊情况下，基于保护劳动者的需要，劳动合同的期限也会存在例外的法定情形的限制，如根据《关于贯彻执行〈中华人民共和国劳动法〉若干问题的意见》（劳部发〔1995〕309号）规定，从事矿山、井下以及其他有害身体健康的工种、岗位工作的农民工，实行定期轮换制度，合同期限最长不超过8年。

售岗位的劳动者,有很大一部分都是抱着先就业再择业,先赚钱再转行的态度。基于此,笔者建议,销售岗位员工的劳动合同期限不超过 3 年为宜。这样,既方便员工的合理流动,也方便企业对销售员工的异动安排。

另外值得关注的是,企业高管的劳动合同期限应如何把握。[1] 在目前劳动立法体系和框架之下,高管也属于劳动者,企业同样要与其签订劳动合同。笔者建议,高管劳动合同期限应不少于 3 年,理由有三:一是高管属于企业核心团队成员,基于稳定和发展考虑,需签长期劳动合同;二是高管属于管理岗位,劳动合同期限 3 年以上,可以适用最长的试用期,方便对高管进行充分的试用期考察;三是较长的劳动合同期限,可以给高管更稳定的心态,从而有利于企业的平稳发展。[2]

二、固定期限劳动合同期限的具体约定

固定期限劳动合同的期限究竟应如何约定,是一个看似简单却容易被忽略的问题,而且实际上很重要,涉及单位用工成本的控制和法律风险的防控。比如,根据《劳动合同法》第 47 条关于经济补偿金的计算标准的规定,劳动合同期限多约定一天的,则意味着合同终止时要多赔付半个月或一个月的工资。[3]

实务中,固定期限劳动合同的期限如何约定,需要关注以下三个具体问题:

第一,约定多年固定期限劳动合同的,要关注劳动合同的起始时间是在年初、年中还是年末。这不仅涉及劳动合同终止时是否要多发半个月经济补偿金的问题,还涉及绩效工资或年终奖的支付时间问题。笔者建议,如无特殊考量因素,合同期限尽量约定在年末终止,一方面可以充分利用劳动合同期限,降低离职补偿成本,另一方面可以调整和优化绩效工资、年奖金及离职补偿的发放时间和条件,从而有利于用工成本的控制。

第二,劳动合同期限约定到具体月时,要关注劳动合同起始时间是月初、月中

---

〔1〕 此处所指的高管,是指企业或其他用人单位里的高级管理人员,与《中华人民共和国公司法》(以下简称《公司法》)里规定的高管范围不一样。

〔2〕 当然,对于企业高管的管理来说,仅仅签订较长期限的劳动合同是不够的,一般会另行签订保密协议、不竞业协议、服务期协议、岗位协议、目标责任书等协议文本。

〔3〕 参见江苏省苏州市中级人民法院(2017)苏 05 民终 8772 号。

还是月末。这涉及用人单位代扣代缴义务的履行时间是否与当地相关部门的运行管理时间和要求一致，从而关涉用工成本和法律风险控制的问题。笔者建议，在没有其他特殊因素考量的条件下，劳动合同期限的起始时间尽量约定在月末。一方面，是因为社保缴纳的要求，即只要在当月工作1天，就应缴纳整月的社保费用，故合同期限应约定在月末终止；另一方面，也是防控未依法缴纳社保的相关法律风险的需要。

第三，劳动合同起始时间具体到某一日的，应如何约定。对此，实务中需要注意三个问题：一是要注意无须多约定一日。比如，劳动者于2019年4月12日入职，约定合同期限为1年的，准确的约定是自2019年4月12日至2020年4月11日，而不是至2020年4月12日。[1] 二是要注意劳动合同终止的时间可能与劳动者退休年龄和退休时间的"不谋而合"。另外，笔者认为，基于用人单位管理的方便，可以将不同时间入职员工的劳动合同期限约定到同一年的同一月的最后一天。因为劳动合同立法并未强调，固定期限劳动合同必须签订N年整。因此，基于批量化管理劳动合同终止、续签的需要，可以将不同批次开始的劳动合同约定至同一批次结束。三是要注意终止的具体时点的确定，用工实践中关于终止具体时点问题有以终止当日的24时为准和终止当日的下班时间为准两种观点。对此，《关于实行劳动合同制度若干问题的通知》（劳部发〔1996〕354号）规定，劳动合同终止时间以最后一日的24时为准，但结合《民法典》的规定，[2]原则上截止最后一日的24时，但有业务时间的，停止业务活动的时间为截止时间。

三、固定期限劳动合同的顺延问题

固定期限劳动合同到期，涉及自然终止[3]、续签和顺延三个方面的实务问题。劳动合同到期就意味着劳动合同到期终止，其相关实务问题见本书其他部分分析，

---

〔1〕 实践中，有部分单位可能是对1年期劳动合同期限的理解有误，或者是对立法中的"以上""以下""以内""不满"等词意的误解，将1年期劳动合同约定成1年零1天，显然增加了用工成本。

〔2〕 参见《民法典》第203条和第204条。

〔3〕 劳动合同终止分为到期终止和法定终止两大类，为加以区分，本部分只涉及到期终止，此处我们用自然终止或自动终止。

本部分只探讨劳动合同到期的顺延问题。劳动合同到期的顺延,包括约定顺延和法定顺延两种。其中,约定顺延具体又可以分为事先约定自动顺延和事后协商顺延两种。事实上,事后协商顺延虽然也导致了劳动合同期限的延长,但却属于劳动合同变更的问题,应接受关于劳动合同变更的立法规制,在此不予赘述。以下就事先约定顺延和法定顺延的相关实务问题进行分析。

(一)劳动合同约定到期自动顺延条款有效性的判定

目前,理论和实务界存在有效论和无效论两种观点。主流观点认为,在劳动合同中约定自动顺延条款是无效的,因为涉嫌“排权免责”,同时也违反了《劳动合同法》关于书面劳动合同的立法本意。约定自动顺延突破了《劳动合同法》规定的三种劳动合同类型,同时也会让《劳动合同法》所强调的书面劳动合同和无固定期限劳动合同的制度体系形同虚设。笔者认为,单纯的“无效论”和“有效论”都过于绝对,“无效论”完全抹杀了用人单位和劳动者的意思自治,而“有效论”则是对《劳动合同法》立法本意的误解。

从实务角度看,应持“有条件的有效论”,即劳资双方在劳动合同中约定到期自动顺延条款,必须同时满足以下三个条件:第一,劳动合同及自动顺延条款本身是劳资双方的真实意思表示;第二,劳动合同自动顺延的,顺延的期限属于一次新的书面劳动合同,接受《劳动合同法》中关于劳动合同签订次数和无固定期限劳动合同等立法的规制;〔1〕第三,约定的自动顺延条款必须具体明确,且需有续约的行为。〔2〕可见,“有条件的有效论”实质上就是“自动顺延条款+续签行为”。

具体如何操作?笔者建议,保险的做法是将自动顺延条款与劳动合同到期终止和劳动合同的续签关联起来处理。比如,在劳动合同“劳动合同期限”栏或“其他约定”栏中进一步明确约定:“本合同期限届满前 30 天内,乙方(劳动者)应向甲方

---

〔1〕 这就意味着,约定自动顺延一次以上的,劳动者可能存在两项主张:第一,以“连续两次签订固定期限劳动合同”为由,要求签订无固定期限劳动合同;第二,在相应的仲裁时效范围内主张未签劳动合同的双倍工资差额。

〔2〕 自动顺延条款具体明确,是指顺延多长时间,劳动合同顺延过程中是否履行原来劳动合同条件等。实践中如“合同期满,本合同自动顺延”的条款不够具体明确,应视为无效。

(用人单位)书面表达合同续订意向。如乙方不做书面表达续订意向或表达意思不明确,则甲方理解为乙方不愿意以原劳动合同的条件再与甲方续订新一期劳动合同,本合同期满终止。如乙方明确表示续签意向的,双方确认按本合同的约定内容,自动续约一次,双方在本合同期限届满前30天内进行续签确认。”

(二)固定期限劳动合同的法定顺延

固定期限劳动合同的法定顺延,是指基于法定的事由和情形,固定期限劳动合同到期无法自动终止,而是应延长至法定情形消失时才能终止。显然,该制度功能和价值在于保护劳动者,本质上也是一种解雇保护制度。实务中,有三个方面问题值得关注。

1. 法定顺延的情形

固定期限劳动合同的法定顺延情形主要规定在《劳动合同法》第42条中,具体情形包括:(1)从事接触职业病危害作业的劳动者未进行离岗前职业健康检查,或者疑似职业病病人在诊断或者医学观察期间的;(2)在本单位患职业病或者因工负伤并被确认丧失或者部分丧失劳动能力的;(3)患病或者非因工负伤,在规定的医疗期内的;(4)女职工在孕期、产期、哺乳期的;(5)在本单位连续工作满15年,且距法定退休年龄不足5年的;(6)法律、行政法规规定的其他情形。

其中,法律、行政法规规定的其他情形还包括:

(1)基层工会专职主席、副主席或者工会委员自任职之日起,其劳动合同期限自动延长,延长期限相当于其任职期间;非专职主席、副主席或者工会委员自任职之日起,其尚未履行的劳动合同期限短于任期的,劳动合同期限自动延长至任期期满。

(2)劳动合同期满,但双方基于专业技术培训而约定服务期未满,则劳动合同应延续至服务期满。

2. 法定顺延是否需要再签订新的劳动合同

关于法定顺延是否需要再签订书面劳动合同,立法未予明确。但从《劳动合同法》的立法本意来看,无须再次签订劳动合同。因为法定顺延是基于法律的直接规定,顺延的期间并非基于当事人的合意,顺延期间的劳动条件和待遇等内容依然延续原劳动合同的约定。因此，法定顺延不是多了一次劳动合同，法定情形消失时，仍然是原劳动合同的终止。

因此，从实务的角度看，劳动合同法定顺延无须再行签订劳动合同，否则，就多了一次固定期限劳动合同，用人单位将面临签订无固定期限劳动合同的问题。具体处理方法可以概括为“一次确认”和“两次通知”。一次确认是指用人单位应通过各种渠道确认劳动者存在相应的法定情形；两次通知，是指书面通知劳动者劳动合同顺延至法定情形消失时，当法定情形快消失时，再次通知劳动者原劳动合同终止。

3. 法定顺延是否存在签订无固定期限劳动合同的问题

关于劳动合同的法定顺延，常见的一个问题是，在法定顺延期间满足了应当签订无固定期限劳动合同的条件，劳动者提出签订无固定期限劳动合同，是否应予支持？如法定顺延期间，劳动者在本单位的工作年限满了 10 年，劳动者是否可以要求单位签订无固定期限劳动合同？实务中对此并无统一认知。

笔者认为，根据上述法定顺延的概念及其所体现的立法本意，不应支持劳动者要求签订无固定期限劳动合同的主张。因为，虽然《劳动合同法》第 14 条规定，劳动者在用人单位连续工作满 10 年的，可以要求与单位签订无固定期限劳动合同。但这一条件的满足是基于劳资双方劳动合同约定的、真实的工作年限，即该“劳动者连续工作满十年”的条件本质上是基于双方的合意，而不是法律的直接规定。但劳动合同的法定顺延，是基于法律的直接规定，顺延的期限并非基于当事人的合意。况且，法定情形消失时，终止的依然是原劳动合同。[1]

第二节　无固定期限劳动合同管理实务

在现行劳动立法和劳动用工管理实践中，无固定期限劳动合同制度无疑是劳

〔1〕 关于这一点，地方有不同的立法和裁审观点。根据《上海市高级人民法院关于适用〈劳动合同法〉若干问题的意见》规定，因法定顺延事由，使劳动者在同一用人单位工作时间超过 10 年的，不受无固定期限劳动合同的限制。而《江苏省高级人民法院、省劳动争议仲裁委员会关于审理劳动争议案件的指导意见》则支持签订无固定劳动合同。

动用工领域最具争议的话题之一。本节将系统分析无固定期限合同的相关实务问题。

一、无固定期限劳动合同的概念、本质及认知误区

无固定期限劳动合同,一般是指劳资双方没有约定具体期限或终止日期的劳动合同。可见,无固定期限劳动合同的本质是长期雇佣,是工业化社会条件下对传统雇佣或劳动关系运行和调整的一种典型模式。无固定期限劳动合同的立法目标是劳动关系的和谐、稳定,而非限制用人单位的用工管理权。我国《劳动合同法》关于无固定期限劳动合同的立法目标无疑是正确的,但其相关立法规定与劳动关系的人身性、持续性、社会性等属性和特征存在一定的冲突。《劳动合同法》除了特别强调书面劳动合同的重要性外,还强调无固定期限劳动合同的重要性,并在一定程度上强制用人单位和劳动者签订无固定期限劳动合同。这是一种立法技术层面上的不足。

笔者认为,关于无固定期限劳动合同的概念界定、立法规定及实务处理等问题,应纠正以下三个认知误区:

第一,无固定期限劳动合同只是没有约定具体期限或终止日期,但并非不能终止,换言之,无固定期限劳动合同没有到期终止但可基于法定情形而终止。

第二,无固定期限劳动合同,只是从合同期限的角度对劳动合同所做出的一种类型划分,依然是市场化和法治化条件下的用工模式,并非解雇保护制度,即无固定期限劳动合同的管理,特别是劳动合同的解除与其他类型的劳动合同并无实质区别。

第三,无论劳动立法如何规制无固定期限劳动合同,但其依然是劳动合同,应遵循最基本的合同法理,而"合意"是合同运行和管理中最基本的要素或条件。因此,无固定期限劳动合同的签订除了"协商签订"和"视为已签订"这两项已体现劳资双方"合意"的情形外,对于"应当签订"无固定期限劳动合同的情形,也必须体现双方"合意"的过程。对此,实务界常有误解,认为只要符合签订无固定期限劳动合同的情形,用人单位就应无条件签订无固定期限合同,根本不考虑劳动者此时可能有意再签固定期限合同,而无意签订无固定期限合同,甚至无意续签合同等实际情

形,完全抹杀无固定期限劳动合同签订中的"合意"要素。

二、无固定期限劳动合同签订的情形及其评析

无固定期限劳动合同的签订分为协商订立、应当订立和视为订立三种情形。

(一)协商订立

根据《劳动合同法》第 14 条第 1 款的规定,用人单位与劳动者协商一致,可以订立无固定期限劳动合同,即劳动者和用人单位经过平等协商对劳动合同期限做出约定,双方同意订立无固定期限劳动合同。

就合同基本原理和劳动用工管理实务而言,劳资双方协商一致签订无固定期限劳动合同应该是最基本、最普遍、最典型的情形。事实上,在《劳动合同法》施行之前,对无固定期限劳动合同的立法规定就遵循这一基本认知,即劳动者提出签订无固定期限劳动合同的,要获得用人单位的同意。《劳动合同法》则为了实现劳动关系稳定的立法目标,取消了签订无固定期限劳动合同须存在合意这一基本规则,强化应当签订无固定期限劳动合同的情形,主要表现为不仅无须征得用人单位的同意,而且用人单位没有任何选择。

(二)应当订立

根据《劳动合同法》第 14 条第 2 款的规定,当出现以下三种情形之一时,劳动者提出或者同意续订、订立劳动合同的,除劳动者提出订立固定期限劳动合同外,应当订立无固定期限劳动合同:劳动者在该用人单位连续工作满 10 年的;用人单位初次实行劳动合同制度或者国有企业改制重新订立劳动合同时,劳动者在该用人单位连续工作满 10 年且距法定退休年龄不足 10 年的;连续订立二次固定期限劳动合同,且劳动者没有《劳动合同法》第 39 条和第 40 条第 1 项、第 2 项规定的情形,续订劳动合同的。

根据该款规定,其立法本意是,凡符合上述三种情形之一的,用人单位与劳动者不能订立固定期限劳动合同或其他类型劳动合同,只能订立无固定期限劳动合同。实践中,主流的裁审观点是,签订固定期限劳动合同或者无固定期限劳动合同

的选择权在完全在劳动者,用人单位没有任何选择权。特别是实务中对连续两次签订固定期限劳动合同终止,第三次续签时,无论劳动者是否提出签订无固定期限劳动合同,用人单位必须无条件签订无固定期限劳动合同。如北京、浙江、广东仲裁和法院裁审口径。[1] 显然,这种理解和实操违背了合同的达成需基于"合意",劳动关系的建立和劳动合同的签订需遵循平等、自愿原则等合同原理和劳动法理。比如,上海仲裁和法院的裁审口径认为单位有权终止。[2]

事实上,该款规定的立法本意应该是,在符合上述应当签订无固定期限劳动合同的三种情形时,用人单位无权终止,但有权选择,而劳动者有权提出签订无固定期限合同,也有权同意单位的选择。具体言之,第一,符合应当签订无固定期限劳动合同时,用人单位依法应主动提出签订无固定期限劳动合同;第二,符合应当签订无固定期限劳动合同时,用人单位可以提出终止合同、续签固定期限或完成一定工作任务为期限的合同,劳动者可以同意单位的选择;第三,符合应当签订无固定期限劳动合同时,用人单位不选择签订无固定合同,此时劳动者需主动提出签订无固定期限劳动合同,否则,视为劳动者同意用人单位的终止、续签固定期限或以完成一定工作任务为期限的劳动合同。可喜的是,有的地方裁审口径已基本符合这一立法本意,如深圳法院认为,此时单位无选择权,但劳动者须在固定期限劳动合同期满终止前提出签订无固定期限合同,否则,用人单位有权终止。

(三)视为订立

《劳动合同法》第 14 条第 3 款规定,用人单位自用工之日起满一年不与劳动者订立书面劳动合同的,视为用人单位与劳动者已订立无固定期限劳动合同。即在双方存在事实劳动关系情况下,用人单位与劳动者没有签订劳动合同达到法律规

---

〔1〕 参见北京市高级人民法院、北京市劳动争议仲裁委员会《关于劳动争议案件法律适用问题研讨会会议纪要(二)》(京高法发〔2014〕220 号);浙江省高级人民法院民事审判第一庭、浙江省劳动人事争议仲裁院《关于审理劳动争议案件若干问题的解答(二)》(浙高法民一〔2014〕7 号);广东省高级人民法院、广东省劳动人事争议仲裁委员会《关于审理劳动人事争议案件若干问题的座谈会纪要》(粤高法〔2012〕284 号)。

〔2〕 参见刘某诉上海东浩人力资源有限公司等劳务派遣合同纠纷案,上海市第一中级人民法院〔2014〕沪一中民三(民)终字第 1699 号民事判决书。

定的期限,推定双方已经签订无固定期限劳动合同,适用无固定期限劳动合同相关规定。

实践中,视为已订立无固定期限劳动合同有两个问题值得关注:第一,视为已订立无固定期限劳动合同,是否存在未签劳动合同双倍工资的法律责任问题?第二,视为已订立无固定期限合同,是否需要补签书面劳动合同?对于第一个问题,实务界已基本达成共识,即应签而未签劳动合同的,在一年的仲裁时效范围内会产生 11 个月的双倍工资差额的法律责任,而用工满一年后视为已订立无固定期限劳动合同,并不存在双倍工资差额的法律责任问题。[1] 对于第二个问题,根据《中华人民共和国劳动合同法实施条例》(以下简称《劳动合同法实施条例》)第 7 条的规定,用人单位自用工之日起满一年未订立书面劳动合同的,自用工之日起满一个月的次日至满一年的前一日应当向劳动者每月支付两倍的工资,并视为自用工之日起满一年的当日已经与劳动者订立无固定期限劳动合同,应当立即与劳动者补订书面劳动合同。据此,笔者认为,立法虽然规定应该补签劳动合同,但"视为已经订立"的表述,以及即使不补签也没有相应法律责任的制度安排,决定了实践中可不补签。

三、应签未签无固定期限劳动合同的法律后果

《劳动合同法》第 82 条有 2 款内容:第 1 款规定,用人单位自用工之日起超过一个月不满一年未与劳动者订立书面劳动合同的,应当向劳动者每月支付二倍的工资;第 2 款规定,用人单位违反本法规定不与劳动者订立无固定期限劳动合同的,自应当订立无固定期限劳动合同之日起向劳动者每月支付 2 倍的工资。显然,这一立法规定比较简单和粗糙,存在诸多漏洞,如劳动者不签合同怎么处理?为此,《劳动合同法实施条例》对《劳动合同法》第 82 条进行了相应的细化和优化。不过,《劳动合同法实施条例》的相关规定只细化和优化了《劳动合同法》第 82 条第 1 款"应签未签劳动合同"的情形(上文对此已有详细分析),而对《劳动合同法》第 82 条第 2 款,即"应签未签无固定期限合同"的情形未予明确处理

[1] 对此,《劳动合同法》第 82 条和《劳动合同法实施条例》第 7 条均有明确规定。

方式。

如何正确理解和处理《劳动合同法》第 82 条第 2 款的规定？用人单位违反本法规定不与劳动者订立无固定期限劳动合同，显然是指违反《劳动合同法》第 14 条第 2 款应当签订无固定期限合同的三种情形。对此，实务界并无争议。但是，对于用人单位是否自应当订立无固定期限劳动合同之日起向劳动者每月支付 2 倍的工资、支付多长时间的双倍工资、有无时效限制等问题，理论和实务界的观点可谓“见仁见智”。

比如，员工甲 2005 年 9 月 20 日入职乙单位工作，2015 年 9 月 19 日工作年限已满 10 年，此时甲提出要签订无固定期限劳动合同，单位不同意。2018 年 9 月甲申请仲裁，要求单位支付 3 年应签未签无固定期限合同的双倍工资差额。如何处理？如果按照《劳动合同法》第 82 条第 2 款的字面意思理解，不仅需要支付双倍工资，而且双倍工资的支付时间没有上限，则仲裁和法院应支持甲的主张。但如果按此理解，对用人单位显然不公平，因为当甲提出签订无固定期合同，而乙不同意时，双方要么继续履行原固定期限劳动合同，要么继续履行事实劳动关系，无论何种情形，最后依然归结为“应签未签劳动合同”的法律责任问题，即在时效范围内至多承担 11 个月双倍工资差额。事实上，如果仅从双倍工资争议适用一年仲裁时效的角度考虑，也只能得出至多一年的双倍工资差额，而不可能得出无限期支付双倍工资差额的结论。

四、规避无固定期限劳动合同的实务处理

如上所述，无固定期限劳动合同的立法宗旨和目标是引导劳资双方签订长期的、终身的劳动合同，从而促进劳动关系的和谐和稳定。但是，立法技术层面上存在“过分强调”无固定期限劳动合同的重要性，甚至“强迫签订”无固定期限劳动合同等问题。故在我国劳动力市场化和法治化尚未普遍认可和接受无固定期限劳动合同的条件下，很多用人单位通过各种方法以规避无固定期限劳动合同的签订。笔者并不赞同用人单位规避无固定期限劳动合同的签订，凡是立法规定应当签订的和视为已经签订的均有其立法价值的依归，无固定期限劳动合同的正面价值远大于其可能存在的负面影响。但基于笔者以用工法律风险防控的实务分析视角，

如果用人单位不想签订无固定期限劳动合同,在当前法律框架下,可以考虑以下三种方案。

(一)充分利用沟通和协商功能

现行劳动合同立法对各种类型的劳动合同,均强调劳资双方可以协商签订。这其实为用人单位避免签订无固定期限劳动合同提供了最简单、方便和有效的渠道,只要协商签订了其他类型的劳动合同,自然不存无固定期限劳动合同的问题。这一认知既尊重了双方当事人的意思自治,又有相应的法律依据,已获得各地裁审口径的一致认可。换言之,即使符合无固定期限劳动合同的签订条件,但只要劳资双方经协商签订了固定期限合同的,依然应履行固定期限劳动合同。比如,连续两次签订固定期限劳动合同终止的,双方又签订第三次固定期限劳动合同,在第三次固定期限劳动合同存续期间,劳动者此时主张第三次固定期限劳动合同无效,或应签订无固定期限合同的,应不予支持。

当然,沟通和协商的方式可以灵活运用,并不局限于狭义上的面对面的协商。用人单位完全可以通过相应的管理流程和表单的设计,事先引导沟通和协商的路径。如在劳动合同中约定自动顺延条款,劳动合同到期终止合理运用单位事先设计的“续签合同意向书”,或事后协商变更劳动合同期限等方式都可以促成固定期限劳动合同的签订,并且在一定程度上会降低劳动者主动提出签订无固定期限劳动合同的概率。

(二)合理运用法律条文之间的逻辑关系

《劳动合同法》第14条第2款规定了依法应当签订无固定期限劳动合同的三种具体情形,但每一种情形的具体法律适用,均需要符合一定的条件。如果充分利用这些法律条文之间的逻辑关系,合理创造相应的法定条件,以合理、合规的方式阻止无固定期限劳动合同的签订,也是实务中值得借鉴的规避方法。比如,实务中如何理解和运用“在本单位连续工作满十年”?用人单位有多种方法可以阻却这一条件的形成。[1] 再如,如何理解“连续订立二次固定期限劳动合同,且劳动者没有本法第三十九条和第四十条第一项、第二项规定的情形”?显然,用人单位有多种方法阻却该条件的成就。[2]

(三)灵活运用管理方法和选择用工模式

事实上,无固定期限劳动合同只是市场化和法治化条件下的一种合同类型,绝不是计划经济体制下“铁饭碗”和“大锅饭”的回归,无须刻意规避。用人单位对无固定期限劳动合同的管理与固定期限劳动合同的管理并无差别。用人单位完全可以通过各种管理方法,以消解或淡化无固定期限劳动合同可能带来的“影响用工机制灵活性”和“增加用工成本”等负面效应。最常见的方法就是灵活运用岗位协议,将薪酬、绩效的管理糅合在一定期限的岗位协议中,通过岗位的管理实现对无固定期限劳动者的优化管理。

当然,上述方法是以合理、合法的方式规避无固定期限劳动合同的签订。如果用人单位真的担心无固定期限劳动合同的签订,也大可不必使用简单、粗暴甚至违法的方式进行恶意规避,而是可以结合行业和自身的情况选择如非全日制用工、劳务派遣、业务外包等灵活用工模式,从而杜绝无固定期限劳动合同问题。

第三节 以完成一定工作任务为限期的劳动合同管理实务

虽然以完成一定工作任务为期限的劳动合同并非《劳动合同法》的首创,[3]但

---

[1] 具体方法是用人单位可以选择在关联公司或母子公司之间轮流用工,以避免在同一用人单位连续工作满10年。当然,具体操作需要明确化,充分尊重劳动者的意志和选择,最好签订“三方协议”,而不能“暗箱操作”。因为,根据《劳动合同法实施条例》第10条的规定,劳动者非本人原因被安排到新单位工作的,工作年限连续计算。

[2] 具体来说,单位可以第一次签固定期限劳动合同,第二次签以完成一定工作任务为期限的劳动合同,或者不让两次固定期限劳动合同连续。另外,用人单位应保留劳动者存在《劳动合同法》第39条、第40条第1项和第2项的证据材料,即使不解除劳动合同,也可以作为阻却无固定期限劳动合同签订条件的成就。

[3] 《劳动法》第20条已有规定,但只是提及并未细化。

在灵活雇佣和用工方式多元化的时代背景下,《劳动合同法》的细化规定更具实践指导意义。就立法文本而言,以完成一定工作任务为期限的劳动合同不难理解,但就管理实务来说,却存在一定的空间。笔者认为,以完成一定工作任务为期限的劳动合同管理实务中,以下内容值得关注。

一、以完成一定工作任务为期限的劳动合同的概念及其适用领域

随着社会经济的发展、经济结构的提升和企业生产经营及组织形态的变革,传统劳动关系的运行管理趋于灵活化和自由化。除了传统的季节性、订单型生产经营领域广泛使用以完成一定工作任务为期限的劳动合同以外,用人单位的部分生产和经营部门及其岗位职责,也可以逐渐被"独立化""分散化""项目化""任务化",从而契合了企业组织"扁平化"和"小微化"的发展趋势。

以完成一定工作任务为期限的劳动合同的典型特征可以概括为"有工来,无工去",相较于劳务派遣、非全日制用工(小时工)、劳务用工等用工方式而言,以完成一定工作任务为期限的劳动合同的管理更加灵活方便。笔者认为,虽然以完成一定工作任务为期限的劳动合同属于劳动关系的运行和管理模式,但围绕"一定任务"的管理,在一定程度上已经具备"只管事,不管人"的劳务用工或合作、承揽的特点,更具"简洁""灵活"的优势。因此,虽然立法并未明确以完成一定工作任务为期限的劳动合同的概念及适用情形,但在劳动用工实践中,因其顺应了灵活雇佣的时代发展背景,显然有广阔的适用领域。

二、起始和终止标准的明确约定

以完成一定工作任务为期限的劳动合同的实务管理,最重要的莫过于两点:第一,适用情形或领域;第二,"一定工作任务"的起始和终止衡量标准或时间点的确定。如上所述,关于适用领域的确定,除了季节性、订单型企业生产使用外,其他企业需要结合自身的生产经营特点,进行工作拆分,进行项目化管理。

关于起始和终止标准的确定,实务中很多单位的劳动合同约定"本合同有效期自某年某月某日起,至完成某某任务之日止"。显然,这种约定过于笼统,起始日比较容易确定,可以直接约定起始时间点,但"完成一定工作任务"如何衡量?这就需

要对“完成某某任务”进行具体的界定和描述，如约定：以客户验收合格并签字或盖章确认之日为准；以货款全部回收入账之日为标志；以某批原料生产结束并经检验合格之日为标志；以完成多少数量的合格产品的生产为标志等。

三、其他相关注意事项

结合以完成一定工作任务为期限的劳动合同管理实务中的一些常见问题，还需要注意以下事项：

1. 以完成一定工作任务为期限的劳动合同不能约定试用期。对此，《劳动合同法》第 19 条有明确规定。

2. 以完成一定工作任务为期限的劳动合同的终止要支付经济补偿。根据《劳动合同法实施条例》第 22 条的规定，以完成一定工作任务为期限的劳动合同的终止，用人单位需支付经济补偿金。完成“一定工作任务”的劳动合同，虽然不存在“期满终止”的说法，但实质上也属于期满终止，只是其“期满”需要借助一定的衡量标准进行确定。故适用经济补偿金并无不当。〔1〕

3. 以完成一定工作任务为期限的劳动合同并无签订次数的限制。《劳动合同法》实施后，连续两次签订固定期限劳动合同的，可能会涉及无固定期限劳动合同的签订等相关法律问题。但劳动立法对以完成一定工作任务为期限的劳动合同的签订次数并无限制。换言之，无论签订几次以完成一定工作任务为期限的劳动合同，都不会导致无固定期限劳动合同的签订。

4. 以完成一定工作任务为期限的劳动合同的签订和履行，并不影响带薪年休假等法定节假日。根据《职工带薪年休假条例》和《企业职工带薪年休假实施办法》以及《关于〈企业职工带薪年休假实施办法〉有关问题的复函》（人社厅函〔2009〕

〔1〕 实务中，有观点认为在以完成一定工作任务为期限的劳动合同中约定终止的标准，实质上就是约定劳动合同的终止条件，而《劳动合同法》已经禁止约定终止条件，故以完成一定工作任务为期限的劳动合同存在一定的立法冲突或矛盾。笔者认为，禁止在劳动合同中约定终止条件和在以完成一定工作任务为期限的劳动合同中约定终止标准两者不可同日而语，前者是基于劳动者保护的理念，而对之前劳动立法违背劳动法理的一种纠正；而后者则仅是一种事实，即工作任务完成标准的约定，并不影响劳动者的权利保护。

149号)等立法和政策文件的规定,不同劳动合同的类型并不影响带薪年休假的享有,只有特定的休假种类可以替代带薪年休假。

第四节　试用期管理实务及其法律风险防控

劳动用工管理中的试用期管理实务,可谓既简单又复杂。简单的是试用期的法律规定比较简单和清晰,复杂的是对试用期概念的理解、认知及实务操作容易陷入误区。本节就试用期的实务管理及其法律风险防控进行全面、系统地梳理和分析。

一、试用期的意涵

试用期意涵理解或概念界定,可以归结为一个问题,即是"三个一"还是"四个一"。根据《劳动合同法》第19条第2款的规定,同一用人单位与同一劳动者只能约定一次试用期,即"三个一"标准。显然,试用期是约定事项,同一用人单位与同一劳动者无论是否调岗或离职后再入职,只能约定一次试用期。这是劳动立法的本意,体现了我国劳动立法对试用期的制度价值和功能定位的纠正和回归,或者说立法更体现了试用期的本质,即试用期更多的是看劳动者品性是否与用人单位的经营理念和管理方式相匹配,而不仅是岗位和工作技能的试用。

但实务中,比较困惑的是劳动者调岗后或离职后再次入职原用人单位,且从事与原岗位不同的岗位,是否可以约定试用期。如按上述"三个一"标准来认识,显然是不能再约定试用期的,但在一定程度上似乎又损害了用人单位的用工自主权。笔者曾主张试用期约定遵循"四个一"标准,即同一用人单位与同一劳动者,在同一劳动关系存续期间只能约定一次试用期。虽然这一主张与上述立法本意存在一定的冲突,但从立法条文上对比分析,并无明显矛盾。而且,司法实务部门也更倾向于按"四个一"标准处理试用期问题。因为"同一劳动关系存续期间"完全可以理解为《劳动合同法》第19条第2款规定蕴含的一个隐形条件。换言之,劳动者离职后再入职,特别是从事不同工作的,就可以约定试用期。故笔者认为,从管理实务的角度看,基于试用期本身就属于约定事项,用人单位完全可以在规章制度中进行“四个一”的明确界定,进而按制度进行规范管理。

二、试用期的基本规定

关于试用期的基本规定,需满足依法约定、明确约定。

1. 试用期须依法约定,具体而言要遵循“四不”原则。所谓“四不”原则,就是不得约定、不得单独约定、不得口头约定、不得延长约定。不得约定,是指以完成一定工作任务为期限的劳动合同和劳动合同期限不满 3 个月的,不得约定试用期;不得单独约定试用期,是指试用期必须在劳动合同中一并约定,或者说劳资双方没有签订劳动合同,则没有试用期;不得口头约定,是指试用期必须书面约定;不得延长约定,是指试用期的约定不得超过法定标准(但可以减少约定),或者低于法定标准约定后,再约定延长的。

2. 试用期须明确约定,一般有两层意思:一是按照《劳动合同法》第 19 条的规定,根据不同的劳动合同期限和种类,约定不同期限的试用期;二是约定的试用期须明确,而不能是不确定的,如约定 3 ~6 个月试用期。

不过,是否能正确选择和约定劳动合同的期限,可能影响试用期的期限进而影响劳动用工法律风险的防控和用工成本的控制。比如,劳动合同期限相差 1 天,试用期最多可以相差 4 个月。[1] 另外,劳动用工管理实践中,经常有用人单位将 1 年的固定期限劳动合同,约定成 1 年零 1 天,如 2016 年 10 月 8 日至 2017 年 10 月 8 日,这可能是对“1 年以上不满 3 年”的一种误解。事实上,1 年合同期限就可以约定 2 个月试用期,多约定 1 天没有必要,而且可能带来半个月经济补偿金的用工成本。

3. 试用期工资和社会保险须依法支付和缴纳。关于试用期的工资约定和支付及社保的缴纳,均有明确的立法规定,在此不予赘述。

---

〔1〕 举例说明:根据《劳动合同法》第 19 条的规定,劳动合同期限 3 年或 3 年以上的,可以约定 6 个月的试用期。但如果约定 2 年零 364 天的劳动合同期限,则最多只能约定 2 个月的试用期。

三、录用条件的管理

试用期管理实务中,最重要莫过于录用条件的管理,因为直接关系能否解除不符合录用条件的员工,进而关涉试用期制度功能和价值的有效发挥。

(一)录用条件的含义——与招聘条件的区分

一般而言,用人单位招聘录用员工时所提出的招聘条件就是录用的标准或条件,两者不做区分。但从规范管理的角度来看,用人单位提出的招聘条件理应与录用条件相区分,这是由招聘条件和录用条件的不同功能决定的。招聘条件是单位招聘员工最基本的、并类型化适用的"入门"条件,如大学本科毕业,三年工作经验等。录用条件则是直接源于试用期考核的需要,并针对具体岗位职责及其人员胜任要求而设定的条件。可见,招聘条件具有固定性、标准性、简单性、类型化等特点,符合招聘条件的就可以"入门",即符合单位的基本用人标准。录用条件则具有灵活性、动态性、个性化特点,是根据"人岗匹配"的要求而设计。可见,符合相应的录用条件主要表现为员工更能胜任工作,或员工符合单位的更高要求,但不符合录用条件并非一定是员工不胜任工作,可能是员工的品性、理念与单位不合或不匹配等。[1]

实务中,笔者建议:用人单位在招聘录用入职时,对于重要岗位的招聘,并且拟约定试用期的,应设置录用条件用以试用期考核;一般岗位的招聘,无须设置试用期的,则无须设置录用条件。这就可以将岗位的重要性、录用条件的设置、试用期的约定及管理三者关联起来,体现管理的简单化和有效性。

(二)录用条件的适用——以不符合录用条件为由解雇"四步走"

实务中,录用条件的运用,主要体现在单位在试用期内以员工不符合录用条件

〔1〕 实务中,有必要将不符合录用条件和不胜任工作进行区分,特别是在单位单方解除劳动合同时,解除依据应选择不符合录用条件,而不是不胜任工作。因为两者的适用范围、解除程序和法律后果均不同。试用期内,选择不符合录用条件解除,相对简单方便,且无须支付经济补偿金。

为由解除劳动合同的程序和条件,笔者将其总结为“四步走”。

第一步:用人单位要有合法、合理且明确的录用条件。录用条件的设计是试用期管理的前提和基础。笔者认为,用人单位录用条件的设置应该体现以下两项原则:一是重视核心指标和关键指标,淡化非核心和非关键指标;二是重视量化考核,淡化定性考核。具体而言,就是对需要试用的岗位和人员,单位可根据日常管理经验和教训,总结出几项重要的且方便管理考核的指标。比如,试用期考核员工的道德品性,可以是否提供虚假材料或虚假陈述作为录用标准;试用期考核员工敬业度和工作责任心,可以考勤记录作为录用条件的考核标准,也可以客户或相关主体的投诉次数作为考核标准;试用期考核员工的团队协作能力,可以团队其他成员的测评作为录用标准;试用期考核员工的工作能力,可以完成的工作目标、业绩或任务作为考核标准等。

第二步:录用条件需向试用期员工有效公示。用人单位设置简单有效方便考核的录用条件后,需向拟试用的员工公示,方能进行后续的试用期管理。录用条件的有效公示,就是用人单位应将录用条件告知员工,并有证据证明员工知晓该录用条件。当然,用人单位对试用期员工的考核主体、考核期限、考核方法、考核标准等也需要一并告知。实务中一般体现为“录用条件确认函或告知函”。

第三步:建立健全试用期考核制度。用人单位向试用期员工公示、告知录用条件和考核事项,用人单位和劳动者双方便进入试用期的管理过程。用人单位作为管理方,理应设置相应的考核制度,特别是适用于试用期考核的程序和条件。只有在用人单位有充分证据证明劳动者不符合录用条件的,才可以采取相应的处理措施。如何证明不符合录用条件?笔者认为,必须做到两点:其一,考核结果获得试用期员工的确认;其二,员工不予确认的,需形成证据链。

第四步:据以解除劳动合同的通知,须在试用期内做出并向员工送达。这是基于对“试用期内不符合录用条件解除劳动合同”立法文义的准确理解,无须赘言。[1]

---

〔1〕《劳动部办公厅对〈关于如何确定试用期内不符合录用条件可以解除劳动合同请示〉的复函》(劳办发〔1995〕16号)中答复:对试用期内不符合录用条件的劳动者,企业可以解除劳动合同;若超过试用期,则企业不能以试用期内不符合录用条件为由解除劳动合同。

四、试用期解除合同实务

现行劳动立法体系中，解除试用期员工的劳动合同除了劳动者主动辞职和协商解除外，用人单位单方解除的主要情形有：不符合录用条件解除；严重违规解除；劳动者严重失职，给单位造成重大损害解除；劳动者原因导致合同无效解除；劳动者被追究刑事责任；医疗期满解除；不胜任工作解除等。鉴于上文已分析不符合录用条件的解除情形，此处探讨其他解除试用期员工劳动合同的情形及相关注意事项。

1. 试用期解除劳动合同，以不符合录用条件为由的解除是最主要的方式，其他情形的解除比较少见。特别是《劳动合同法》第 39 条中的“劳动者同时与其他单位建立劳动关系，对完成本单位工作任务造成严重影响，或经单位提出拒不改正的”，单位据此解除合同的情形更为罕见。

2. 试用期解除劳动合同，貌似有多种解除情形，但事实上，试用期解除的情形或适用范围有限，并没有非试用期员工解除的情形多，其实是增加了用人单位解雇管理的难度。比如，针对试用期员工，单位不得按《劳动合同法》第 40 条第 3 项的规定，以情势变更为由解雇，也不得根据《劳动合同法》第 41 条的规定，以经济性裁员为由解雇。

3. 特殊情形下试用期员工劳动合同的解除也值得关注。试用期内患精神病，可以解除劳动合同。对此，《劳动部关于实行劳动合同制度若干问题的通知》（劳部发〔1996〕354 号）第 11 条规定：“用人单位对新招用的职工，在试用期内发现并经有关机构确认患有精神病的，可解除劳动合同。”因此，用人单位在员工试用期内因发现其患有精神病的，可以解除其劳动合同。不过，“试用期内患有精神病”的条件，就意味着除经有关机构确诊员工患有精神病外，精神病在员工试用期内发现也是必须满足的条件之一。单位需注意这一法律风险的防控。

五、试用期的利用和替代管理

试用期作为一项重要的人力资源管理制度，如善于利用，则有利于用人单位降低用工成本和防控法律风险。同时，在劳动立法和人力资源管理框架体系中，可以

和相关的制度形成功能替代或互补,从而拓宽试用期的制度功能。具体分析如下:

1. 如何利用试用期降低用工成本。从成本控制的角度看,以下几项试用期管理措施值得注意:

第一,试用期不安排专业技术培训。《劳动部办公厅关于试用期内解除劳动合同处理依据问题的复函》(劳办发〔1995〕264 号,现已废止)规定:“用人单位出资对职工进行各类技术培训,职工提出与单位解除劳动关系的,如果在试用期内,则用人单位不得要求劳动者支付该项培训费用”。可见,如试用期安排专业技术培训,违约金不适用于试用期员工。当然,如果因企业经营管理需要,给试用期员工提供专业技术培训的,可以适当缩短试用期。

第二,在法定条件下,试用期工资的约定应尽可能少。虽然劳动立法规定了试用期工资的底线标准,但单位在法律规定和保证试用期员工收入的条件下,应尽可能少约定试用期工资。因为试用期工资,特别是第一个月的工资标准,决定了新员工入职当年的社会保险缴费基数,从而在一定程度和范围内拉低了工资总额,进而降低了用工成本。

2. 如何用其他用工方式替代试用期。如果认为试用期管理复杂且存在一定的管理法律风险,用人单位也可以利用其他的用工方式或制度代替试用期制度,以实现试用期的功能和价值。比如,用劳务派遣工的派遣期、实习生的实习期、以完成一定工作任务为期限的劳动合同等代替试用期。也可以直接签一年期以下的劳动合同(短期合同)用以试用,试用合格的续签长期的或无固定期劳动合同,试用不合格的,到期终止。

CHAPTER 04 第四章

工作时间和休息休假管理实务

工作时间和休息休假属于劳动基准法范畴,是劳动合同的重要条款,也是用人单位和劳动者最关注的事项之一。劳动用工管理实践中,工作时间和休息休假的管理涉及入职、在职和离职等多个管理环节,较为繁杂。本章旨在结合实务中常见的重点问题进行探讨,并提出具体的管理实操方案。

第一节 工作时间和休息休假的类型及其实务认定

基于实务管理的视角,将工作时间和休息休假进行类型化处理,有助于理清管理思路和设计管理方案。我国现行劳动立法体系中,主要有三种工时制度:标准工时制、综合计算工时制和不定时工时制。但这三种工时制分别如何界定并进行类型化处理,有进一步探讨之必要。

一、标准工时制及其判定要素

何为标准工时制? 顾名思义,就是基于法律规定的标准时长的工作时间制度。根据《劳动法》第 36 条的规定,国家实行劳动者每日工作时间不超过8小时,平均每周工作时间不超过44小时。可见,标准工时制是一种劳动基准性规定,或者说是最高工时制度。1995年出台的《国务院关于职工工作时间的规定》,将劳动者工作时间修正为“每日工作8小时,每周工作40小时”。[1] 虽然,立法和理论界对每周工作时间到底是40小时还是44小时尚存争议,[2]但实务中对每周工作40小时早已达成共识。那么,是否只要满足每日工作不超过8小时,每周工作不超过40小时就算是标准工时制?对这一问题的回答,还需要考虑以下两个问题:

第一,缩短工时制是否属于标准工时制的范畴。实务中有观点认为,缩短工时制是一种与标准工时制并列的特殊工时制或非标准工时制,有一定道理。不过,笔者认为,从“每日工作不超过8小时”“每周工作不超过40小时”这一基准性立法本意的角度观察,法律允许用人单位自主缩短工作时间,因而用“不超过8小时”和“不超过40小时”的表述更加合理。在此意义上,认为标准工时制只能界定或表述为“每日工作8小时”和“每周工作40小时”的观点显然过于机械。另外,“每日工作不超过8小时”“每周工作不超过40小时”的立法表述,也体现或涵盖了部分特殊情形下法律规定的缩短工时制。[3] 因此,无论是用人单位自主缩短还是法定的缩短工时制,均可以纳入标准工时制范畴。

第二,标准工时制有无休息日的要求。标准工作时间须有休息日的要求。根

---

〔1〕 根据《〈国务院关于职工工作时间的规定〉问题解答》(劳部发〔1995〕187号,1995年4月22日实施)的规定,1997年5月1日以前,以企业所执行的工时制度为基础,实行每周40小时工时制的企业,以每周40小时为基础计算加班时间,实行每周44小时工时制的企业,以每周44小时为基础计算加班时间。1997年5月1日以后,一律应以每周40小时为基础计算。

〔2〕 《劳动法》规定每周不超过44小时,而《国务院关于职工工作时间的规定》规定每周40小时,是否存在上位法和下位法的冲突?笔者认为,表面上看确有冲突,但实质上并不冲突。主要有两点理由:第一,2000年实施的《中华人民共和国立法法》关于上位法和下位法冲突的规定,不应溯及1994年的劳动立法;第二,基于“保护劳动者”和“有利于劳动者”的理念和原则,即便下位法的规定与上位法有冲突,但下位法更有利于保护劳动者时,理应优先适用。

〔3〕 根据1994年2月颁布的《国务院关于职工工作时间的规定》,缩短工时制是指劳动者从事少于标准工作时间的工时制度。是特殊条件下从事劳动后因特殊情况需要缩短工作时间的制度安排。目前,我国的缩短工时制大致有四种:(1)从事矿山、井下、高空、高温、低温、有毒有害、特别繁重或过度紧张的劳动,每日工作少于8小时;(2)夜班工作的,比标准工时少1个小时;(3)哺乳期女职工,缩短工时,每日给两次哺乳时间,每次30分钟,可以合并使用;(4)未成年工实行低于8小时工作时间。

据《劳动法》第38条的规定，用人单位应当在保证劳动者每周至少休息一日，而且是连续24小时的休息。这是基于劳动者生理特点和休息权而形成的标准工时制的基本立法规定。换言之，劳动者即使每日工作半天或4小时，也不能连续工作8天，但每周在保证不超过40小时工作的前提下，可以工作6天。值得一提的是，每周至少休息一日，是否必须是在周六或周日休息？工作日能否休息？事实上，周日休息的制度惯例，很大程度上源于西方基督教的礼拜日传统，我国劳动立法上并未明文规定只能在周六或周日休息。[1] 而且，休息日加班的调休制度也能说明休息日并非仅仅是指周六或周日。

综上，实务中判定标准工时制或工作时间的要素有三个：每日工作不超过8小时，每周工作不超过40小时，每周至少休息1日。只有满足上述三个条件，才能称为标准工时制。虽然大部分用人单位都是直接约定每日工作8小时，每周工作40小时的固定的、典型的、标准的工作时间，但也包括法定的缩短工作时间和用人单位自主的缩短工作时间。

二、非标准工时制度的类型与实务处理

关于工时制度的类型，整体上可以分为标准工时制和非标准工时制，但在标准工时制和非标准工时制的细分领域，又会基于不同的视角作出不同的划分。如前所述，法定的缩短工时制和用人单位自主的缩短工时制，均属于立法规定的标准工时制。不过，用人单位自主的缩短工时制，可以认定为灵活的、自由的工作时间，在一定条件下自然也可归入非标准工时制范畴。同理，我们一般将综合计算工时制和不定时工时制作为非标准工时制的典型，但综合计算工时制依然遵循法定的工作时间，只是计算方式不同而已，因而也可以将综合计算工时制纳入标准工时制范畴。

可见，工时制度的类型化，其实践指导意义大于其立法和理论意义。换言之，在用工管理实践中，我们无须纠结于工时制度的理论分类，而是将工作时间或工时

---

〔1〕 需要说明的是，我国国家机关和事业单位实行统一的工作和休息时间，周六和周日为固定的休息日。企业可以根据自身生产经营特点和需要灵活安排休息日。

制度简单划分为标准工时制(含法定的缩短工时和自主的缩短工时)和非标准工时制(含综合计算工时和不定时工时或灵活计算工时)。这样,就可以按主次轻重的次序管理工作时间,即尽量选用非标准工时,特别是不定时工时制,只有在无法选择非标准工时制时,才强化并落实标准工时制下的管理。

关于综合计算工时制,实务中需把握以下四点:其一,岗位应符合相应的工种要求,并经行政审批;[1]其二,用人单位应将拟实行的综合计算工时制制度化,实行综合计算工时制岗位的员工须明知并接受;其三,实行综合计算工时制,依然遵守法定的工作时间,只是在特定周期内综合计算而已;其四,综合计算工时制,也存在加班及加班费的支付问题(详见下文分析)。

不定时工时制,顾名思义就是没有固定工作时间的工时制。实际上,不定时工时制并非不能计算工作时间,只是工作时间不固定,没有办法按照标准工时制计算工作时间并进行相应考勤管理。[2] 不定时工时制下,因无法按传统方式考勤和计算工作时间,实质上不能纳入工时制度范畴,不过,传统劳动法理论框架和实务处理模式,均将不定时工时制纳入工作时间的概念和制度体系。

不定时工时制下,一个值得注意的问题是,不定时工时制的员工在法定节假日工作的,到底有无加班费?上海、深圳、厦门等地方劳动立法和裁审口径支持法定节假日的加班费,国家层面上和其他地方立法未予明确。笔者认为,不应支持法定节假日的加班费,有如下两点理由:一是不定时工时制下,无法进行正常考勤管理,无法计算工作时间,也就不存在加班的问题;二是不定时工时制适用的岗位特殊,其岗位计酬的依据或标准并非以工作时间来衡量,而是以工作业绩或成果来衡量的,故其工作时间和工作方式自由灵活,自然包括在法定节假日工作。这是不定时工时制和标准工时制的本质区别所在。

---

〔1〕 综合计算工时制,主要有三类:(1)交通、铁路、邮电、水运、航空、渔业等行业中因工作性质特殊,需连续作业的工作;(2)地质及资源勘探、建筑、制盐、制糖、旅游等受季节和自然条件限制的行业和部分工作;(3)其他适合实行综合计算工时工作制的工作。

〔2〕 在不定时工时制下,只是不能按照传统的标准工时制的考勤方式,但并非不能或不应该考勤。不定时工时制的考勤,需要用人单位根据实施不定时工时岗位的职责,并结合单位自身的经营管理特点,实施灵活自由的考勤方式。比如,针对实行不定时工时制的业务员,参加公司例会,走访门店或客户,提交工作报表等行为,均可以作为考勤方式。

三、休息休假制度的类型化及其实务认知

劳动立法框架下,究竟何为休息时间?休息与休假是什么关系?工作时间和休息、休假时间是否仅是“此消彼长”的关系?这些问题看似简单,却很有必要从实务管理的角度进一步探讨。一般而言,普通劳动者的一天分为8小时工作、8小时睡眠和8小时生活,但事实上,生活、休息、休假无法区分,也没有必要区分,故可以将劳动者的生活时间分为工作和休息两部分,即生活、休假等均属于广义上的休息时间。

劳动法视野中,和劳动用工管理有关的休息时间,主要有三块,即工休时间、休息日和节假日。相关重要的实务问题分析如下:

第一,工休时间,是否属于工作时间?所谓工休时间,就是工作过程中,为了解决劳动者生理需要或生产经营暂停的需要,而短暂的、临时性的停止工作的休息时间。广义上的工休时间大致有三种:一是连续工作时间中间的短暂休息时间;二是中午的吃饭和休息时间;三是连续工作日之间的休息时间。狭义的工休时间仅指第一种,且这种工休时间也属于工作时间。实际上,第三种所谓的工休时间,除了加班外,完全属于劳动者个人自由支配的时间,不属于工作时间。

那么,实务中的问题就集中在午休时间是否属于工作时间?笔者认为不能一概而论,如果用人单位对工作时间有明确的规定或约定,且有规范的管理制度,则午休时间可以不计入工作时间。这在工伤管理实务中,对“三工”原则的认定和把握有密切关系。

第二,休息日(通常指双休日或公休日)是否属于法定节假日?当前社会公众对法定节假日具有普遍的认知度,但依然有诸多误解。比如,误将休息日看作法定

节假日,或者将普通工作日认定为休息日等情形。[1] 休息日只是基于劳动基准法标准工时制下每日、每周的法定工作时间和“每周至少休息一日”的规定而形成的劳动基准制度,并非源于法律直接的强制性规定。当然,休息日非法定节假日,其根本原因在于休息日不计薪,仅仅是劳动者的休息日,而法定节假日一般是带薪休假。

第三,实践中通常所谓的节假日是否均属于法定节假日?节假日一般包括法定节假日和意定假日两种。法定节假日其实是法定节日和法定假日的统称。法定节日是一种典型意义上的法定节假日,也就是我们通常所谓的法定节假日,即基于法律直接规定劳动者应享有的节假日,具有法定性、统一性、普惠性、带薪性等特性,如春节、清明节、五一劳动节、端午节、中秋节等(共 11 天)。[2]

法定假日是基于法律规定,但具有一定管理空间和私法自治性质的法定休假日,可称为非典型意义上的法定节假日。主要是法律规定的,用人单位有义务安排的节假日,兼具法定性和意定性特点,如病假、产假、护理假(陪护假)、年休假、婚丧假等。法定假日与法定节日相比,主要有两点不同:一是法定性相对较弱,法律对法定假日只作了种类和期限等原则性规定,具体休假方式要结合用人单位所在行业特点由单位决定或劳资双方共同决定。二是法定假日是否包含法定节日和双休日没有统一要求,需结合具体的法定假日分析。如产假、探亲假这些假期比较长

〔1〕 比如,2020 年年初的新冠肺炎疫情防控期间,《国务院办公厅关于延长 2020 年春节假期的通知》(国办发明电〔2020〕1 号)规定春节假期从 2020 年 1 月 31 日延长至 2020 年 2 月 2 日,有人就将延长的这几天假期误解为法定节假日,但实际上应定性为休息日并按休息日进行处理。另外,根据各地关于 2020 年 2 月 3 日至 9 日“延期复工”的规定,该延期复工期间被误认为是休息日并按休息日处理。如上海就规定为休息日并按休息日处理,明确规定在此期间工作的支付 200% 的加班工资。但实际上,2020 年 2 月 3 日至 9 日的延期复工期间,2 月 3 日至 7 日应该属于正常的工作日(2 月 8 日和 9 日属于正常休息日),只是出于疫情防控需要而不能工作。换言之,如果在此期间工作的不能算是休息日的加班。根据《人力资源社会保障部　全国总工会　中国企业联合会/中国企业家协会　全国工商联关于做好新型冠状病毒感染肺炎疫情防控期间稳定劳动关系支持企业复工复产的意见》(人社部发〔2020〕8 号)的相关规定和精神,延迟复工的这段时间,实际属于用人单位的用工自主权,可以灵活运用带薪年休假、福利假期进行冲抵,条件许可的可以安排员工居家办公等,事实上就是否定了上海市的规定。

〔2〕 典型意义上的法定节假日,还包括部分群体享有的法定节假日,如“三八妇女节”“五四青年节”等。笔者认为,部分群体享有的节假日纪念意义大于假期休假意义,其主要功能在于纪念具有特定历史意义的日期。在这些节假日中,部分群体不工作而参加纪念活动的,只是视为正常提供劳动。

的,一般都包括法定节日和双休日在内。婚丧假一般包含休息日。年休假则一般包括休息日,但不包括法定节日。护理假(陪护假)是否包含法定节日和休息日各地则有不同规定。

所谓意定假日,即根据用人单位的管理制度,完全属于劳资双方自治的范畴。意定假日主要是基于劳动者因私人原因需要申请的假期,单位根据相应的管理制度是否准假,体现了管理性和自治性特点。最典型的是事假。当然,有些名义上是法定假日,但具体的管理和操作主要体现的是自治性,事实上也属于一定假日,如病假、福利年休假、福利产假等。

第二节　加班管理实务

加班的成本控制和法律风险管理是企业劳动用工管理实践中最基本的问题之一。劳动用工管理实践中,成本控制和法律风险管理是"一体两面"的关系,本节拟从成本控制和法律风险管理的思路或视角,对加班管理的相关实务问题进行分析。

一、加班成本控制的思路

加班成本的控制技巧,可从以下几个层面进行分析。

(一)非劳动关系的选择和运用——法律关系层面上的控制

所谓加班,顾名思义就是延长工作时间的劳动。显然,加班的认定需有两个基本前提条件:第一,延长了法定的工作时间;第二,在延长的工作时间中提供了劳动,即提供了延时工作。[1] 可见,这两个基本前提条件均指向了一个事实,即加班是劳动关系模式下才产生的用工管理问题。因此,这就给我们在实务中控制加班

〔1〕 显然,对加班这样界定,就很容易与值班进行区分。值班,本质上就是劳动者在工作时间或非工作时间在相应的岗位上提供看门、联络等辅助性和关联性的工作,并不是提供正常的本职工作。如果是在法定工作时间之外的值班,也仅仅是延长了工作时间,但没有提供正常的劳动。故不能认定为加班。

成本提供了一个顶层的设计思路,即尽可能选择承揽、合作、劳务等法律关系及其相应的用工模式。当然,在当前灵活雇佣的时代背景下,也可以将现行的劳动关系通过相应的组织变革或用工方式调整等手段,转变为非劳动关系模式。这样就无须考虑加班的管理问题,也从根本上解决了加班成本的控制问题。

(二)劳动关系模式下的控制——工时制度、内部承包及计件制的选择和运用

如果无法促成法律关系"变性",从而"釜底抽薪"式地解决加班问题,则只能在劳动关系的模式下进行加班的管理及其成本控制。劳动关系模式下,就必然存在劳动基准法关于法定工作时间及加班的法律适用问题。但是,我们也可以选择相应的加班成本控制思路和方法,比如,工时制度的合理运用和绩效、薪酬管理模式的改变等。

如前所述,在不定时工时制条件下,不存在加班的问题,综合计算工时制条件下,虽然存在加班问题,但完全可以通过计算周期的合理设计和考勤的规范管理,从而消解可能的加班问题。事实上,综合计算工时制和不定时工时制的形成,就是为了解决基于工作和岗位的特殊性而产生的工作时间不平衡问题,也就是为了解决工作任务过于集中而可能引发的加班问题。笔者认为,在综合计算工时制条件下,如果还存在加班问题,很大程度上可归因于企业的管理问题。

除了合理的工时制度的选择适用外,还可以考虑绩效和薪酬管理模式的改变,具体是将工作任务拆分,形成项目化用工,让劳动者通过内部承包或计件的方式工作,同时完善绩效管理和绩效薪酬的核算和支付制度。引进内部承包制,其实质就是改变单纯以工作时间来衡量业绩并据以计酬的方式,其本身就是加班的替代制度。计件制模式下加班的计算,与标准工时制下加班的计算不同,计件制模式下,劳动者在法定工作时间内完成劳动定额后的工作不算加班,只需按计件单价计付相应的工资,只有单位安排劳动者在正常工作时间以外工作的,才属于加班。[1] 故

〔1〕 值得注意的是,那种不考虑工作时间和劳动定额,完全按计件计酬的所谓计件工作制,并非真正意义上的计件工作制。判定其是否存在加班的简单方法是,月工资扣除法定工作时间之外的计件报酬,是否低于当地最低月工资标准。

而存在一定加班成本的控制空间。

(三)标准工时制下成本控制——调休制、补休制、加班费“包干”制的合理运用

标准工时制下,超过法定工作时间的工作无疑属于加班。不过,即使是标准工时制,也可以灵活安排工作时间。如前所述,标准工时制有三个判定因素:每日工作不超过 8 小时,每周工作不超过 40 小时,每周至少休息 1 天。这就给用人单位灵活运用调休、补休制度和其他制度释放了空间,自然属于加班成本控制的考量因素。[1] 在新冠肺炎疫情防控期间,北京等地方政府鼓励灵活用工和弹性工时制,允许企业综合调剂使用年度内的休息日。[2] 此处的“综合调剂使用年度内的休息日”大致可以纳入调休的范畴或者说是调休的一种方式,但显然是拓展和细化了传统意义上的调休制度,值得用人单位借鉴。比如,疫情防控期间,2020 年 2 月除了休息日外共计 20 个工作日,但企业没有复工。2020 年 3 月复工后,可以在 2020 年 3 月至 7 月每周占用一个休息日,这样就可以将 2 月的 20 个工作日调补回来。

另外,标准工时制下,在一些劳动密集型生产加工企业,可以适当运用加班费的“包干”制以控制用工成本。不过需要说明的是,加班费“包干”制完全是在用工实践中形成的既不完全合法、合规但又不完全违法、违规的“中间地带”或“灰色地带”。这一制度实质上是对劳动立法关于工作时间和劳动者保护与用工实践中关于加班的需求和成本实际控制之间的利益平衡,有其存在的合理性。[3]

---

〔1〕 劳动用工管理实践中,调休和补休经常被混淆和误用。调休,顾名思义就调整休息时间的意思,有国家和地方政府层面上的调休,也有企业层面上的自主调休。国家层面上的调休,如国务院调整全民休息时间,主要体现为法定节假日前后公休日的调整和挪移;地方层面上的调休,则是指基于特殊情况,地方政府规定的调整休息时间,如 2016 年 G20 峰会期间,杭州市政府决定 9 月 1 日至 7 日调休放假共 7 天;企业内部的调休,是指特殊工时制的灵活运用,如集中工作、集中休息、轮休、弹性工时等(注意:符合综合工时制,并经劳动部门审批的就是综合工时制)。补休,就是弥补休息时间的意思,根据《劳动法》第 44 条的规定,补休是用来弥补劳动者因在休息日上班而失去的休息时间,值得注意的是,是否补休以及如何补休,是用人单位的用工自主权。

〔2〕 参见《北京市人民政府办公厅关于进一步支持打好新型冠状病毒感染的肺炎疫情防控阻击战若干措施》(京政办发〔2020〕5 号)第 10 条。

〔3〕 结合劳动立法和实践,加班费“包干”制的运用需满足以下条件:第一,单位规章制度或劳动合同要明确规定或约定;第二,工资项目中要明确约定每月的加班费;第三,劳动者月收入扣除加班费后,不得低于当地月最低工资标准。

二、加班管理中法律风险防控

加班管理中的法律风险防控，主要应关注加班事实的认定、加班费的计发、加班争议的处理等环节。

（一）加班事实的认定——加班流程管控

加班管理的前提就是认定是否存在加班以及加班多长时间的问题。如上所述，加班不仅是延长工作时间，而且是在延长的工作时间内提供正常劳动。劳动者的这种延时工作在单位的组织、安排、管理、监督下进行，其延时工作的内容、形式及质量、数量等均应受用人单位支配和管理。因此，只有依靠一套规范有效的加班管理流程，才能认定是否存在加班以及加班的具体时间。

实务中，加班管理流程大致分为两种：第一，劳动者申请加班，单位予以批准或认可；第二，单位安排加班，劳动者同意并加班。无论哪种流程，加班管理的实质就是用人单位对加班事实的实际控制，而不能由劳动者自行决定。如果劳动者可以脱离用人单位的管理和支配，自行决定延长工作的时间和内容，那就失去了向单位主张权利的法理基础。因此，用人单位规定加班必须经过申请、批准，未经批准擅自加班的不支付加班工资的加班管理制度并无法律障碍。不过，需要注意以下 4 个实务问题：

1. 用人单位制定加班管理制度主要用于规范员工申请加班，与用人单位不安排加班甚至取消加班制度并不冲突。换言之，用人单位原则上不安排加班，或者用薪酬、福利的设计引导员工自行加班，一方面降低管理成本和风险，另一方面也符合工作弹性化的发展趋势。但是，作为用人单位必须建立相关制度以规范劳动者的加班行为。

2. 员工加班没有经单位安排或批准，是否属于加班并获得加班费？如前所述，用人单位在合同中约定或规章制度中规定，加班必须由用人单位安排或经单位批准，否则加班无效，单位不予支付加班工资。如经民主程序制定并向劳动者公示的，合法有效。但是，值得注意的是，加班的认定不能仅依据合同或制度文本这些形式标准，必要时需遵循实质标准。换言之，只要劳动者能举证证明其存在加班事实,单位又不能举证反驳的,则需认定为加班。

3. 单位在非工作时间安排的与员工本职工作无关的其他活动是否属于加班?如单位在周末搞文体活动、安排宴请客户、外出旅游、拓展训练等是否属于加班?实务界对此认知不一。笔者认为,这些活动不属于加班,理由有二:一是从法理上看,加班的认定必须是延长工作时间的劳动,与本职工作无关的自然不属于延时的工作;二是从情理上看,单位在非工作时间安排其他活动,有利于劳动者自身素质的提升,契合劳动法的理念和精神。

4. 加班考勤的管理。无论是单位安排加班还是员工自主申请加班,用人单位必须管理留痕,即体现为相应的流程和表单。根据《中华人民共和国劳动争议调解仲裁法》(以下简称《劳动争议调解仲裁法》)第 6 条的规定,劳动争议处理原则上执行"谁主张,谁举证"的规则,但针对特殊情形或特定诉争事项须遵循"谁掌控,谁举证"的规则。具体而言,用人单位通过各种方法要求员工定期在考勤记录上签字确认,是实施加班考勤管理简单有效的方法。

(二)加班费的计发

加班费的计发,即加班费的核算和支付,主要涉及加班费计算基数的确定、加班费的计算及支付等问题。当然,也包括特殊工时或特殊岗位加班费的计发问题。

1. 加班费计算基数的确定

关于加班费计算基数的确定,实践中大致有三种模式:一是按约定的月工资或月收入标准为基数;二是以劳动者正常出勤的月基本工资为标准;三是以劳动合同约定或薪酬管理制度规定的工资为基数。笔者认为,上述第一种操作模式并不符合劳动法理,因为加班费是劳动者延长工作时间的劳动报酬,其本身不能包括加班费、年终奖、绩效工资等额外劳动所获得的报酬,而只能以劳动者正常出勤,并提供正常劳动的报酬为基数,具有基本性、相对固定性、统一性等特点。[1] 故笔者认为

---

〔1〕《劳动部关于〈中华人民共和国劳动法〉若干条文的说明》(劳办发〔1994〕289 号)第 44 条规定,本条所说的工资,实行计时工资的单位,指的是用人单位的"基本工资"。因此,加班费按单位基本工资计算有明确的法律依据,只是"基本工资"本身没有明确的立法界定。

上述第二种实操模式符合法理;上述第三种实操模式,虽然在一定程度上有悖劳动法理,但符合当前我国劳动用工实践,故很多地方立法均允许当事人自行约定加班费计算基数。

总之,关于加班费计算基数立法没有明确规定,地方差别也很大。如果地方立法有特别规定,应该按照地方立法规定执行;如果地方立法没有规定,建议用人单位与劳动者事先约定加班费的计算基数,注意加班费的计算基数不能低于最低工资。

2. 加班费的核算和支付

鉴于加班费的具体计算方法和标准,可根据加班费的计算基数和月均计薪日两个因素,再结合劳动立法的规定可予以核算。在此不予赘述。此处仅分析加班费的支付和特殊工时的加班费支付问题。

加班费作为劳动报酬,其支付须遵守工资的劳动基准法规定,即及时、足额、按月、货币支付。基于实务管理和法律风险防控考虑,笔者建议用人单位加班费作为工资项目,执行"月清月结"或"季清季结"制度。具体来说,有两种方法可以实现:第一,用人单位在每月支付工资时,要求劳动者在领取工资时签字确认当月或本季度工资已经结清;第二,在规章制度中规定或劳动合同中约定,单位发放工资后特定期限内,劳动者如果对工资项目、数额等有异议,需及时书面提出,逾期不提或不按要求提出的,视为没有异议。

特殊工时的加班费问题。特殊工时制的加班费,主要就是在综合计算工时制下加班费的计发。根据《关于企业实行不定时工作制和综合计算工时工作制的审批办法》和《关于职工工作时间有关问题的复函》等规定,综合计算工时制的加班问题需注意以下事项:第一,加班时间以综合计算的周期内法定工作时间为基数进行判定;[1]第二,综合计算工时制下,休息日工作不算加班,故综合计算工时制下,并没有休息日加班支付200%加班费的问题;第三,综合计算工时制下,在法定节假日

---

〔1〕 综合计算工时制下,各周期内具体工作时间如下:每周工作时间不超过40小时;每月工作时间不超过167小时(20.83天×8小时);每季度工作时间不超过500小时(250天÷4季×8小时);每年不超过2000小时(250天×8小时)。

工作的要按 300% 的标准支付加班工资。[1]

(三)加班争议的处理与风险防控

加班争议的处理,除了考勤记录等具体证据的组织和审查之外,值得关注的法律风险节点主要有两处:一是举证责任;二是争议时效。

1. 加班争议的举证责任问题

根据《劳动争议调解仲裁法》第 6 条和《劳动争议司法解释(一)》第 42 条的规定,加班争议的举证规则,可以概括为"谁主张,谁举证"和"谁掌控,谁举证"。前者代表了民事诉讼举证的一般规则,在加班争议的处理中,就体现为劳动者须举出初步证据证明存在加班的事实;后者则体现了加班争议处理的特殊举证规则,由用人单位反驳存在加班事实或虽有加班事实但已支付加班费的证据。

关于劳动者主张加班费的举证问题,需注意审查两个基本要素:一是劳动者延长了工作时间;二是在延长的工作时间内提供了劳动。但在当前的劳动争议处理实践中,往往忽略了第二个要素的审查,只要劳动者举出超过法定工作时间的相关证据材料,如上下班的考勤记录,就认定其存在加班。这种认定显然不尽合理,对用人单位也不甚公平。对此,相关地方立法和裁审口径已注意到这一实践中的不足,并进行立法引导。如 2020 年 5 月 9 日,江西省高级人民法院、江西省人力资源和社会保障厅印发的《关于办理劳动争议案件若干问题的解答(试行)》(赣高法〔2020〕67 号)第 7 条明确规定,标准工时工作制下认定劳动者是否存在加班事实,应主要审查以下三个方面:(1)劳动者的工作时间超过法定工作时间标准;(2)劳动者在超出的工作时间内是在为用人单位提供劳动;(3)加班是由用人单位安排的或者经用人单位批准的。笔者认为,江西省的这一地方规定对加班争议的处理具有重要的参考和借鉴意义。

---

〔1〕 实务中有观点提出,既然是在特定周期内综合计算工作时间,如周期内包含法定节假日,则法定节假日的工作时间也应一并计算,为何要再行支付 300% 的加班费?事实上,法定节假日是法定的带薪假日,在综合计算工作时间时,已经剔除了法定节假日的工作时间。换言之,即使在周期内遇到法定节假日,节假日也没有算入工作时间,如果在节假日安排劳动的,自然需依法支付加班费。

2. 主张加班费的时效问题

加班费是否只能主张2年？实践中对此观点不一。加班争议处理的主要证据是用人单位的考勤记录，但根据原劳动部《工资支付暂行规定》第6条的规定，用人单位必须书面记录支付劳动者工资的数额、时间、领取者的姓名以及签字，并保存两年以上备查。该规定是工资支付记录的规定，而且只是部门规定，法律对于用人单位应该保存多久的考勤记录并没有强制性规定。故将举证责任的后果全部由用人单位承担则不尽合理，工资与考勤记录相配套，在劳动者提供初步证据证明劳动者加班的情况下，用人单位对2年内的考勤记录承担举证责任较为合理。

当然，根据上述规定我们只得出用人单位承担2年内的证明责任，并不是说加班费只支持2年。根据《劳动争议调解仲裁法》第27条第4款的规定，劳动关系存续期间因拖欠劳动报酬发生争议的，劳动者申请仲裁不受一年时效的限制，劳动关系终止的，应当自劳动关系终止之日起一年内提出。追索加班工资属于劳动报酬争议，适用特殊时效，劳动关系解除或终止之日起的一年之内都可以向前无限追索，只要劳动者有证据证明其加班。

第三节　病假管理实务

病假和医疗期的管理可谓是我国劳动用工管理实践中最为繁杂的问题之一。在法律层面上，病假和医疗期的管理体现的是劳资双方健康权和经营权的博弈，即保护劳动者生命健康权的同时，需要顾及用人单位的用工管理权。在制度层面上，医疗期是解雇保护期，病假是管理上或生活上的概念，患病员工进入医疗期管理就意味着解雇保护期。在实践层面上，如何避免“泡病假”现象，则是当前令用人单位困惑的问题。[1] 本节拟从实务的角度，力求从以下六个方面系统分析病假和医疗

---

〔1〕 我国用工管理实践中，“泡病假”现象比较普遍，笔者认为至少有三方面原因：第一，制度和规则的缺陷，关于医疗期在一定周期内累计计算和清零计算的制度规则本身就有漏洞，劳动者只要按照该制度操作就可以合法合规地“泡病假”；第二，用人单位的原因，用人单位的相关管理制度没有将病假和医疗期员工与正常工作员工在劳动条件、待遇等方面区分开，诱使员工“泡病假”；第三，是劳动者的不良动机。

期管理的相关问题。

一、病假的分类管理

在现行劳动立法、政策框架下,笔者建议用人单位在劳动用工管理实务中将病假进行分类管理,主要是基于两点考虑:其一,医疗期的本质及其制度功能在于解雇保护,一旦进入医疗期的累计计算周期,该员工便进入了解雇保护期,无疑降低了用人单位用工管理的灵活性,并增加了用工成本和法律风险。其二,根据《企业职工患病或非因工负伤医疗期规定》(劳部发〔1994〕年479号文)的规定,病假和医疗期的立法本意就是"员工因患病需停止工作治疗休息"。换言之,"停止工作"是患病员工享有医疗期的前提。遗憾的是,因相关劳动立法并未明确劳动者患病但无须停止工作治疗休息的情况下,用人单位如何处理此类员工的病假问题,从而导致实践中病假和医疗期处理的不同口径。

因此,从用工管理实务的角度看,用人单位有必要在规章制度中将病假划分为小病、大病和特殊疾病三类,并作出不同的界定标准。[1] 这样处理,就可以将无须停止工作也可以诊疗休息的小病不纳入医疗期的管理范畴。当然,在具体的用工管理实践中,员工患小病的可以请带薪事假,也可以请病假但作为带薪事假处理。如果员工执意按病假、医疗期来处理,则单位可按照病假和医疗期管理,但应明确只支付病假和医疗期的工资。事实上,这是劳资双方的一种利益权衡,用人单位并未违反劳动基准法或侵害劳动者权利。

大病和特殊疾病应当进入医疗期管理,因为大病和特殊疾病需要停止工作,并连续或阶段性住院治疗、休息。一方面是基于对患病员工解雇保护的需要,另一方面也是方便用人单位进行医疗期的计算和管理。

二、病假的实体审核

员工请病假关涉其生命健康权的保护,员工患病请病假是其权利,用人单位必

〔1〕 比如,小病可以界定为:(1)快速治愈;(2)无须住院治疗;(3)不影响工作的慢性病;(4)病假不超过3天等。大病可以界定为:(1)患大病、重病但能治愈;(2)需住院治疗、休息;(3)影响工作需长期治疗的慢性病;(4)病假3天以上等。

须满足该权利诉求。但用人单位也有其用工管理权限,即员工需按照单位的规章制度要求请病假,否则,用人单位可以不准假并进行相应处理。请病假制度主要涉及实体和流程两方面的要求,病假的审核便是从实体上进行管理。主要目的在于审核员工请病假是否真实和必要。

完备的请病假手续,需病假员工提供门(急)诊挂号单据、医生诊断证明,休假证明,并提供与原件核对无误的病历复印件。那么,是否无论请什么病假都需要提供上述资料?按现行医疗服务方式和标准,只要是在医院看病,上述资料基本都有。请病假提供上述基本资料是判断是否虚假请病假的简单且有效的方式,故原则上请病假需提供上述资料。当然,根据病假的分类管理,如果是小病,且不纳入医疗期管理的,因客观原因未能全面提供上述就医资料的,单位也应予准假。需要注意的是,根据医药领域的相关规定,出具诊断证明书的医生应对所作出的诊断负责,凡开具的诊断证明书必须复写或登记交医院门诊办公室或医务处存查。因此,单位规章制度可规定员工请病假提交的诊断证明,必须是相关领域的主治医师以上的医生签字,由医院有关部门审核盖章后生效。当然,医生不得开具非本专科病人的诊断证明书。换言之,医师和专科必须对应,如内科医生不能开外科的假条。可见,用人单位核实病假的真伪并不难,只要观察就医资料、医院的盖章和医生的签名。

值得注意的是,在民法典重视个人信息和隐私权保护的时代背景下,劳动者请病假需提交的病历、诊断证明等资料是否属于个人信息保护范畴?是否属于个人隐私范畴?用人单位病假管理与劳动者个人信息保护和个人隐私保护如何协调?这些问题显然是用人单位面临的挑战。根据《民法典》的相关规定,[1]病历及相关

---

〔1〕《民法典》第1034条规定:"自然人的个人信息受法律保护。个人信息是以电子或其他方式记录的能够单独或与其他信息结合识别特定自然人的各种信息,包括自然人的姓名、出生日期、身份证件号码、生物识别信息、住址、电话号码、电子邮箱、健康信息、行踪信息等。个人信息中的私密信息,适用有关隐私权的规定;没有规定的,适用有关个人信息保护的规定。"《民法典》第1035条规定:"处理个人信息的,应当遵循合法、正当、必要原则,不得过度处理,并符合下列条件:(一)征得该自然人或监护人同意,但是法律、行政法规另有规定的除外;(二)公开处理信息的规则;(三)明示处理信息的目的、方式和范围;(四)不违反法律、行政法规的规定和双方的约定。个人信息的处理包括个人信息的收集、存储、使用、加工、传输、提供、公开等。"第1032条规定:"自然人享有隐私权。任何组织或者个人不得以刺探、侵扰、泄露、公开等方式侵害他人的隐私权。任何组织或者个人不得以刺探、侵扰、泄露、公开等方式侵害他人的隐私权。"

资料属于个人信息和个人隐私的保护范畴,用人单位核实病历等资料的,涉嫌侵犯员工个人信息和个人隐私,员工可以拒绝。对此,实务中如何应对?笔者建议,员工入职时,用人单位可在劳动合同中约定或使员工做出承诺,具体如下:

第一,员工承诺用人单位基于正当的理由和管理的需要,可以使用员工的个人信息和个人隐私,包括但不限于姓名、出生日期、身份证件号码、生物识别信息、住址、电话号码、电子邮箱、健康信息、行踪信息等资料。

第二,员工承诺并授权用人单位在必要时向有关单位和人员核实入职资料、病假资料等各类个人信息。

第三,员工以个人信息和隐私权保护为由拒不提供上述信息的,视为严重违纪,单位可依法予以处理。

经审核,员工伪造病假资料,虚假请病假或生病是真实的但未按规章制度要求提供的资料,或未按照相应的请假流程请假,或提供的资料信息不完整等情形的,单位应根据员工主观恶性的程度予以相应处理,而不宜"一刀切"。笔者建议,至少应设计两种处理方案:第一,以严重违规为由解雇;第二,书面警告并要求员工陈述未能按要求请假的理由。

三、病假的流程管理

病假的流程管理是病假管理的核心,是用人单位能将病假员工纳入自身管控体系的重要制度体系。结合病假管理实务,病假的流程管理主要涉及以下内容:

1. 请病假的流程是否由用人单位决定。原则上由单位决定,这是由我国劳动法领域中的规章制度"共议单决"的性质决定的,请病假的流程制度只要履行民主制定程序,并向员工有效公示的,员工就应遵守。只是,从管理的有效性和合理性来说,单位请病假的流程设计要力求简单、有效、合理,而不宜繁杂化。

2. 病假流程的设置是否应允许例外情形。病假流程作为规章制度的组成部分,制约用人单位的所有员工,自然应体现其原则性、全面性和系统性,但也需要尽可能地全面考虑各种例外情形。比如,除了员工之外,谁还可以在紧急情况下请假?紧急情况下能否事后补假?

3. 如何应对特殊群体的病假流程管理。如上所述,当员工无正当理由不按制度要求请病假，单位当然可以不予准假。但是，针对部分特殊群体不当请病假时，应特殊对待。如“三期”女职工，确实在治疗休息，但未提供病假资料或未按照请假流程请病假，此时不宜贸然以旷工或其他严重违规为由解除劳动合同。两个原因：其一，自然是特殊群体，可能有特殊原因，如客观上真的不便按规定请病假，应允许员工解释或补救；其二，实务部门在处理此类争议时，裁判人员针对此类特殊群体，体现“保护劳动者”理念的感性思维自然会“战胜”制度、管理层面上的理性思维。因此，笔者建议针对特殊群体不当请病假的，应基于充分沟通和有效管理的视角，增加书面通知、警告的程序，既体现了单位管理的人性化，又能做到管理留痕。

4. 未按规定流程请病假如何处理。未按规定流程请病假与未按规定提供病假资料等均属于未按规定请病假，用人单位可予以相应的处理。具体见上文“病假的实体审核”中的处理方案。

四、病假待遇管理

病假的待遇管理是指用人单位对请病假并纳入医疗期员工的薪资、福利等待遇的设计和给付。[1] 病假的待遇管理是有效防止员工“泡病假”的重要措施。笔者认为，病假的待遇管理应坚持两项原则：第一，可以低于最低工资；第二，相关福利项目的设计以有利于引导病假员工配合单位的管理为目标。病假的待遇管理主要涉及以下问题：

1. 劳资双方能否约定病假工资或病假工资的计算基数？

用人单位的属性、劳动关系的特性决定了用人单位具有自主决定薪资结构和薪酬分配方式的权利，只是不能突破基准性规定。不过病假和医疗期工资的基准

---

〔1〕 病假工资和疾病救济费是何种关系？需要在此作一交代。关于职工病假工资，最早出现在《中华人民共和国劳动保险条例》及其实施细则中，其规定：连续医疗期在6个月以内的，单位支付病假工资；连续医疗期超过6个月的，病伤假期工资停发，改由劳动保险基金按月支付给疾病或非因工负伤救济费。可见，当时病假工资和疾病救济费是不同概念。原劳动部《关于贯彻执行〈中华人民共和国劳动法〉若干问题的意见》（劳部发〔1995〕309号）第59条规定：“职工患病或非因工负伤治疗期间，在规定的医疗期间内由企业按有关规定支付其病假工资或疾病救济费，病假工资或疾病救济费可以低于当地最低工资标准支付，但不能低于最低工资标准的80%。”所以，在医疗保险社会统筹条件下，病假工资和疾病救济费其实是同一概念，实务中没有区分必要。

性规定并非最低工资标准,而是国家和地方立法对病假工资的底线规定。因此,病假工资结构的设计及支付,用人单位需关注地方规定,如果没有地方的特殊规定,则可以适用国家层面的规定。如国家规定,病假工资可不低于当地最低工资的80%支付,但北京、上海、广东、深圳等地方也有不同的规定。

此处需要说明的是,在我国劳动用工由劳动立法和政策双重调整和规制的体制下,在传染病防控的公共卫生事件中,关于病假待遇的相关劳动政策可能会突破立法框架。比如,根据人力资源社会保障部办公厅 2020 年 1 月 24 日发布的《关于妥善处理新型冠状病毒感染的肺炎疫情防控期间劳动关系问题的通知》(人社厅明电〔2020〕5 号)和人力资源社会保障部 2020 年 2 月 7 日印发的《关于做好新型冠状病毒感染肺炎疫情防控期间稳定劳动关系支持企业复工复产的意见》(人社部发〔2020〕8 号)的规定,对新型冠状病毒感染的肺炎患者、疑似病人、密切接触者在其隔离治疗期间、医学观察期间、隔离措施或采取其他紧急措施导致不能提供劳动的企业职工,企业应支付职工在此期间的工资报酬。隔离期结束后,仍需停止工作进行治疗的职工,按医疗期有关规定支付工资。可见,国家并未区分新型冠状病毒患者(已确诊)和疑似病人、密切接触者,也未将隔离治疗期与医学观察期及其他隔离期间进行区分,而是笼统地划分为隔离期和隔离结束后两个阶段处理。隔离期不属于医疗期,企业正常支付工资而不是病假工资;隔离期结束后,仍需治疗的才按医疗期处理。显然,这是国家针对疫情防控特别时期而出台的特殊政策,虽然突破了之前传染病患者、疑似病人、密切接触者应"区别对待"的原则,但整体上并不违背劳动立法的理念和"有利于劳动者"的原则。[1]

事实上,病假待遇管理的关键是要拉开员工在病假医疗期内和非病假医疗期内待遇的差距,从而在薪资制度方面防止员工"泡病假"。笔者认为,用人单位在医疗期的薪酬管理制度上执行底线标准,只是预防员工"泡病假"的重要措施之一。

---

〔1〕 值得注意的是,各地在转发人社厅明电〔2020〕5 号文时,结合当地的立法规定,进行了如下区分处理:四川、无锡、河南就明确将隔离治疗期计入医疗期,并发放病假工资。福建、厦门、天津则明确隔离治疗期不计入医疗期,该期间发放正常工资。北京先明确规定隔离治疗期计入医疗期,应发放病假工资,后又否定,与人社厅明电〔2020〕5 号文保持一致;其他地区与人社厅明电〔2020〕5 号文的规定基本一致,未明确隔离治疗期是否计入医疗期,只规定该期间应正常发放工资。

用人单位当然也可以结合自身实际，通过岗位、绩效、职位晋升等管理措施，有效应对员工“泡病假”。

2. 病假期间如何进行岗位及绩效管理制度的设计？

患病员工医疗期的岗位和绩效管理一直是用工管理实践中颇为棘手的问题。比如，能否规定员工请病假超过一定时间的，其岗位可以被“顶替”？规章制度是否可以明确员工请病假在医疗期内不参加绩效考核？是否可以规定病假超过多少天的，取消全勤奖或年终奖等？

就用人单位病假管理实务而言，对上述三个问题均可以做肯定回答。其根本原因在于劳资双方在法律地位和权利保护上必须进行权衡，用人单位作为劳动力使用者必须体现其用工自主权。换言之，劳动者因生病或非因工负伤，停止工作的时间直接关涉用人单位生产经营管理秩序连续性和统一性，在制度设计上规定单位可以合理调整患病员工的岗位和薪酬，并无不当。

3. 病假期间，福利的设计应注意哪些事项？

病假和医疗期员工的福利设计应体现一个基本原则，即便于用人单位有效管理。可以从两个角度设计医疗期福利项目：一是从企业文化的角度，设计更人性化的福利措施。比如，员工每月享有一天的带薪病假，可以休息，可以分散或集中使用；员工每年享有一次境外体检的福利等。二是通过福利项目和措施的设计引导员工配合单位的管理。比如，员工去用人单位的合作医院看病治疗的，往返的车旅费予以报销，但有具体上限；员工请事假看病的，享受带薪事假等。

五、病假的劳动合同管理

病假的劳动合同管理，主要是医疗期与劳动合同的解除、终止问题。大致涉及以下四个问题。

（一）医疗期内劳动合同的解除和终止

医疗期具有解雇保护功能，但特殊情况下依然可以解除或终止劳动合同。医疗期内解除劳动合同的方式主要有三种：（1）员工主动辞职；（2）双方协商解除；（3）单位基于《劳动合同法》第39条的单方解除。医疗期内终止劳动合同的情形主要有两种:(1)医疗期内因单位解散、关闭、破产、经营期限届满等客观原因导致主体丧失时,可以终止与患病职工的劳动合同;(2)医疗期内,部分被医疗机构认定为难以治疗的疾病,治疗终结难以治愈的,不能从事原工作和另行安排工作的,经劳动能力鉴定为1~4级(完全丧失劳动能力)可以终止劳动关系(应该是解除),办理退休(注意:被鉴定为5~10级的,在医疗期内不能解除,得等到医疗期满才可以解除或终止)。

(二)医疗期满,劳动合同的解除和终止

根据《企业职工患病或非因工负伤医疗期规定》(劳部发〔1994〕年479号文)的规定,医疗期满,医疗机构认定难以治疗的疾病,治疗终结,难以治愈,并经劳动能力鉴定为1~4级的,可以解除并办理退休。《劳动合同法》施行后,该规定实际上被《劳动合同法》第40条第1项规定取代。所以,医疗期满解除劳动合同,应适用《劳动合同法》的规定,《劳动合同法》没有规定的,且与现行立法不冲突的适用特殊规定。医疗期满劳动合同终止,主要是指医疗期内合同到期,但需法定顺延至医疗期满终止。当然,也存在医疗期满后,劳动合同到期终止的情形。

(三)医疗期劳动合同解除、终止的补偿金及医疗期补助费问题

医疗期劳动合同的解除和终止如何支付补偿金?是否支付医疗期补助费?关于经济补偿金的支付,立法相对明确,无论是医疗期内还是医疗期满,除了被鉴定为1~4级完全丧失劳动能力的可以办理退休,以及按《劳动合同法》的规定无须支付的情形之外,解除劳动合同均需要支付经济补偿金。当然,医疗期满,劳动合同终止的,也需支付经济补偿金。

关于医疗补助金的支付,原劳动部在《关于实行劳动合同制度若干问题的通知》(劳部发〔1996〕354号)中规定,劳动者患病或者非因工负伤,合同期满终止劳动合同的,用人单位应当支付不低于6个月工资的医疗补助费;对患重病或绝症的,还应适当增加医疗补助费。《劳动部办公厅关于对劳部发〔1996〕354号文件有关问题解释的通知》进一步明确,“劳动者患病或者非因工负伤,合同期满终止劳动合同的,用人单位应当支付不低于六个月工资的医疗补助费”是指合同期满的劳动者终

止劳动合同时，医疗期满或者医疗终结被劳动鉴定委员会鉴定为5～10级的，用人单位应当支付不低于6个月工资的医疗补助费。鉴定为1～4级的，应当办理退休、退职手续，享受退休、退职待遇。据此，可以得出两个结论：第一，医疗期满，劳动合同解除，无须支付医疗补助金；第二，医疗期满，劳动合同终止且被鉴定为5～10级的，才可以主张医疗补助金。

（四）医疗期劳动合同解除、终止的劳动能力鉴定问题

根据《违反和解除劳动合同的经济补偿办法》（劳部发〔1994〕481号，现已废止）的规定，劳动者患病或非因工负伤，经劳动能力鉴定确认不能从事原工作，也不能从事单位另行安排工作的，单位可以解除合同。但《劳动合同法》关于医疗期满解除劳动合同的规定，则无此要求。笔者认为，这是立法对医疗期满劳动合同解除、终止条件和程序的纠偏。之前的规定是将劳动能力的鉴定作为劳动合同解除的条件和程序，事实上，劳动能力的鉴定应该作为是否丧失劳动能力以及应否获得相关待遇（医疗补助金）的评价要素。换言之，医疗期满劳动合同的解除是根据劳动者能否胜任工作而定的，适用法律和用人单位的规章制度，无须劳动能力鉴定。[1]

六、特殊疾病的病假管理

特殊疾病的管理主要涉及哪些疾病属于特殊疾病以及特殊疾病的医疗期到底多长时间两个问题。根据原劳动部《关于贯彻〈企业职工患病或非因工负伤医疗期规定〉的通知》（劳部发〔1995〕236号）中的规定，对患有某些如癌症、精神病、瘫痪等特殊疾病的职工，在24个月内尚不能痊愈的，经企业和劳动主管部门批准，可以适当延长医疗期。可见，按该规定只有癌症、精神病和瘫痪三种属于特殊疾病，但对于一些重大的、难以治愈的疾病，是否可以纳入此处的特殊疾病，目前并无明文

〔1〕 当然，以下情形需要进行劳动能力鉴定：（1）医疗期内和医疗期满，难以治疗的疾病，医疗终结时，可以经劳动能力鉴定，1～4级的，办理病退；（2）医疗期满，劳动合同终止，劳动者主张医疗补助金，需经鉴定为5～10级。上述第一种情形，是为了证明患病劳动者已经完全丧失劳动能力，应享受退休待遇。第二种情形，是为了获取医疗补助金。

规定。

另外,实务中对特殊疾病的24个月医疗期,具体如何计算也有两种不同操作思路。第一,凡是确定为特殊疾病的,一律按24个月医疗期计算,符合延长条件的还可以延长24个月;第二,即使确定为特殊疾病的,依然应根据患病员工本人实际参加工作的年限和本企业工作年限长短,享受最多24个月的医疗期,符合延长条件的可以延长24个月。虽然相关立法对特殊疾病医疗期的规定不甚明确,但其立法本意应该统一适用24个月医疗期,否则,无法体现特殊疾病处理的特殊性。同时,司法实践中的主流操作模式也是按第一种思路,即统一适用24个月医疗期处理。[1]

关于特殊疾病的医疗期管理需提及一个相关的重要问题,即用人单位在针对非上述三种特殊疾病的重大的、难以治愈疾病员工时,是按一般的医疗期员工管理还是按特殊疾病的医疗期员工管理?根据上文分析,理应按特殊疾病的医疗期进行管理。基于两点理由:其一,没有在医疗期满就及时解雇患病员工,体现了用人单位用工管理的人性化;其二,在特殊疾病统一适用24个月医疗期的主流裁审模式下,结合医疗期岗位和待遇管理的措施,不仅不会导致用人单位用工成本的大幅增加,而且会降低用工管理的法律风险。

第四节　年休假管理实务

年休假又称带薪年休假,是法律规定的用人单位对达到一定工作年限的劳动者应予安排一定期限的带薪休假。带薪年休假的典型特征是能充分权衡劳资权益的法定假日,对用人单位而言具有充分的利用空间。带薪年休假的实务管理,应重点关注以下五个方面。

〔1〕 参见梁某某诉南京乐府餐饮管理有限公司劳动合同纠纷案,载《最高人民法院公报》2013年第6期。在该案中,法院认为患有癌症、精神病等难以治疗的特殊疾病的劳动者,不受实际工作年限限制,直接享受24个月的医疗期。

一、安排带薪年休假是用人单位法定义务

前已论及,带薪年休假属于法定假日,其法定性就体现在用人单位需主动安排符合休假条件的劳动者休假。因此,准确理解带薪年休假的法定性,可以避免实务中出现以下两种常见的误区:第一,不安排年休假;第二,规章制度规定要求劳动者申请年休假,不申请的或不按规定申请的不安排年休假或视为劳动者放弃年休假。实践中,比较多见的是第二种误区,用人单位通过规章制度的规定或劳动合同的约定等方式规避安排年休假的义务。但是,这些规避方法均因“排权免责”而无效,实质上是用人单位免除了自身的法定义务,而排除了劳动者法定的权利。

二、用人单位有权统筹安排劳动者年休假

安排年休假是用人单位的义务,但如何安排则是用人单位的用工自主权。这是带薪年休假制度价值和功能的典型体现。根据《职工带薪年休假条例》的规定,用人单位可以结合自身生产经营需要带薪休假,具体来说:既可以集中安排休假,也可以分散安排;既可以在本年度内安排休假,也可以跨年度安排(经职工同意);既可以统一安排全体员工休假,也可以分批次安排休假等。

统筹安排年休假是用人单位的用工自主权,用人单位可以根据生产经营的需要自主安排而无须经劳动者同意。比如,新冠肺炎疫情防控期间,用人单位可以利用延长复工复产期间安排劳动者的年休假。对此,人力资源社会保障部等四部门《关于做好新型冠状病毒感染肺炎疫情防控期间稳定劳动关系支持企业复工复产的意见》(人社部发〔2020〕8号)规定:“对不具备远程办公条件的企业,与职工协商优先使用带薪年休假、企业自设福利假等各类假。”

实务中,用人单位应如何统筹安排?笔者认为,应体现在以下两个步骤或环节中:

第一,在经营年度末或年初,用人单位应进行摸底调查,简单有效的方法是要求劳动者书面提交下一年度或本年度关于本人年休假安排的意向,以掌握员工对年休假的要求;第二,结合用人单位自身的生产经营管理特点和需要,自主统筹安排。凡符合用人单位经营管理规划和需要的,可以按员工的意向安排其休年休假;

凡不符合单位的生产经营管理规划和要求的,则由单位自主安排。这样做的好处是,可以尽可能地协调用人单位的生产经营需要与员工的休假愿望,从而降低用工成本和法律风险。

三、员工不休年休假的处理

实践中,也经常会出现用人单位依法安排员工带薪休假,但员工基于各种理由予以拒绝的情形。如何妥善处理?根据《企业职工带薪年休假实施办法》第10条的规定,单位未能安排年休假的,经职工本人同意,可以不安排年休假,单位需支付应休未休年休假的工资报酬,即按日工资的300%标准(包含正常工作期间的工资收入)。用人单位安排职工年休假,但是因职工本人原因且书面提出不休年休假的,用人单位可以只支付其正常期间的工资收入。因此,在劳动者拒绝休年休假时,如何获取其书面的意见或承诺就关涉用工成本和法律风险的控制。根据上述立法规定和精神,劳动者的个人原因和书面提出是两个基本要素,必须同时具备。因此,笔者建议用人单位凡遇到此种情形的,要求劳动者以最少的字数,写一份简单的承诺函,如:"因本人原因无法休假,本人自愿放弃公司安排的年休假,特此承诺。"

四、年休假的替代与转化运用

根据带薪年休假相关立法规定,在出现20天带薪事假、寒暑假、请长病假[1]三种情形下,用人单位可不安排年休假。实践中,称之为带薪年休假的替代假期。换言之,只有存在上述三种情形时,才可以替代年休假,其他假期不能替代年休假。否则,带薪年休假的法定性将被淡化甚至无从体现。

虽然带薪年休假的替代假期是法定的、固定的,但从实务管理的角度看,完全可以反其道而行之,将带薪年休假的功能予以转化运用。具体而言,就是当劳动者

---

[1] 具体而言是指以下情形:累计工作满1年不满10年的职工,请病假累计2个月以上的;累计工作满10年不满20年的职工,请病假累计3个月以上的;累计工作满20年以上的职工,请病假累计4个月以上的。

其他假期已经休完，而年休假尚未安排时，可以申请年休假，并用年休假的假期去完成本可在其他假期完成的事项或任务。比如，用人单位规章制度规定员工每一年度只能请10天事假，如果员工已经用完了事假的指标，则完全可以申请年休假。因为年休假虽然是法定的，但在年休假期间具体干什么，则并非法律所能干预，故年休假的这一转化运用思路，可以用在其他任何假期中。

五、年休假争议的实务处理

就目前实践来看，年休假争议的实务处理，主要集中在应休未休年休假工资的定性及其时效处理问题。主流观点认为，应休未休年休假工资的性质并非劳动报酬，而是一种法律责任，是对用人单位违反法定义务的一种处罚或赔偿，因而不能适用关于劳动报酬的特殊仲裁时效。故应休未休年休假工资报酬争议适用1年的仲裁时效是主流观点，并无原则性争议。

有人认为，应休未休年休假工资争议的时效有1年、2年和3年的观点是对仲裁时效的误解。事实上，这里所谓的1年、2年和3年不是指仲裁时效，而是在1年仲裁时效的适用规则中，结合年休假可以跨年安排的制度特点，而得出的劳动者最多可主张3年的应休未休年休假工资。

基于上述规则，劳动者主张应休未休年休假工资的，最多可以主张3年的未休年休假工资。对此，江西省高级人民法院、江西省人力资源和社会保障厅印发的《关于办理劳动争议案件若干问题解答(试行)》(赣高法〔2020〕67号)中关于应休未休年休假工资时效和可支持工作年限的规定具有代表性，可资参考和借鉴。〔1〕

---

〔1〕 该解答第25规定，劳动者主张应休未休年休假工资的仲裁时效应适用1年时效的规定，从应休年休假年度次年1月1日计算；允许跨年度安排年休假的，时效顺延至下一年度的1月1日计算；劳动关系已经解除或终止的，从劳动关系解除或终止之日计算。

CHAPTER 05

第五章 工资管理与法律风险防控

劳动用工管理实践中，工资或劳动报酬的管理是重点，而工资或劳动报酬管理的关键又是如何控制成本和防控法律风险。本章拟从实务的角度，围绕成本控制和法律风险防控两个维度探讨工资的概念体系、工资构成、工资结构、最低工资、基本工资、奖金、福利、工资支付等问题。

第一节 工资管理相关概念的厘清及其实务认定

基于实务管理的需要，有必要对工资管理中的相关概念体系进行系统分析和梳理。本节拟从不同视角分析和认知工资，并厘清工资构成、工资结构、最低工资及计件工资等概念体系，可视为本章工资管理实务的总论。

一、工资认知中的不同视角和口径

在工资的相关立法、理论和实践中，我们可以从不同的学科视角和实务处理口径认知工资制度。学科视角，一般是从劳动经济学、管理学（人力资源管理）和劳动法学等不同的学科领域探讨工资的概念体系及其制度价值。比如，通过比较研究，我们容易得出人力资源管理领域对工资的概念、范畴、称谓、目标、理念等均与劳动法视野中的工资不同。概言之，人力资源管理采用薪酬概念，不区分工资和非工资项目，其薪酬管理的目标和理念是效率优先，即员工个人和企业绩效的提升。而劳动法视野下的工资制度，采用工资或劳动报酬概念，区分工资和非工资项目，目标和理念是公平优先，即工资的基准保障。可见，工资认知的学科视角，更偏向于理论研究，但却对工资的实务管理具有一定的指导意义。

工资管理实务中，我们更关注的是工资的不同处理口径以及在不同处理口径下形成的有关工资称谓、范畴及制度体系。结合当前与工资有关的实务处理，我们将工资处理口径分成如下四种。

（一）工资的统计口径——以“工资总额”和“劳动报酬总额”为对象

关于工资统计口径的实务处理，主要涉及工资总额或劳动报酬总额的界定和工资统计口径的适用领域两大问题，具体分析如下。

1. 什么是工资总额和劳动报酬总额？

“工资总额”的概念源于《关于工资总额组成的规定》（国家统计局令第 1 号）的规定，是属于统计范畴的一个概念，故将其归入“统计口径”。工资总额常与监控个人支出的“物价指数”指标一起使用，更主要地用于社会保险、企业年金、残疾保障金的计算等。具体而言，工资总额是指各单位在一定时期内直接支付给本单位全部职工的劳动报酬总额。

显然，就工资总额的概念而言，工资总额就是劳动报酬总额，只是两者的角度不同。根据《关于规范社会保险缴费基数有关问题的通知》（劳社险中心函〔2006〕60 号）的规定，劳动报酬总额包括：在岗职工工资总额；不在岗职工生活费；聘用、留用的离退休人员的劳动报酬；外籍及港澳台方人员劳动报酬以及聘用其他从业人员的劳动报酬。可见，工资总额是基于工资项目构成的角度，而劳动报酬总额则是基于获取报酬的人员类型或范畴的角度。

2. 工资统计口径主要适用于哪些领域？

工资管理实务中，使用工资统计口径的主要有两个领域，一是劳动法领域中使用的工资概念,二是社会保险缴费基数。劳动法领域中,一般使用工资和劳动报酬两个概念,其目的和功能在于强调工资和非工资项目的区分。如用人单位缴纳的社会保险、公积金、劳动保护、福利等项目就不属于工资组成部分。事实上,使用工资统计口径更有实践意义的是社会保险的缴费基数问题,因为直接关涉用人单位的用工成本控制。

根据国家统计局的规定,列入工资总额统计的工资项目,须纳入社保缴费基数计算。换言之,不列入工资总额范畴的,就可予以剔除。《关于规范社会保险缴费基数有关问题的通知》(劳社险中心函〔2006〕60 号)列出了 17 项可以剔除的非工资项目,是用人单位在以降低社保缴费基数为目标进行社保筹划时,可以充分挖掘的空间。此 17 项非工资项目,具体是指:

(1)根据国务院有关规定发放的创造发明奖、国家星火奖、自然科学奖、科学技术进步奖和支付的合理化建议和技术改进奖以及支付给运动员在重大体育比赛中的重奖。

(2)有关劳动保险和职工福利方面的费用。职工保险福利费用包括医疗卫生费、职工死亡丧葬费及抚恤费、职工生活困难补助、文体宣传费、集体福利事业设施费和集体福利事业补贴、探亲路费、计划生育补贴、冬季取暖补贴、防暑降温费、婴幼儿补贴(托儿补助)、独生子女牛奶补贴、独生子女费、"六一"儿童节给职工的独生子女补贴、工作服洗补费、献血员营养补助及其他保险福利费。

(3)有关劳动保护的各种支出。包括:工作服、手套等劳动保护用品,解毒剂、清凉饮料,以及按照国务院 1963 年 7 月 19 日劳动部等 7 家单位规定的范围对接触有毒物质、矽尘作业、放射线作业、潜水和沉箱作业、高温作业 5 类工种所享受的由劳动保护费开支的保健食品待遇。[1]

(4)有关离休、退休、退职人员待遇的各项支出。[2]

---

〔1〕 新冠肺炎疫情防控期间,从事民生保障行业的劳动者坚守工作岗位,在超市、公共交通、居民小区等从事本职工作的,用人单位应当为此类劳动者配备口罩等防护用品,相关支出属于劳动保护费用,不属于工资范畴。

〔2〕 关于退休人员劳动报酬是否纳入社保缴费基数,个人所得税法和劳动法有差异,具体见下文分析。

(5)支付给外单位人员的稿费、讲课费及其他专门工作报酬。

(6)出差补助、误餐补助。其指职工出差应购卧铺票实际改乘座席的减价提成归己部分;因实行住宿费包干,实际支出费用低于标准的差价归己部分。

(7)对自带工具、牲畜来企业工作的从业人员所支付的工具、牲畜等的补偿费用。

(8)实行租赁经营单位的承租人的风险性补偿收入。

(9)职工集资入股或购买企业债券后发给职工的股息分红、债券利息以及职工个人技术投入后的税前收益分配。

(10)劳动合同制职工解除劳动合同时由企业支付的医疗补助费、生活补助费以及一次性支付给职工的经济补偿金。

(11)劳务派遣单位收取用工单位支付的人员工资以外的手续费和管理费。

(12)支付给家庭工人的加工费和按加工订货办法支付给承包单位的发包费用。

(13)支付给参加企业劳动、实习的在校学生的补贴。

(14)调动工作的旅费和安家费中净结余的现金。

(15)由单位缴纳的各项社会保险费、住房公积金。

(16)支付给从保安公司招用的人员的补贴。

(17)按照国家政策为职工建立的企业年金和补充医疗保险,其中单位按政策规定比例缴纳部分。

值得一提的是,在社保新政背景下,社会保险费由税务部门征收,实践中对社保筹划的思路要求更高。除了进行组织变革和劳动用工方式的转变外,在标准劳动关系用工模式下并需要依法缴纳社保的条件下,如何控制工资总额进而降低社保缴费基数,就成了主要甚至唯一的合法、合规的筹划思路。

(二)工资的个税口径——以“工资、薪金所得”为对象

关于工资个税口径的实务处理,主要涉及工资、薪金所得的界定和免征个人所得税的问题。什么是工资、薪金所得?“工资、薪金所得”属于个人所得税法的概念范畴,是以个人取得的收入为征收对象的一个征税项目。可见,在个人所得税领

域,其口径比较简单,凡是员工从企业获取的所得收入,除了法定的扣除和免征项目可以剔除外,均需缴纳个税。这是工资的个税口径与统计口径的不同之处,个税口径只看所得收入,不看具体工资项目和工资形式,统计口径则考虑工资总额和工资项目,以明确社会保险缴费基数及其他相关的工资管理措施。

纳税人的工资、薪金所得,是指个人因任职或者受雇而取得的工资、薪金、奖金、年终加薪、劳动分红、津贴、补贴以及与任职或者受雇有关的其他所得。根据现行《中华人民共和国个人所得税法》(以下简称《个人所得税法》)的规定,工资薪金所得与劳务报酬所得、稿酬所得及特许权使用费所得合并进行综合征收。除了5000元的基本扣除和社保、公积金的专项扣除外,还增加了专项附加扣除,[1]并以预扣预缴和汇算清缴相结合的方式征收。当然,申报和缴纳个税时,属于法律规定的免征范围可以一并扣除。根据《个人所得税法》的规定,免纳个人所得税范围包括:

1. 省级人民政府、国务院部委和中国人民解放军以上单位,以及外国组织、国际组织颁发的科学、教育、技术、文化、卫生、体育、环境保护等方面的奖金;

2. 国债和国家发行的金融债券利息;

3. 按照国家统一规定发给的补贴、津贴;

4. 福利费、抚恤金、救济金;

5. 保险赔款;

6. 军人的转业费、复员费;

7. 按照国家统一规定发给干部、职工的安家费、退职费、退休工资、离休工资、离休生活补助费;

8. 依照我国有关法律规定应予免税的各国驻华使馆、领事馆的外交代表、领事官员和其他人员的所得;

9. 中国政府参加的国际公约、签订的协议中规定免税的所得;

10. 经国务院财政部门批准免税的所得。

---

〔1〕 专项附加扣除包括:子女教育支出、继续教育支出、大病医疗支出、住房贷款利息支出、住房租金支出、赡养老人支出。

关于个税法和劳动法工资口径的差异，值得关注的一个问题是，关于退休人员报酬是否纳入社保基数？劳动法中，社保关系基于劳动关系的存续，有劳动关系才有社保关系。用人单位聘用退休人员属于劳务关系，则单位发放的就是劳务费，单位也无须为退休人员缴纳社保。但是，在个税法中，有工资、薪金所得与劳务报酬所得的区分。根据《国家税务总局关于印发〈征收个人所得税若干问题的规定〉的通知》（国税发〔1994〕89号）第19条的规定，工资、薪金所得是属于非独立个人劳务活动，即在机关、团体、学校、部队、企事业单位及其他组织中任职、受雇而得到的报酬，而劳务报酬所得则是个人独立从事各种技艺、提供各项劳务取得的报酬。质言之，两者的区别在于，前者存在雇佣与被雇佣关系，后者则不存在雇佣关系。因此，只要存在雇佣关系，个税法中就认定是工资、薪金所得。退休人员与单位之间虽然不是劳动关系，但双方还是雇佣关系，故单位给退休返聘人员发放的报酬，在个税法中属于工资薪金所得，而非劳务报酬所得。

据此，不难发现，劳动法中经常所指的劳务费或劳务报酬，在个税法中其实是属于工资、薪金所得。换言之，劳动法中无须缴纳社保，个税法中却因属于工资薪金所得，属于工资总额范畴，从而就属于单位缴费基数，单位应该缴纳社保。当然，此时的缴纳社保只是单位应当以工资总额为基数缴纳社保，退休人员则无须缴纳社保。不过，按照当前社保、个税新政的理念、原则及发展趋势，退休人员的劳动报酬应该从工资总额中予以剔除，从而明确社保缴费基数，降低社保成本。对此，已有地方税务部门明确规定退休人员的劳务报酬不纳入社保缴费基数。[1]

（三）工资的企业所得税口径——以“工资、薪金总额”为对象

什么是工资、薪金总额？“工资、薪金总额”也称为工资薪金支出，常见于企业所得税法，是企业计算企业所得税前列支的职工福利费、工会经费、职工教育经费的基数依据。根据《中华人民共和国企业所得税法实施条例》第34条规定，企业发

〔1〕 2019年2月26日，国家税务总局黑龙江省税务局发布《关于用人单位聘用退休人员和已经由原单位缴纳基本养老保险费的兼职人员的劳务报酬不计入用人单位缴费基数的通告》，明确聘用退休人员报酬不计入单位缴费基数。

生的合理的工资薪金支出,准予扣除。前款所称工资薪金,是指企业每一纳税年度支付给在本企业任职或者受雇的员工的所有现金形式或者非现金形式的劳动报酬,包括基本工资、奖金、津贴、补贴、年终加薪、加班工资,以及与员工任职或者受雇有关的其他支出。可见,企业所得税法口径中的工资、薪金总额与统计口径中的工资总额或劳动报酬总额,在范围上相近,但前者还包括其他支出,范围更广一些。

另据《国家税务总局关于企业工资薪金及职工福利费扣除问题的通知》(国税函〔2009〕3号)的规定,企业所得税税前扣除的"工资薪金总额",不包括企业的职工福利费、职工教育经费、工会经费以及养老保险费、医疗保险费、失业保险费、工伤保险费、生育保险费等社会保险费和住房公积金。属于国有性质的企业,其工资薪金,不得超过政府有关部门给予的限定数额;超过部分,不得计入企业工资薪金总额,也不得在计算企业应纳税所得额时扣除。据此,企业所得税前扣除的工资、薪金总额也是有限的。

(四)工资的会计口径——以"职工薪酬"为对象

什么是职工薪酬?"职工薪酬"属于企业会计准则的概念和范畴,在企业会计准则颁布之前,仅仅是一个会计核算的概念。职工薪酬对应的会计科目是"应付职工薪酬"或"应付工资",是指企业为获得职工提供的服务或解除劳动关系而给予的各种形式的报酬或补偿。

《财政部关于印发修订〈企业会计准则第9号——职工薪酬〉的通知》(财会〔2014〕8号)对《企业会计准则第9号——职工薪酬》进行了修订,指出本准则所称的职工,是指与企业订立劳动合同的所有人员,含全职、兼职和临时职工,也包括虽未与企业订立劳动合同但由企业正式任命的人员。职工薪酬,是指企业为获得职工提供的服务或解除劳动关系而给予的各种形式的报酬或补偿。企业提供给职工配偶、子女、受赡养人、已故员工遗属及其他受益人等的福利,也属于职工薪酬。职工薪酬被分为短期薪酬、离职后福利、辞退福利和其他长期职工薪酬四类,将企业的保险、失业保险等社会保险费计入离职后福利。

二、工资构成与工资结构

工资构成和工资结构是笔者为了探讨工资管理实务的方便,而借用的两个概念,其与人力资源薪酬管理领域中的薪酬构成和薪酬结构并不完全相同。工资构成是指工资的具体项目,侧重于工资和非工资之分;工资结构是指工资的固浮比,侧重于工资的功能优化。就工资管理实务而言,对工资构成与工资结构的准确认知具有重要意义。

(一)工资构成的明确化和收入的非工资化

关于工资构成的实务管理,须把握工资具体构成的明确化,即工资到底包括哪些组成部分,如基本工资、绩效工资的各个项目具体明确。但从用工成本控制的角度看,工资构成的明确化应建立在收入的非工资化基础之上,因为只有做到收入的非工资化,才能从根本上降低工资基数,从而促成相关的用工成本控制,特别是社保缴费基数的降低。

如何在合法、合规的条件下,使劳动者收入非工资化?除了在工资中尽量剔除非工资项目外,可行的路径主要有四种:第一,将劳动者工资或收入福利化,即维持劳动者的现有收入不变,将部分收入列入福利范畴,从而降低工资总额;第二,将劳动者工资收入经营费用化,即将支付给劳动者的部分收入转变成公司的经营费用,如公司以提供食宿代替支付伙食补贴或住房补贴等;第三,将劳动者工资收入经营所得化,即通过组织变革,将部分劳动者收入变成劳动者的经营所得;第四,将劳动者工资收入“消灭化”,即完全改变雇佣模式,变成平等主体之间的合作关系和业务往来,也就不存在工资管理。

(二)工资结构的优化设计

工资结构的优化设计,是指在上述工资构成筹划基础上,将相关工资项目之间的比例进行组合设计,以更好地发挥工资的保障和激励功能。工资结构的优化设计,在此主要是指工资的固浮比,即固定工资与浮动工资的比例设计。工资管理在实务呈现的是一种动态管理机制,因此,工资的动态管理除了要考虑社会经济的发展的环境和发展水平等因素外,还必须考量不同行业、不同企业性质以及企业的不同发展阶段等要素。

工资结构的优化设计,表面看是如何安排固定工资和浮动工资的比例,但实质上就是如何安排浮动工资所占劳动者工资收入的比例。因为固定工资部分相对稳定,一般包括基本工资、岗位技能工资和工龄工资,只需根据行业特点、企业性质及发展阶段等因素,采取高稳定还是高弹性的工资策略即可。因此,对用人单位工资管理来说,具有挑战性的是如何安排浮动工资的项目和比例?浮动工资一般是指基于劳动者不同的业绩和表现,而支付的不同标准的工资。换言之,浮动工资的支付基础和支付依据是不确定的,需满足一定的考核要求和条件。浮动工资一般包括绩效工资或奖金、年终奖、全勤奖等。

工资固浮比的设计,大致可以遵循以下规律:从管理层级上看,职位越高,其工作业绩对组织的影响越大,固定工资的比例越低;从工作性质上看,工作成果显现越直接、评判标准越简单的,固定工资的比例越低;从企业战略发展的角度看,初创期固定比例低,浮动比高,发展期固定比例中等,浮动比例高,成熟期固定比例高,浮动比例低。

三、我国劳动立法框架下的工资法律规范体系及其实务认知

工资管理实务中,有必要提及的是我国劳动法领域中工资法律规范的体系或类型。通过对我国劳动法中相关的工资法律规范进行梳理,可发现我国劳动法大致有三类工资规范:第一,直接保护,即保护基于劳动关系和劳动力的付出而支付的工资;第二,拟制保护,即在劳动者未提供劳动的条件下,法律规定以工资为计算基础要求用人单位支付相应的工资,如病假工资、年休假工资等;第三,惩罚性保护,即在用人单位存在违法的条件下,法律规定以工资为计算基础对用人单位实施的经济性惩罚,如《劳动合同法》第 82 条规定的用人单位未签书面劳动合同以及违法不与劳动者签订无固定期限劳动合同二倍工资差额的法律责任。具体分析如下:

第一,直接保护的工资才属于真实的、真正意义上的工资,因为满足了劳动关系和劳动力付出两个基本的前提条件。劳动者因工作所获得的报酬,其目的在于

保护劳动者得以劳动交换而获得的工资债权，从而确保其能实际自由支配。直接保护的工资，根据其作用不同，有正常工作时间提供正常劳动的报酬、激励性报酬、额外消耗的报酬、延长工作时间等报酬形式。

第二，拟制保护意义上的工资，并非真实的和真正意义上的工资。关于这类工资的规范均属于具有一定社会性和政策性内涵的给付。此类工资属于对劳动者的保护性给付，旨在处理劳动者因特定特殊原因未实际提供劳动而无法获得真实工资时，为使劳动者生活不至于因工资中断丧失生活来源，而课以雇主支付特定给付的劳动保护措施。因这类工资并不以工作为前提，所以被称为拟制工资或工资的拟制保护。工资拟制保护体现了劳动法与社会法之连结，它脱离了工资债权之本质，课以了用人单位在劳动者因特定情事无法以劳动交换所得时的给付义务。常见的拟制保护工资如依法参加社会活动的工资、假期工资、工伤停工留薪期间工资、预告期间之工资即代通知金等。

第三，惩罚性工资不符合工资的界定标准，不应纳入工资范畴。无论是直接保护的工资还是法律拟制保护的工资，均有一定的立法和理论依据，但以惩罚为目的而冠以工资为名目的所谓工资，则不能纳入工资范畴。除了典型的《劳动合同法》第 82 条规定的未签劳动合同的双倍工资法律责任外，还有违法约定试用期的工资、应休未休年休假工资等。此类工资虽以工资为名，并以工资为计算基数，但是法律性质上属于法律规定的经济惩罚，归属于法律责任，不应是劳动法意义上的工资。

第二节　基本工资管理

什么是基本工资？理论和实务界实际并无明确的界定。实践中，人们基于不同的视角所称的基本工资，其含义也不尽相同。基本工资的原本意涵，是指在工资被划分成固定工资和浮动工资两部分的基础上，固定工资部分一般被称为基本工资。然而，实践中也有以下两种情形称基本工资：第一，单位工资构成比较单一，工资结构比较简单的，每月固定发放的工资；第二，完全从工资数额的角度来判定，凡是工资不高的，都可以叫基本工资，以和高薪或高收入予以区分。本节拟探讨基本工资及其相关概念或制度的实务处理要点。

一、基本工资的概念、特征

所谓基本工资，是指劳动关系模式下，用人单位按月支付给劳动者的固定的劳动报酬或收入。基本工资具有对价性、基础性、保障性、固定性等特点。

1. 基本工资的对价性，是指在市场经济条件下，基本工资是劳动力的基本对价。基本工资必须遵循市场机制，即以“人岗匹配”为目标的工资形成机制。所以，基本工资并不能随意设置，而应基于劳动者或其岗位价值而设置。

2. 基本工资的基础性，可以从两个角度进行评价：其一，从历史发展的角度来看，基本工资体现的是工资原初的意涵，是传统劳动关系模式下，主要针对蓝领工人的一种比较简单的劳动力价值评价标准；其二，就基本工资的形式而言，基本工资一般体现为较为简单的、普遍适用的形式。故一般将计时工资和计件工资称为基本工资的基本形式或主要形式。

3. 基本工资的保障性，是指用人单位招用劳动者，便需要保障劳动者及其家庭的最基本的生活水准，从而确保劳动力的延续和再生产、劳动者家庭的稳定等。可见，基本工资的保障性是最契合劳动法理念和精神，并最能体现基本工资本质的特征，带有浓厚的社会性。基本工资的保障性，意味着用人单位在支付基本工资时，原则上不以劳动者的技能和业绩为衡量指标，也不与单位的经营效益挂钩，而以满足劳动者的基本收入为主要考虑因素。

4. 基本工资的固定性，是指在用人单位工资结构化的体系中，因基本工资的评价要素单一且简单，而一般体现为固定发放。

据此，基本工资虽然是传统的、单一的工资模式，但在当前普遍结构化的复杂工资体系中，如何处理基本工资就显得尤为重要。下文逐一分析与基本工资相关的制度以及基本工资的实务处理要点。

二、计时工资与计件工资

计时工资是指按照计时工资标准和工作时间来衡量劳动者劳动报酬的工资制度。劳动时间是计时工资的主要衡量因素，但计时工资标准的确定需要考量劳动者技术、技能、劳动的繁杂程度等因素，即在相同的工作时间内，从事同种工作，并具有相同劳动技能或熟练程度的劳动者的工资是相同的。故计时工资是使用范围最广的工资形式。不过在灵活雇佣时代背景下，随着工作时间和工作方式的弹性化和自由化的发展，如何实现计时工资管理的与时俱进，是用人单位工资管理实务面临的挑战。

计件工资是指根据劳动者提供的产品数量和计件单价支付工资的一种形式。计件工资与计时工资的不同在于，计件工资不以劳动时间的长短来支付劳动者工资，而是按照劳动者在单位时间内完成的合格产品数量，并结合计件单价来计算工资报酬。计件工资制实际上是按照产品数量支付工资，是一种以个人为单位的简单的、基本的奖励形式，能较好地体现按劳分配的工资支付原则。不过，需要说明的是，计件工资制并非与劳动者工作时间无关，计件单价的确定其实就需要工作时间的因素，即在法定工作时间内，一个熟练工完成的产品数量所获得的平均劳动报酬。在这个意义上说，计件工资本质上也是计时工资，只是计算的标准和衡量因素不同。因此，计件工资也有加班工资问题。即在完成计件任务的条件下，超过法定工作时间之外完成的超额任务，应支付加班工资。

三、最低工资制度及其实务

最低工资制度的实务管理，需关注以下问题。

（一）概念与构成

所谓最低工资，是指在法定工作时间内，劳动者提供正常劳动的前提下，用人单位应支付给劳动者的最低劳动报酬。显然，该概念中蕴含三个最低工资的特征或判定要素，即法定工作时间、正常劳动及最低报酬。该三个判定要素，直接对应的是最低工资的构成或扣除的项目。实务中，一般不从正面的角度观察最低工资由哪些项目构成，而是从反面的角度予以排除，其原因有二：其一，基于最低工资的概念，即最低工资应当扣除的项目，包括加班工资、特殊劳动或额外劳动的津贴及福利待遇等；其二，最低工资的具体构成立法未予明文，实践中也不统一。

实务中，常见的问题还包括，最低工资是否与基本工资相同？最低工资是否包含绩效工资或奖金？最低工资是否包含劳动者个人承担的社保和公积金部分？故有必要进一步廓清与最低工资相关的概念和问题。最低工资并不等同于基本工资，两者在保障性、固定性等方面虽然相近，但基本工资只是工资结构中的一个部分，而最低工资则是全部的、最低的劳动报酬。最低工资也不排除绩效工资或奖金，虽然特殊劳动或额外劳动报酬，不是基于正常劳动的报酬，也就不包含绩效工资或奖金，但实践中“名为绩效工资或奖金，实为基本工资”的现象较为普遍，故不能完全排除绩效工资或奖金作为最低工资的组成部分。至于最低工资是否包含劳动者个人承担的社保和公积金，则完全执行地方相关政策口径。如北京、上海等经济发达的地方最低工资一般都扣除了个人承担部分的社保和公积金。

（二）不得低于最低工资标准的法定情形

在我国当前劳动立法和实践中，不得低于最低工资标准支付的法定情形，主要包括以下六种：

1. 试用期工资。

2. 计件工资或提成工资。

3. 工伤职工的伤残津贴。

4. 劳动者赔偿单位损失后的工资。

5. 竞业限制补偿金（当事人未约定补偿金的，按劳动者在劳动合同解除或终止前12个月平均工资的30%按月支付经济补偿，并不得低于最低工资）。

6. 解除或终止劳动合同的经济补偿金的基数。

（三）可低于最低工资标准支付劳动报酬的情形

根据最低工资的概念和相关立法规定，在我国当前用工管理实践中，可低于最低工资标准支付工资的情形，主要有以下四种：

1. 在劳动者因本人原因未提供正常劳动的条件下，包括劳动者请事假、缺勤、旷工等情形，单位依法依规扣减工资的，可以少于最低工资标准支付。

2. 病假和医疗期工资，一般可以按最低工资的80%支付。

3. 下岗待工或停产、停工、停业期间，下岗人员可支付生活费，可低于最低工资。[1]

4. 企业改制等情形下，内退人员的生活费标准，可以低于最低工资标准支付。

第三节　奖金和绩效工资管理

劳动用工管理实践中，因奖金支付而引发的争议较为普遍，有必要从实务的角度进行分析。本节拟从奖金的概念、本质、类型化及其实务处理等方面，着重探讨奖金和绩效工资管理领域中的重要问题。

一、奖金的概念、本质

实务中，关于什么是奖金、奖金与绩效工资或绩效奖金是何种关系、年终奖是否属于奖金、年终“十三薪”是否属于奖金等问题的认知并未统一。根据《关于工资总额组成的规定》的界定，奖金是指支付给职工的超额劳动报酬和增收节支的劳动报酬。笔者认为，增收节支本质上或最终意义上仍可归结为或体现为超额劳动。可见，一般来说奖金是指对劳动者超额劳动的奖励，在企业薪酬管理实践中是一种泛称或统称，与基本工资或固定工资相对。奖金一般具有奖励性、浮动性、差异性、意定性等特点。

1. 奖金的奖励性体现了奖金的本质属性和基本功能。劳动立法框架下的基本工资和固定工资的设置，均体现了劳动力的特殊性及劳动基准法的法定性和干预性，但不能体现劳动者禀赋及其劳动成果的差异性。这就必须在薪酬体系中设置相应的奖励和激励机制，于是，与奖金有关的制度便随之产生。可见，奖金最基本

[1] 《工资支付暂行规定》第12条规定，非因劳动者原因造成单位停工、停产的，在一个工资支付周期内，单位应按照劳动合同规定的标准支付，超过一个支付周期的，劳动者提供正常劳动，支付的报酬不得低于最低工资标准；若劳动者没有提供正常劳动的，应按照国家规定办理。值得注意的是，关于用人单位停工、停产时生活费的标准，目前实践中一般都按最低工资标准设置一定的比例，特别是新冠肺炎疫情防控期间，很多地方要求停工、停产的用人单位支付不低于当地最低工资标准70%或80%的生活费。

的功能就是基于劳动者在法定和约定的工作时间内完成相应的劳动定额基础上，创造了更好劳动业绩的一种奖励。

值得一提的是，奖金的主要功能是奖励，但也具有一定的激励功能。在现行薪酬管理实践中，奖金属于薪酬体系中的短期激励，而股权激励等机制属于薪酬体系中的长期激励，只是劳动立法一般不涉及股权激励，也未将股权激励相关问题纳入工资和劳动报酬体系，故而我们只看到了奖金的奖励功能而忽略了其带有一定的激励功能。

2. 奖金的浮动性或动态性，是相对于基本工资和固定工资而言的，体现了奖金支付的对象和支付依据的不确定性。浮动工资主要包括绩效工资和奖金等，用人单位工资结构固浮比确定后，奖金占浮动工资部分的比例也是不确定的，其需要根据个人、团队的绩效及单位整体效益等因素确定奖金的支付方案。

3. 奖金的差异性，具有三层意涵：第一，给谁发奖金？必然体现为差异化。质言之，奖金一定是给"有功之人"的奖励，即所谓的"论功行赏"而非人人有份。这与基本工资人人有份，且人人有保障存在质的不同。第二，发多少奖金？体现为差异化。换言之，对"有功之人"的奖励也是根据不同的规则加以判定，而非"人人平等"，即便是企业效益好，全员发放奖金，发放数额上也必然体现出差异。否则，就会减损甚至丧失工资的内部公平性和外部竞争性两大核心属性。第三，发什么形式的奖金？也体现为差异化。实践中，奖金的形式可谓"花样繁多"，如生产奖、节约奖、劳动竞赛奖等奖励性的工资。

4. 奖金的意定性，体现了工资的市场化形成机制。如前所述，基本工资具有保障性和固定性，其法定性更为明显，而奖金则是在用人单位根据劳动者的业绩和表现而支付的奖励性的工资或劳动报酬，其法定性已淡化，意定性更为明显。奖金的意定性，具体体现在是否支付奖金、支付多少奖金、如何支付奖金等问题的处理上，由用人单位依据薪酬管理制度和劳动合同的约定进行处理。换言之，奖金的支付一定程度上体现为单位"说了算"，但单位必须基于事实和制度进行管理，不能"乱说"。

二、奖金的类型化及其实务处理

关于奖金的体系和分类，相关工资的立法、理论和实务领域可谓众说纷纭。《关于工资总额组成的规定》规定奖金的具体形式为生产奖、节约奖、劳动竞赛奖、机关事业单位发放的奖励工资等。理论上缺少对奖金制度的法理分析，并将奖金与相关概念体系进行明确界分。实践中则更加混乱，仅从称谓来看，就有绩效奖、年终奖（月度奖季度奖）、年底十三薪（或十四薪等）、节约奖、质量奖、安全奖、全勤奖、提成奖（工资）、发明创造奖、自然科学奖、技术进步或改进奖等。

面对如此繁杂的奖金制度，笔者认为无论是理论探讨还是实务管理，均需要完成两个层面的工作或任务：第一步，将名为奖金，或实践中作为奖金处理，但实质上并非奖金的奖金区分出来；第二步，将真正意义上的奖金类型化并进行实务处理。

（一）奖金的“真”与“假”

奖金的“真”与“假”，是指哪些是真正意义上的奖金？哪些不是奖金？根据上述奖金的概念、特征的分析，实践中常见的并非真正意义上的奖金，包括以下几种：

第一，非工资意义上的奖金。以是否纳入工资组成部分来划分，奖金分为工资意义上的奖金和非工资意义上的奖金。根据《关于贯彻执行〈中华人民共和国劳动法〉若干问题的意见》（劳部发〔1995〕309 号）第 53 条的规定，国家根据规定发放的创造发明奖、国家星火奖、自然科学奖、科学技术进步奖、合理化建议和技术改进奖、中华技能大奖等奖金不属于工资组成部分。可见，性质上此类奖金应认定为国家的奖励，不属于工资的组成部分。

第二，基本工资意义上的奖金。即名为奖金，实为基本工资的“奖金”，如“年底十三薪”“年底十四薪”等。工资管理实务中，有时候用人单位名义上叫奖金，但实际上却不具有奖金的意涵和特质的“奖金”，如“年底十三薪”“年底十四薪”等在年终全员固定发放的，不以绩效考核为基础的年终“奖金”便是典型。

第三，部分年薪意义上的奖金。即约定为“年薪”的一部分，并在年底发放的“奖金”，并非真正意义上的奖金，而是基本薪酬。如约定年薪 50 万元，每月发放 3 万元，剩余 14 万元作为“奖金”年终发放。

第四,提成工资意义上的奖金。提成工资是指根据劳动者的业绩标准核算并支付工资,提成工资本质上可以作为计件工资的一种形式,只是提成工资主要适用于一些劳动成果难以用事先制定劳动定额方式计算,且不易确定计件单价的工作。可见,提成工资不属于真正意义上的奖金。实践中,常混淆奖金与提成工资,是源于绩效工资概念的使用和操作。绩效工资是相对于固定工资或基本工资而言,广义上的绩效工资包括提成工资和奖金,狭义上的绩效工资只包括奖金。事实上,提成工资作为计件工资制的一种,其本身也具有一定的奖励性、激励性及浮动性等奖金所具备的特征。

(二)奖金的“实”与“虚”

奖金的“实”与“虚”是对真正意义上奖金的进一步划分。所谓奖金的“实”,或称实质意义上的奖金,是指基于个人的绩效、业绩及工作表现等考核结果,通过一定方式核算并支付的奖金,是个人的、直接的、实质的、典型意义上的奖金。所谓奖金的“虚”,或称形式意义上的奖金,是指基于部门或单位整体效益的提升,而切分一定比例的利润,按照单位岗位的主次轻重、贡献的大小等标准,核算支付的奖励,具有团体性、形式性、间接性、非典型性等特点。

真正意义上的奖金就是基于劳动者个人或团体绩效的考核,是对有“功”之人的奖赏。奖金的实质意义和形式意义,只是根据奖金支付对象和支付条件的不同,而作出的理论层面的划分。实践中,实质意义上的奖金大致可以分成以下两种:

第一,纯粹基于个人业绩考核的奖金。此类奖金制度一般适用于市场营销或其他方便考核和核算业绩的工作岗位。由于有明确的业绩考核制度和结果,实践中此类奖金一般不易引发争议。

第二,基于个人绩效考核的奖金。基于绩效考核的对象主要是指用人单位的行政、人力资源、财务等管理部门,或后勤、技术等不直接产生利润的辅助部门的工作人员。由于没有明确的业绩考核指标,只能设置与其工作表现有关的考核指标,故而容易产生纠纷。

形式意义上的奖金,在实践中大致也可以分为以下两种:

第一,基于用人单位整体效益提升,而按照事先规定或约定的标准和条件发放的奖金,也可称为效益奖金。虽然此类奖金最终会发放给个人,但按照其核算的标准和条件,属于团体奖金。故此类奖金的激励性更强,可以与个人的业绩奖金和绩效奖金并列,也可只发放团体奖金。

第二,非基于制度规定或约定,而是由用人单位根据本年度的单位整体效益情况,而临时决定发放的奖金。此类奖金属于非制度化的、非典型的奖金。鉴于该类奖金的非制度化、临时性、偶发性等特征,实践中有时表现为过节费、福利费等形式。

总之,无论是何种形式的奖金,只要是真正意义上的、规范意义上的奖金制度,其管理就必须满足以下三个要素或三大制度体系:第一,要有相应的绩效考核和绩效工资等管理制度或惯例;[1]第二,要有工作业绩或绩效的考核过程和考核结果,并基于考核结果而核算出相应的奖金;[2]第三,奖金的支付制度。[3]

三、奖金和绩效工资管理中的常见问题及其实务处理

在薪酬和绩效工资管理实践中,存在以下几种比较常见且较难处理的奖金争议,笔者结合实处经验,具体分析如下。

(一)关于“离职不支付奖金”问题的应对思路

用人单位薪酬管理实践中,常见相关规章制度规定或劳动合同约定“奖金的支付需以劳动者在职为前提”“劳动者离职的,当年剩余的奖金不予支付”等类似内容。实务中有支持和反对两种观点:支持者认为,是否支付奖金以及如何支付奖金应属于用人单位的自主管理范畴,并非法定的事项;反对者认为,仅因为劳动者离

〔1〕 司法实践中,往往有单位在劳动者主张绩效奖金时否认有奖金管理的制度,而劳动者又无法提供单位的相关制度。此时,奖金支付的惯例就很重要,只要劳动者举证之前单位也向其支付同样性质、类别、数额的奖金的,单位若不能反证,则一般会支持劳动者的主张。所以,奖金支付的惯例也是重要的考量因素。

〔2〕 在此意义上,绩效管理和薪酬管理的关系极为密切,特别是在奖金的管理中充分体现出两者的密切配合,互相促进。换言之,只有先甄别出“有功之人”,进而才能“论功行赏”。

〔3〕 奖金的支付需遵守劳动立法关于工资支付保障的基准规定,如及时足额支付、按月支付、货币支付等。所以,通常所谓的奖金不具有法定性,是指奖金管理很大程度体现了用人单位的管理自主权,但奖金作为工资的组成部分,必然需遵守相应的法律规定。换言之,奖金发多少由单位决定,但一旦决定发,怎么发就不完全由单位决定了。

职就不支付其本应获得的奖金,违反劳动基准法的规定,也与“按劳分配”“同工同酬”原则相悖。

笔者认为,虽然用人单位对奖金的管理有充分的自主性,但从公平性和规范性的角度来看,上述规定或约定过于简单、粗暴,有悖劳动法的理念和原则。换言之,劳动者离职时能否获得奖金以及获得多少奖金,不仅需要制度的设置或事先约定,更需要体现对劳动者的公平性。因此,笔者认为,用人单位相应的薪酬管理制度设计中,应细化和优化关于离职员工奖金的支付条件。如何细化和优化相应的条款?以下方案值得借鉴:

1. 应分清奖金的类别。如上所述,通常所谓的奖金中,有些是具有基本工资性质的,如“年底十三薪”、年功奖金或年功加薪等,对于此类只与劳动关系的存续和劳动者在岗工作有关的奖金,就可以依照制度和约定处理。但是,对于基于劳动者工作绩效或表现而支付的奖金或绩效工资,则不宜简单化操作。

2. 应根据不同的离职原因而分别处理。实践中,离职不支付奖金的规定或约定通常是指劳动者主动离职。事实上,有必要区分劳动者离职的原因,进而选择不同的处理路径。比如:(1)协商解除劳动合同的条件下,劳资双方完全可以就薪资的结算问题另行协商;(2)劳动者因自身过错而被解雇的,除了提成工资外,其他类型的奖金可以不予支付等。

3. 应进一步设置奖金支付的条件。奖金支付条件的设置是用人单位自主管理权的体现,只需满足合法性、合理性和公平性即可。实践中,用人单位完全可以通过细化奖金支付条件的设置,代替“离职不支付奖金”的简单操作。比如:(1)劳动者离职时当年度工作时间或相应的工作任务未达 50% 的不予核算奖金;(2)劳动者离职时,尚未达到奖金核算时间或条件的,双方协商处理,协商不了的,按 50% 的标准结算等。

(二)关于“奖金分期兑现”的合法性和有效性问题

奖金是一种短期激励薪酬,其价值和功能之一就是挽留优秀员工,保持合理的人员流动率。因此,实践中很多用人单位采用奖金分期兑现方式,以激励劳动者更好、更努力地工作,使劳动者发挥更大的价值。特别是针对核心人才制定的奖金分期兑现和奖金按条件支付的计划,在很大程度上能实现挽留核心人才的目的。基于法律的视角,奖金分期兑现,是否具有合法性?在管理实践中应注意哪些事项?

事实上,奖金的分期兑现的制度或约定并不违法,且为劳资双方真实的意思表示。在劳动关系存续期间,奖金分期兑现的制度或约定是薪酬管理细化和优化的体现,与劳动法关于最低工资标准和不得无故拖欠、克扣工资等基准性规定也不冲突。不过,需要注意以下两点:

第一,劳动者离职时,应予结算薪资。笔者建议,用人单位在采用分期兑现奖金制度时,应事先规定或约定员工离职时的处理方案,在满足公平性和合理性的条件下,可按双方约定处理。

第二,分期兑现奖金中的奖金应该是基于劳动者的绩效或业绩的核算,而非如"年底十三薪"等名为奖金实为工资的奖金。如前所述,"年底十三薪"的所谓年终奖,实质属于基本工资或固定薪酬的性质,司法实践中一般不认可分期兑现或设置其他支付条件。

(三)关于"以回款为标准核算奖金或提成工资"的实务处理

实践中,常见用人单位和其市场营销人员约定,或在相应的薪酬管理制度中规定,绩效工资或奖金的核算及支付以销售回款为标准,这种制度或约定条款是否合法有效?存在两种截然不同的观点:一种认为并不违法,充分体现了用人单位薪酬管理的自主性和劳资双方的意思自治,激发劳动者的积极性;另一种观点则认为不具有合法性,因为违背了"劳动者不承担经营风险"的劳动法基本理论,单位此举是涉嫌将经营风险不当转嫁给劳动者。

笔者认为,以回款为标准核算绩效工资和奖金的做法不具有合法性。不过,实践中此种操作依然普遍存在,说明其有一定的合理性。事实上,在劳动关系存续期间,这种操作一般不会引起争议,但在劳动者离职时,单位以尚未回款为由不予结算薪资,容易引发争议。可见,实践中真正值得探讨的问题是劳动者离职时,单位能否以尚未回款为由不予结算绩效工资或奖金?或者说,此种情况下,单位是否必须一次性进行薪资结算?

从劳动立法来看,在规定或约定以回款为标准核算绩效工资或奖金的条件下,劳动者离职时用人单位必须一次性结算薪资,即便用人单位承诺等回款落实后再行补发也不可。对此,《工资支付暂行规定》第 9 条明确规定,员工离职时一次性结清薪资。实践中,在是否回款尚未确定,绩效工资获奖金的核算依据尚不明确的条件下,员工离职时是否需一次性结算薪资,体现为劳资双方的一种博弈。对用人单位而言,员工离职时尚未回款,或绩效核算依据不明,无法结算薪资,且后续的回款需要劳动者配合,如果劳动者"一走了之"无疑会诱发劳动者的道德危机,也会增加用人单位经营风险和成本。于劳动者而言,一旦离职就完全失去对原用人单位的监督和制约,只能指望原用人单位"自觉履行",即使劳动者有权主张,也面临举证难、维权成本高等实际问题。

综上所述,在实务中究竟应如何处理,才能平衡劳资双方的权益?笔者根据实务经验,提出以下两种方案:

第一,制度优先,约定先行。针对市场营销人员,明确业绩核算和支付依据。具体可分三步:首先,按签约数量核算绩效和提成,提成比例可低一些,只要签约或签单就可以按月核算并按月支付。此时需要注意的是如何防控虚假签约行为。其次,在签约的基础上,如果在销售人员的跟进下回款了,则可以再设置一道"业绩奖金",按回款标准核算。最后,制度规定或约定,员工离职时,尚未回款的部分不予核算业绩奖金。

第二,优化协商条款。既然是协商解决,完全可以结合实际情况灵活处理,如按约定标准的一定比例,如合同约定基数的 80% 进行一次性结算,或扣除劳资双方都能合理预见的支出或成本后,进行一次性结算等。当然,如果用人单位坚持不予一次性结算,而劳动者又坚持"讨要说法",则双方通过协商最终会达成一种折中的处理方案。主要涉及以下处理事项:(1)业绩数额的核对;(2)设置时间上限,如设置离职后 2 年内依然不能回款的,则单位需支付绩效工资;(3)设置核算基数的底线,如设置不得低于原合同基数 80% 进行核算,以确保劳动者 2 年内的最低收入。

第四节 福利管理

众所周知,工资或劳动报酬是根据员工的工作时间或工作量计算的薪酬形式。福利虽然属于广义上的薪酬,但在劳动法领域中不属于工资的组成部分,其主要原因在于福利支付的依据或基础不是劳动者的工作时间或工作量,而是用人单位根据自身文化或经营特点给予劳动者的各种利益。因此,福利与基本薪酬和奖金相比,具有两个基本特征:第一,支付方式不同,福利往往采取实物形式或延期支付的形式;第二,因为与劳动者的劳动能力、绩效和工作时间的变动没有直接关联性,所以福利有固定成本的特征。

福利一般分为法定福利(一般是指社会保险)和企业自主福利。鉴于社会保险的法定性和强制性,在此不予探讨法定福利。笔者认为,企业自主福利才是真正意义上的福利,其形式、支付基础、目标等均需考虑用人单位的文化及经营特点。如从劳动法的角度讨论福利的实务管理,重点在于如何防控工资和福利互相转化过程的法律风险。具体分析如下:

一、福利的常见形式及其与工资关系的动态考察

《财政部关于企业加强职工福利费财务管理的通知》(财企〔2009〕242 号)规定,"企业职工的福利费是指企业为职工提供的除工资、奖金、津贴、纳入工资总额管理的补贴、职工教育经费、社保和补充养老保险(年金),补充医疗保险及住房公积金以外的福利待遇支出"。可见,除了社保、公积金等法定福利之外,补充养老保险(企业年金)、补充医疗保险等也不属于此处所指的企业自主福利范畴。常见的福利项目包括:

1. 为职工卫生保健、生活等发放或支付的各项现金补贴和非货币性福利,包括职工因公外地就医费用、暂未实行医疗统筹企业职工医疗费用、职工供养直系亲属医疗补贴、职工疗养费用、自办职工食堂经费补贴或未办职工食堂统一供应午餐支出、符合国家有关财务规定的供暖费补贴、防暑降温费等。

2. 企业尚未分离的内设集体福利部门所发生的设备、设施和人员费用，包括职工食堂、职工浴室、理发室、医务所、托儿所、疗养院、集体宿舍等集体福利部门设备、设施的折旧、维修保养费用以及集体福利部门工作人员的工资薪金、社会保险费、住房公积金、劳务费等人工费用。

3. 职工困难补助，或者企业统筹建立和管理的专门用于帮助、救济困难职工的基金支出。

4. 离退休人员统筹外费用，包括离休人员的医疗费及离退休人员其他统筹外费用。企业重组涉及的离退休人员统筹外费用，按照《财政部关于企业重组有关职工安置费用财务管理问题的通知》(财企〔2009〕117 号)执行。国家另有规定的，从其规定。

5. 按规定发生的其他职工福利费，包括丧葬补助费、抚恤费、职工异地安家费、独生子女费、探亲假路费，以及符合企业职工福利费定义但没有包括在本通知各条款项目中的其他支出。

值得注意的是，相关补贴是否属于福利？如何区分？这也是实践中争议较多的问题。从上述文件关于“纳入工资总额管理的补贴”的表述可知，补贴(其实也包括部分津贴)有工资性补贴和非工资性补贴或福利性补贴两种。如高温津贴就属于工资性津贴，只有在高温下工作的劳动者才能享有，而防暑降温费则属于福利性的补贴，是对暑期所有在岗劳动者发放的补贴。

如果是工资性补贴，则属于工资范畴；如果是福利性补贴，则应纳入福利范畴。问题是如何区分？特别是在不同时期国家不同的政策文件对此作出不同界定时，如何动态地观察并进行实务处理便显得尤为重要。这种工资和福利的区分，实务中主要体现为“福利工资化”和“工资福利化”的两种动态的、历史的互相转化过程。

实务中常见的福利项目，有必要提及的是福利借款计划及其协议的签订和履行。此种借款实质上以借款为名，以实施福利计划为实，是一种基础的、常见的，并具有多种制度替代功能的福利措施。比如，用福利借款计划，可以在客观上替代服务期协议的功能，实施有效的“留人机制”。同时，福利借款计划还是薪酬优化管理和社保筹划等用工成本控制的重要手段。

二、“工资福利化”与“福利工资化”的转化运用及其法律风险防控

“工资福利化”又称“薪酬福利化”，是指在不降低甚至提高劳动者实际收入的条件下，将原本属于工资的项目转化为福利项目。质言之，“工资福利化”实际上属于薪酬的优化管理，可用于降低加班工资基数，降低社保缴费基数及所得税筹划等管理领域。“工资福利化”是随着人力资源管理和劳动用工市场化和法治化的进程，特别是在新的社保政策及个税法背景下，“工资福利化”对用人单位用工成本的降低和法律风险的控制将更为重要。

随着工资管理的日渐规范，“工资福利化”的空间正逐步缩小。主要有两点原因：一是我国工资立法和政策导向的“工资化”倾向，即为了税收管理方便，很多福利项目正在被工资化，即“福利工资化”的过程；二是统计、财税等不同部门或领域以不同的口径或视角对工资和福利进行界定。根据《关于工资总额组成的规定》及其解释的规定，最初“工资福利化”存在较大空间，不仅出差伙食补助费、误餐补助、调动工作的旅费和安家费、计划生育独生子女补贴不计为工资，职工死亡丧葬费及抚恤费、医疗卫生费或公费医疗费用、职工生活困难补助费、集体福利事业补贴、工会文教费、集体福利费、探亲路费、冬季取暖补贴、上下班交通补贴以及洗理费等也都属于福利范围。

《财政部关于企业加强职工福利费财务管理的通知》（财企〔2009〕242 号）文件的实施，开启了“福利工资化”的政策导向。以实务中常见的误餐补贴、交通补贴、通信补贴为例，这些原本都属于福利项目，或虽然不属于福利项目，但用人单位在薪酬管理中视为福利项目予以管理，但财企〔2009〕242 号文规定上述项目按工资项目处理，只是留了一个“尚未进行货币化改革除外”的口子。这一政策变化趋势，实务界称为“福利工资化”倾向，显然，在社保新政和新个税法的时代背景下，压缩了用人单位的用工成本控制及社保筹划等管理空间，也在一定程度上增加了用工管理的风险。

第五节　工资支付与结算管理

工资支付与结算制度是控制薪酬管理成本和法律风险的重要环节。实践中，工资的支付一般是指劳动关系存续期间正常的工资支付，而结算一般是指员工离职时的薪资结算。

一、工资支付凭证问题

根据《工资支付暂行规定》第 6 条的规定，用人单位必须书面记录支付劳动者工资的数额、时间、领取者的姓名以及签字，并保存 2 年以上备查。可见，关于工资支付凭证，需要关注以下问题：

何为工资支付凭证？工资条、工资单、工资表是何种关系？工资条并非规范概念，而是一种生活化的称呼，是指用人单位定期发给劳动者并记录劳动者工资情形的凭条。工资条的规范称谓是工资清单或工资单。工资表是用人单位在一定时期内关于员工工资发放的汇总表。可见，工资条或工资单是用人单位发给员工个人的工资凭证，而工资表则是用人单位关于工资的台账管理。工资单和工资表均属于工资支付凭证。

用人单位是否必须向劳动者发给工资条？支付工资并出具工资条是用人单位的法定义务，该义务对应的是劳动者对工资和用人单位分配方案的知情权。用人单位不履行的，需要承担相应的法律责任。[1]

何为书面？简单而言，书面就是用文字表达的，区别于口头表达的意思表示方式。民事法律行为的书面形式，是指以文字有形地表示所载内容的形式。因此，认定书面形式的核心和关键是文字表达，至于文字的具体载体，在所不问，包括电子

---

〔1〕 一些地方性法规对此有明确规定。如《江西省工资支付规定》第 41 条规定："用人单位未按照规定编制、保存工资支付表或未向劳动者本人提供工资清单的，由劳动保障行政部门责令限期改正；逾期未改正的，处以 200 元以上 1000 元以下的罚款。"

形式。可见,工资条并非一定是纸质版的,也可以是电子版的。当前,用工管理实践中已普遍推行“无纸化”办公,且用人单位已普遍委托银行支付工资,故实践中电子版的工资条必然得以盛行。

工资条可以是电子版的,但必须是以文字形式记录工资的项目、数额,且必须送达给员工。此时,有两个问题需要注意:第一,电子版工资条如何送达?第二,电子版工资条如何让员工签收?这两个问题的处理均需依赖劳资双方事先约定的联系方式进行处理。具体而言,用人单位可以将电子版工资条通过办公邮件等联系渠道送达,并视为员工收到且知晓。

二、特殊情况下的工资支付

特殊情况下的工资支付,是指基于法律规定或双方约定,在劳动者没有提供劳动或没有正常提供劳动时,用人单位应支付一定标准的工资或劳动报酬。常见的特殊情况下的工资支付情形主要有:试用期工资、服务期工资、病假工资、劳动合同无效期间的工资、停工停产歇业期间的工资、参加社会活动期间的工资以及劳动合同中止期间的工资支付等。可见,特殊情况下的工资支付可以根据是否提供劳动细分为劳动者提供劳动和不提供劳动两种,也可以根据是否法定,分为法定和约定两种。

特殊情况下的工资支付制度,体现了“劳动关系的实质是雇佣劳动”“工资是劳动的对价”“保护劳动者”等劳动法理,是按劳分配和同工同酬原则的补充。实务中,特殊情况下的工资支付管理最重要的就是事实依据的把握。换言之,对于是否属于法定的特殊情况、如何就特殊情况与劳动者沟通、如何通过管理流程和表单等措施实施特殊情况下的工资支付等问题,用人单位应有制度化的操作模式。

以停工、停产、歇业这一特殊情况的工资支付为例,用人单位必须满足以下几个管理环节:第一,搜集、固定需要停产、停工的事实材料;[1]第二,与劳动者沟通,

---

〔1〕 此时需要关注停工、停产的原因问题,即非劳动者原因导致停产、停工的正确理解。非劳动者原因,则包括了用人单位的原因和其他原因,主要是不可抗力或其他客观情况所致,典型的如新冠肺炎疫情防控引起的停产、停工。

就是否停工、停工时间及停工期间的工资或生活费等事项达成一致，并签订协议；[1]第三，停工期间依约定支付工资或生活费；第四，停工期限届满，就下一步员工安置等问题进行沟通并落实。如果没有进行相应环节的沟通和协商，则很容易被认定为用人单位没有提供劳动条件，无故拖欠或克扣工资等违法行为。

三、克扣和拖欠工资的实务认定

劳动立法禁止的是无故克扣或无故拖欠工资，故薪酬管理的重要内容就是如何避免被认定为“无故”。实务中，“无故”的表现方式有很多，比如：(1)在没有理由或理由不充分的条件下，降低员工工资；(2)在规章制度中规定或劳动合同中约定的一些违反劳动基准法和劳动法理念的条款，主要体现为不当的“扣罚”工资；[2](3)没有理由地延期支付工资；(4)员工离职时不予结算等。

实践中，无故克扣或拖欠工资的认定，必然会以用人单位的主观过错为前提。故用人单位在无法做到正常按规定或约定支付工资时，就需要注意两个层面的管理：第一，要证明“有故”；第二，要证明自己没有主观过错或恶意。事实上，这两者是一个问题的两个面，如能证明“有故”，则能避免被认定为“无故”，进而也就能避免用人单位存在“主观恶意”的判定。

2019 年 12 月 30 日，国务院发布《保障农民工工资支付条例》，采取针对农民工欠薪“零容忍”政策，从而根治拖欠农民工工资这一“顽疾”。该条例的颁布和实施本身并没有问题，但条例颁布伊始，就遭遇新型冠状病毒疫情的暴发，致使农民工用工量较大的建筑行业全面停产、停工，企业效益下滑。这就必然在不同程度上引发复产复工、农民工工资支付等方面的争议。此时，需要注意的是，在执行《保障农民工工资支付条例》的同时，必须要考虑实际情况。笔者认为，因疫情未能返岗复工的

---

〔1〕 此时需要注意，与员工协商沟通是细化和优化管理的需要，但不是法定的必经程序。换言之，基于停产、停工的事实，用人单位就可以按照《劳动部关于印发〈工资支付暂行规定〉的通知》（劳部发〔1994〕489 号）第 12 条的规定，单方通知或宣布即可。

〔2〕 规章制度中常见的“扣罚”就是员工在出现迟到、早退、旷工时，单位扣罚更多的工资。典型的如“旷工一天扣三天工资”。依照劳动法理，旷工一天，只能扣发一天工资，扣三天工资显然是在变相地罚款。

农民工,企业无法支付工资和生活费的,不宜认定为拖欠工资。如果已经返岗复工的,企业确因生产经营困难无法及时足额支付工资的,也不宜认定为拖欠或克扣工资。

劳动者以单位克扣、拖欠工资为由提出解除劳动合同,单位便面临支付经济补偿金的法律风险。故实务部门对单位克扣、拖欠工资的司法认定,便成为争议解决的关键。遗憾的是,就此问题目前实务界并无统一认知,各地的裁审口径均不相同。实际上,主要体现为对用人单位举证要求的严格程度不同。如上所述,用人单位需做两个层面的管理(争议处理阶段就体现为举证),即证明"有故"和主观上"无恶意"。比如,因正常的绩效考核周期及其流程管理,导致绩效工资延时支付,是否属于无故拖欠工资?单位因疏忽拖欠工资,但劳动者在主张权利时就第一时间补发,是否属于无故拖欠工资?拖欠加班工资、年休假工资等是否属于拖欠工资?

笔者认为,《劳动合同法》第 38 条没有明确其隐含用人单位存在过错这一前提条件的立法本意,同时关于未及时足额支付工资的规定也较为简单。此处的未及时足额支付工资,意指劳资双方对"克扣"或"拖欠"工资的数额是确定的、无异议的,只是双方对"无故"还是"有故"持不同意见。因此,实务部门在进行司法认定时,应该注意两点:

第一,对"克扣"或"拖欠"的工资数额的事实尚有争议的,则不能直接适用该条文。如加班费争议,除非单位明确认可加班费的数额,否则,需先进行事实审理,认定确实存在加班费未支付,且单位未能举证其"无过错"的,才可适用。

第二,要综合整个案件的处理,考虑相关因素对本案实体裁决的影响,进而判定是否应适用该条。比如,因正常的绩效考核周期及流程管理,导致绩效工资延时支付,如果查明单位之前支付绩效工资均有此惯例,则不宜认定为单位"无故拖欠"。总之,在目前司法实践尚无统一裁审口径或标准的条件下,单位必须做好相应的管理工作,确保任何"克扣"或"拖欠"均有事实和制度依据。同时在争议处理过程中,举证证明单位"无过错"。

四、绩效工资和年终奖争议的实务处理

关于绩效工资和年终奖争议的实务处理,值得关注的是仲裁时效和举证责任问题。鉴于仲裁时效问题,立法已明确,且实务认知也较为统一,不予赘述。本部

分主要探讨举证责任问题，即用人单位与劳动者就绩效工资或年终奖金发放发生争议，应由谁承担举证责任？

把握正确的举证规则，提供合理充分的证据，是充分保障自身权益的重要基础。如果无法就自身的主张提供有效证据，或错误地理解举证规则和举证责任，则很可能导致正当的利益无法得到保护。我国目前劳动争议原则上采用普通民事案件的裁判规则，举证规则上与大多数民事案件相同，劳动争议案件同样适用“谁主张，谁举证”的一般的证据规则。对此，《劳动争议调解仲裁法》第6条明确规定：“发生劳动争议，当事人对自己提出的主张，有责任提供证据。”换言之，提起仲裁或诉讼的一方，无论是劳动者，还是用人单位，应当对自己主张的事实提供相应的证据，否则，要承担相应的不利后果，败诉的可能性将大大提高。

但是，就绩效工资或年终奖金类劳动争议的举证责任，很多人错误地认为无论任何情况，均应当由企业承担，主要依据的是《劳动争议司法解释（一）》第44条的规定：“因用人单位作出的开除、除名、辞退、解除劳动合同、减少劳动报酬、计算劳动者工作年限等决定而发生的劳动争议，用人单位负举证责任。”显然，这一理解和认知割裂了立法本意与司法解释之间的关联性，忽略了《劳动争议调解仲裁法》第6条第2句规定的“谁掌控，谁举证”的特殊举证规则。

绩效工资和奖金争议的举证规则应当分为两个层次理解：

第一，劳动者有初步举证的义务，即原则上应遵循“谁主张，谁举证”规则，只是作为劳动者一方，鉴于其举证能力受限，只需初步举证。关于这一举证规则，与一般的工资支付争议、加班费支付争议等没有本质区别。换言之，劳动者主张绩效工资或奖金，需举证证明用人单位存在绩效工资或年终奖金的制度或约定，且劳动者有权利获得绩效工资或年终奖金的基本事实。

第二，在劳动者初步举证的基础上，用人单位需就其是否少发绩效工资或奖金承担进一步举证责任，并且要承担举证不能的不利后果，即遵循“谁掌控，谁举证”的特殊举证规则。用人单位的举证主要集中在以下三点：一是证明其没有相应的规章制度或约定，也没有支付绩效工资或奖金的事实；二是虽然有相应的制度或约定，但涉案劳动者没有权利或资格获取相应的绩效工资或奖金；三是用人单位有绩效工资或奖金，涉案劳动者也有权获取，但用人单位已及时足额支付绩效工资或奖金。

CHAPTER 06 第六章

绩效管理与法律风险防控

绩效管理是企业人力资源管理的重要组成部分,也是基于企业战略、绩效指标、绩效计划、绩效考核、绩效改进等一整套的流程和表单运行管理机制。劳动立法和实务中,企业劳动用工管理的很多重要环节与绩效管理有关,主要体现为绩效考核与劳动合同变更、解除之间的互动。显然,人力资源管理领域中的绩效管理范畴及其制度体现更为庞杂,以效率和绩效的提升为目标,而劳动法视野中的绩效管理相对比较简单,以公平和合规为目标。本章基于劳动立法和实务的视角,重点分析绩效管理与劳动用工管理的关系及其法律风险防控。

第一节　劳动用工管理领域中绩效管理特性

劳动用工领域中的绩效管理,主要集中在以下两方面:第一,从宏观上看,主要围绕绩效考核及绩效考核结果的运用,正是在此意义上,我们将其称为绩效考核,以区别于人力资源管理中的绩效管理;第二,从微观上看,重点集中在如何基于合规的视角,进行流程和表单的设计与管理。所以,劳动用工管理领域中的绩效管理具有简单化、合规化、证据化、程式化等特性,也体现了简单化、程式化及证据化的管理思维。

一、劳动用工管理领域绩效管理的"简单化"

所谓劳动用工领域中绩效管理的"简单化",既是指笔者根据实务经验对当前我国企业劳动用工绩效管理及其运用现状的抽象和概括,又是指劳动法视野中绩效管理本身就具有"简单化"的特点。这种"简单化"思维主要体现在以下几点。

(一)目标简单

绩效管理的核心就是为了达到一定的目标。一般来说,绩效考核的主要类型无非是行为取向型和结果取向型,而相对应的绩效考核方法就是行为对照和目标管理。因此,目标管理法是企业管理尤其是人力资源管理中绩效管理的主要方法。

人力资源管理中,绩效管理的目标主要关注四点:第一,绩效管理目标与企业战略相匹配,重在管理;第二,绩效管理目标在于企业整体效率和绩效的提升,旨在通过各种绩效管理的手段和方法激励员工个人绩效,进而提升企业整体绩效;第三,绩效管理目标与管理成本的控制相协调,即不仅要招用最合适的人,而且要尽量少用人,做到减人增效;第四,绩效管理的目标重在考核,"奖勤罚懒",并在"罚懒"过程中做到合规。

(二)过程简单

劳动用工领域中的绩效管理,重在考核,且主要体现在三个环节,即绩效考核指标和业绩计划的设定、绩效考核的过程和考核的方法、绩效考核结果的运用。此三个环节体现了绩效管理必须遵循的公开、公平和公正三原则。具体而言:绩效考核指标和业绩计划的设定必须公开合理,并经充分沟通和协商,避免毫无根据的绩效目标;绩效考核的过程和考核的方法要公平,避免考核者"一言堂";绩效考核结果的运用要公正,避免不当的"奖勤罚懒"和单纯的降薪或辞退。所以,绩效考核过程其实就是简单的三个环节,绩效考核与人力资源管理领域中的绩效管理制度体系相比,显然更加简单。因为绩效管理还需考虑人力资源管理及企业管理的战略、计划和目标。

《劳动合同法》及相关劳动立法与绩效管理有关的立法及制度设计，主要体现在试用期管理、绩效工资及奖金管理、岗位管理、不胜任工作解雇等制度体系中。当然，在招聘录用、工作时间、离职等其他管理环节中也与绩效考核有关。无论是直接体现绩效管理还是只与绩效考核相关，无不体现管理过程或环节的简单化思路，即考核指标的设置、考核过程及考核结果的运用。或者说，绩效管理就是“过程”和“结果”的统一，是一个“过程”和“结果”相互驱动、螺旋上升的关系。

（三）方法简单

劳动用工领域中的绩效考核手段和方法比较简单，目前主要采用传统的、简单的绩效考核方法，即对劳动者工作时间、工作业绩、工作能力、工作态度等方面进行考核记录及评价运用。人力资源管理中的绩效管理范畴更广，是一整套的制度体系架构，其管理方法呈现多元化，如关键绩效指标体系 KPI、平衡计分卡体系 BSC、360 度测评体系、“SMART”分析法、绩效评估、绩效面谈、绩效反馈等方法和手段。可见，绩效考核重在考核，企业需确保考核结果的公平、公正，而绩效管理重在管理，企业需通过各种方法采集、分析数据，并加以运用。

二、劳动用工管理领域绩效管理的“程式化”

劳动用工领域绩效管理的“程式化”，是由绩效考核的程序性及其合规性决定的，体现了绩效考核过程及其结果的程序公正。实体公正和程序公正是法律适用的两大目标，故劳动法视野下的劳动用工管理，须体现法定、基准、公平、公正及劳动者保护等理念和原则。程序公正是其应有之义。

劳动用工领域绩效管理的“程式化”，其实质就是通过流程和表单的设计和使用，推动整个绩效的考核过程，并确保考核结果的公平和公正。我国的人力资源管理，长期以来深受国家机关和事业单位人事管理“重结果，轻程序”理念的影响，即使在劳动用工管理已步入市场化和法治化轨道的今天，企业人力资源管理依然不重视管理的民主化和程序化。如实践中大部分企业的劳动规章制度未经民主程序制定就可见一斑。

绩效考核的程式化，就是要求用人单位在设置考核指标时，不仅需要科学、合理，还要通过协商、通知、公示等方法，让被考核对象知悉。绩效考核过程中，要做到"考核留痕"，并保证被考核对象的异议权和沟通渠道的畅通。绩效考核结果得出后，需得到被考核对象的确认。

三、劳动用工管理领域绩效管理的"证据化"

就实务操作而言，劳动用工领域中绩效管理的"简单化"和"程式化"，其实可以归结为绩效考核的"证据化"思维。换言之，任何涉及绩效考核的领域，须满足相应的举证规则和举证要求。根据《劳动争议调解仲裁法》第6条及《劳动争议司法解释(一)》第44条的规定，劳动争议的处理除了"谁主张，谁举证"的一般规则外，还需遵守"谁掌控，谁举证"的特殊规则。因此，用人单位作为用工管理方，享有用工自主权和管理权，自然会掌握并有义务提供与绩效考核相关的流程、表单等证据材料。

笔者认为，绩效考核的"证据化"思维，在用工管理实践中可以上升为用人单位普遍适用的、一般性的举证规则。具体而言：第一，绩效计划或绩效考核指标的确定，其举证思路就是建立劳资双方认可的"关键绩效指标或绩效计划"；第二，具体绩效考核过程的固定，其举证思路是，让被考核对象提交"工作汇报"，以明确绩效完成情况；第三，绩效考核结果及其确认，其举证思路是优先获得被考核对象签字确认或其他明确的方式认可，当被考核对象不予认可时，再使用证据锁链的举证思路，"锁"住考核结果的合法性和关联性。

以试用期员工的管理为例，作为考核指标，即录用条件的设置需要具体明确，且能量化考核，尽可能将定性化考核指标转化为量化考核指标。比如，针对服务客户的岗位试用期，服务态度作为考核指标，不宜描述和考核其服务态度，但可以转化为以客户的投诉次数和投诉类型作为考核指标。具体考核过程，需要将员工在试用期内的表现进行记录和相关事实材料的固定，事实材料的固定，可以采取员工就其业绩完成计划等进行自我评价和确认，进而在试用期结束前做出解雇或转正的处理措施。

第二节　劳动立法框架下的绩效管理

《劳动合同法》施行以来，企业绩效管理受到立法的很大影响，如何在现行劳动立法框架下，将绩效、薪酬及岗位等进行联动管理，是实务界必须面对的问题和挑战。

一、《劳动合同法》对绩效管理的影响

将《劳动合同法》与用人单位用工管理各环节进行关联分析，便不难发现，《劳动合同法》对企业绩效管理存在正反两方面的影响，但整体上负面影响要大于正面影响，这也是理论和实务界对该法褒贬不一的原因之一。

（一）《劳动合同法》对企业绩效管理的正面影响

《劳动合同法》对企业绩效管理起了正面引导和规制的作用，主要体现在《劳动合同法》为企业绩效管理提供了更加全面系统的合规制度框架。《劳动法》时代，企业绩效管理更多体现的是行政管控意识和单方管理的思维。而《劳动合同法》时代，企业绩效管理则更多体现了公平和合规的法治思维。以下两点体现得极为明显：

1.《劳动合同法》关于规章制度的规范。绩效管理制度是企业规章制度体系的重要组成部分，在《劳动合同法》规制下，一方面，增加了绩效管理制度体系形成过程的民主参与性，要通过用人单位和劳动者讨论和协商，并向全体员工公示方可执行，至少在形式上确保了绩效管理制度内容的合法性和合理性；另一方面，《劳动合同法》关于规章制度的规范，也强化了用人单位绩效考核程序意识，更加注重绩效考核的程序公正和证据思维。

2.《劳动合同法》为企业绩效管理提供了公平和合规的“底线”。比如，普遍禁止约定劳动者违约责任特别是离职违约金，限制设定劳动者赔偿责任，禁止约定终止条件，禁止“末位淘汰”，劳动合同变更、解除和终止中的程序要求等无不体现了

公平和合规思维，避免企业绩效管理的“无底线”和“无原则”。

(二)《劳动合同法》对企业绩效管理的负面影响

《劳动合同法》部分立法规定，限制了绩效管理的空间，进而在一定程度上影响了企业用工管理的灵活性。主要体现在以下几点：

1.《劳动合同法》对书面劳动合同和无固定期限劳动合同的过于重视，一定程度上扭曲了劳动合同的变更制度，“挤压”了绩效管理的空间。《劳动合同法》颁行后，调岗、降薪等管理措施实际变得更加困难，如在劳动合同中不得预设岗位的调整，因为违反关于“书面协商一致”的立法要求。同时，用人单位基于生产经营需要，实际变更劳动合同缺少明确的立法依据，在实践中很难被认可，即便实务部门认可劳动合同的实际变更，也须基于用人单位的充分举证，也就增加了用人单位的举证难度。

2. 完全禁止约定终止条件，一定程度上限制了绩效管理的空间。《劳动合同法》取消了《劳动法》时代可以在劳动合同中约定终止条件的规定，无疑在一定程度上“压缩”了用人单位的绩效管理空间。笔者认为，立法的这一变化是从一个极端走向了另一个极端，《劳动法》时代，劳资双方在劳动合同中约定的终止条件过于随意和泛滥，但这不是约定终止条件这一制度本身的问题，而是立法粗糙不够细化，且执法不严所造成的。比如，员工业绩达不到约定的标准时，基于双方的真实意思，终止劳动合同并无法理上的障碍，只是需要在相关立法中对劳动定额、绩效考核等制度进行细化规定。所以，《劳动合同法》一律禁止在劳动合同中约定终止条件并非明智之举，也无法实现良法之治。

3. 严格的解雇保护制度，增加了绩效管理的难度和成本。比如，在《劳动合同法》框架下，对试用期员工的解雇实质上不是更简单而是更难。[1] 同样，《劳动合同法》禁止“末位淘汰”，虽然符合劳动法理，但在用人单位普遍将“末位淘汰”转化

〔1〕 试用期解雇的实际难度，主要体现在两点：第一，试用期内解雇不符合录用条件的员工程序和举证要求很高，需要满足四步举证，即录用条件的设置并告知、试用期内考核、考核结果的确认、试用期内通知解雇；第二，解雇渠道受限，纵观《劳动合同法》关于解除和终止劳动合同的条款，不难发现在客观情况发生重大变化和经济裁员时，是不能解雇试用期员工的，这无疑增加了解雇试用期员工的难度。

为不胜任工作解雇处理时，只是增加不胜任工作解雇的管理环节和举证难度。

二、绩效管理与劳动用工管理节点的关系

劳动立法体系中，绩效管理是一系列用工管理制度的基础和前提。在传统意义上的人力资源管理理论模块和实务中，与绩效管理关系最直接也是最为密切的是薪酬管理制度，两者互相促进，互为因果。事实上，在劳动法视野下的企业用工管理实务中，薪酬管理和绩效管理关系也最为密切，但劳动法视野下需注重绩效管理与其他劳动用工管理环节的关联性，而不能仅关注与薪酬管理的关系处理。

劳动立法和实务中企业绩效管理涉及的相关用工管理节点主要包括以下四个方面：

第一，试用期管理。绩效管理与试用期管理关联的主要方面就是录用条件的设计、考核及考核结果的运用，包括试用期内解除劳动合同。鉴于本书在劳动合同期限中，已对试用期相关制度进行探讨，在此不予赘述。

第二，绩效管理与培训。劳动合同履行过程中，如因劳动者不能胜任原工作岗位，或因用人单位战略调整、组织变更、技术升级等因素导致劳动者需提升劳动技能或业务素质的，需为劳动者提供相应的培训。可见，基于培训的缘由，可将培训分为两种：一是因不胜任原岗位工作而培训；二是进一步提升工作技能的培训。显然，与绩效管理密切关联的是第一种培训，此种培训与后续的降薪、调岗、解雇等管理措施相关。

第三，绩效管理与调岗、降薪。绩效管理与调岗、降薪的关系，其实质是劳动合同的变更制度，一方面，要遵守劳动立法关于劳动合同变更的法定要求；另一方面，要在用工管理中，特别是绩效管理中做到合规、有效。绩效管理与调岗、降薪的管理，大致可以分为两种：一种是绩效管理只与单纯的调岗、降薪发生关联；另一种是绩效管理与调岗、降薪一并发生关联。实践中，比较多见的是第二种，因为用人单位一般会执行“薪随岗变”的管理原则。

此时需要注意的一个问题是，用人单位能否对绩效不好的员工实施罚款、扣薪等经济处罚？“奖勤罚懒”是绩效管理的直接目的，员工业绩提升的予以奖励，绩效不好受到相应“处罚”本无可厚非，属于单位用工自主权范畴，但必须注意“奖勤”和

“罚懒”的种类和方式。就“罚懒”而言,单位不能采取直接罚款或扣薪的方式,不然会存在不当克扣工资的法律风险。不过,基于员工绩效不佳或业绩不好,减少其相应的绩效工资或奖金的支付是合法、合规的,因为此时的降薪或减薪是有明确依据,且不违反劳动基准规定。就“奖勤”而言,也需要注意方式,不能随意为之,否则会引发单位内部薪酬的公平性问题,甚至会引起冲突。[1]

第四,绩效管理与解雇。绩效管理与解雇或离职管理的关系,大致可从以下两个层面上观察:其一,微观层面上,用人单位因劳动者不胜任工作,或劳动者严重失职而解雇;其二,宏观层面上,因用人单位组织绩效差,导致经营困难而需要规模性或经济性裁员(含解散、破产而终止劳动关系)。实践中,与绩效管理直接关联的是劳动者不胜任工作解雇和严重失职解雇。

第三节　绩效管理与岗位、薪酬的联动管理

劳动用工管理实践中,绩效管理与岗位管理和薪酬管理关系密切。调岗、调薪就是用人单位对员工工作岗位及薪酬作出的调整,其调整的主要依据就是绩效考核结果。调岗、调薪既包括岗位或职位的晋升和涨薪,也包括岗位或职位下降和降薪。鉴于实务中升职和加薪不易产生纠纷,此处只讨论“降职”和“降薪”。用人单位基于客观情形发生重大变化对生产经营产生不利影响或劳动者不胜任工作等理由,均可以作出调岗、降薪的处理。所以,绩效管理与岗位、薪酬的联动管理,在整体和宏观层面上体现为基于绩效管理的“薪随岗变”原则,而在微观和具体制度层面上,集中体现为绩效管理与基于员工不胜任工作情形下的调岗(职位下降)和降薪的管理实务。

〔1〕 比如,用人单位规定:“本单位年终业绩考核排名前5%的员工可以得到二倍奖金”,可能导致绩效考核排名前6% ~10%的员工不当竞争行为,从而给用人单位带来潜在的经营风险和员工冲突。如果将此奖励规则改为:“凡是最终考核业绩是自己目标业绩的200%的员工,都可以拿到二倍奖金”,则效果完全不同。因此,实务中即使是奖励员工,也需杜绝这种可以相互比较的相对化指标,而改用无须相互比较的绝对化指标设置方式。

一、绩效管理与"薪随岗变"

岗位与薪酬的联动管理，主要体现在"薪随岗变"原则，而"薪随岗变"原则主要是以相应的绩效考核为基础。尽管调岗和降薪可以作为两种独立的处理措施，但从岗位和薪酬管理的关联性和薪酬的内部公平性来看，降薪不一定需要调岗，但调岗通常意味着应调薪。事实上，岗位管理也包含岗位的薪酬管理，岗位的异动也往往伴随岗位报酬标准的变动，法律规定用人单位在员工不胜任工作时可调岗，体现的应当是完整的岗位管理权，该权利包括履行新的岗位薪酬标准、新的考核办法等。员工因不胜任工作而被调整到新的岗位，其薪酬应当根据新岗位的标准确定，否则有悖"同工同酬"原则。

"薪随岗变"通常以"以岗定薪"为前提，故"岗变"是"薪变"的基础，调岗的合规性和合理性，决定了降薪的合法性。在实务中如何落实？具体而言，要关注三点：第一，基于法定情形的调岗，如医疗期满和不胜任工作调岗，无须经与员工协商同意，但须掌握调岗的合理性问题，即要满足调整前后岗位的关联性，特别是不能带有侮辱性和惩罚性，如将员工调整至工作能力要求更高的岗位，或是将员工很高的职位下调至很低的职位等；第二，规章制度应有"薪随岗变"的规定或劳动合同有事先约定，[1]如没有规定或约定就意味着调岗后薪资需要另行协商，而重新协商则又面临不确定的风险；第三，调岗和降薪确定后，如不能与劳动者签订变更劳动合同协议书，则至少应制作并向员工发送"调岗、降薪确认函"。

二、绩效管理与不胜任工作的处理

绩效管理与薪酬和岗位的动态、联动管理，集中体现在针对员工不胜任工作时的调岗和降薪。绩效管理的最终目的虽不是调岗、降薪，但它为调岗、降薪提供了

---

[1] 如在劳动合同中约定："乙方不胜任工作的，甲方有权调整乙方到________岗位（或下一级别的工作岗位）上工作，乙方的月工资标准按________元执行或按原工资标准下调15%执行，乙方有权在收到通知之日起3个工作日内书面提出异议，乙方不提异议或不按要求提出异议的，视为同意。乙方提出异议后在获得甲方正式回复之前，应服从甲方的调岗安排，否则，视为乙方严重违规，甲方有权做解雇处理。"

事实依据。因此，探讨绩效管理与薪酬和岗位的动态、联动管理，需关注如何在绩效管理的基础上证明员工不胜任工作，并在此基础上进行相应的处理。

证明员工不胜任工作是对其作出调岗和降薪的前提和事实依据，否则，便构成滥用用工管理权或不当克扣工资。何为不胜任工作？简单而言就是不能按单位要求完成工作。[1] 要证明员工不胜任工作，至少需要满足以下三个条件或完成三步管理任务：第一，需事先与员工约定衡量工作能否胜任的指标体系，关键是考核指标、考核方式、考核期限需要获得员工的认可，特别是考核结果与不胜任工作的关联性要明确；第二，需有确认员工不胜任工作的证据，而非用人单位的主观判断，核心是能形成直接证据（员工签字确认的考核结果）或证据链（不认可考核结果时，有充分的证据证明其不胜任）；第三，不胜任工作的结论要送达员工并经其认可。

实践中，关于不胜任工作的管理，以下常见的两个问题处理起来较为棘手：

第一，绩效考核结果与不胜任工作关联性的明确。比如，某用人单位在绩效考核过程中，业务经理李某 2019 年 10 月的绩效考核最终评分为 59 分，《绩效考核表》已经李某签字确认。据此，是否能认定李某不胜任工作？答案是未必。原因在于绩效考核评分未能与不胜任工作的结论进行关联或"挂钩"，换言之，必须在制度中明确绩效考核评分或业绩低于一定标准的属于不胜任工作。[2]

第二，员工明显不胜任工作，但对不胜任工作的考核结果不予认可，用人单位也没有充分的证据证明员工不胜任工作，如何处理？事实上，这属于举证的有效性问题，即如何通过管理流程和表单的设计，以确保绩效考核结果的确认由用人单位掌控。在规章制度中明确规定不胜任工作绩效考核结果的通知方式，如通过邮件或公司办公系统发送等，并设置相应的异议期或反馈期，如员工在相应的期限内未按要求提出异议的，则视为认可绩效考核结论。如果员工按要求提出异议呢？结

---

〔1〕 根据《劳动部关于〈中华人民共和国劳动法〉若干条文的说明》第 26 条的规定，"不胜任工作"是指不能按要求完成劳动合同中约定的任务或同工种、同岗位人员的工作量。用人单位不得故意提高劳动定额标准，使劳动者无法完成工作。

〔2〕 当然，不胜任工作本身的界定是需要综合考量劳动定额、工作时间、岗位职责等各种因素，而不是简单地以绩效考核分数或业绩低于一定标准来确定。不过，在劳动用工管理实践中，用人单位在相应的规章制度作出规定，或在劳动合同中作出约定的，如无明显的不合理之处，就可以视为双方真实的意思表示，实务部门在处理相关争议时显然会予以认可，无须也没有必要做进一步的确认。

论依然是不胜任工作，只是用人单位需设置进一步沟通、反馈的渠道。

鉴于员工多会拒绝签字确认对其不利的考核结论，此处值得借鉴的一个举证技巧是将事实举证与行为定性进行区分，即用人单位可要求员工先对考核材料中的具体事实或数据予以签字确认，再基于该已获得员工确认的基本事实，得出相应的是否胜任的考核结论或行为定性。

第四节　绩效管理与劳动合同的解除

劳动立法体系中，与绩效管理直接相关的劳动合同解除、终止的类型或渠道有三种：试用期解除、不胜任工作解除及严重失职解除。鉴于本书其他章节对试用期解除已做探讨，本节只讨论不胜任工作解除和严重失职解除，以及绩效管理模式下劳动合同解除方式或渠道的变通与转化。

一、绩效管理与不胜任工作解除

根据《劳动合同法》第40条第2项的规定，劳动者不能胜任工作，经过培训或调岗，仍不能胜任工作的，用人单位提前30日以书面形式通知劳动者或额外支付一个月工资后，可解除劳动合同。这一立法条文虽然简单，但架构了一套劳动立法框架下的绩效管理体系。从绩效管理过程或体系来看，不胜任工作解除其实就是绩效目标的设定、业绩考核及业绩改进的过程。而从实务管理或举证的角度而言，不胜任工作解除其实就是针对绩效管理过程的三次举证。综合起来，绩效管理与不胜任工作解除应关注以下三个问题：

1. 证明员工不胜任工作。关于如何证明员工不胜任工作，前文已分析，不再赘述。不过，需要进一步提及的是业绩目标等考核指标设定需要注意的事项。人力资源管理体系中，业绩目标的制定需符合或遵守SMART原则，[1]但在劳动用工实

---

〔1〕 所谓“SMART”原则，是指具体的（specific）、可测量的（measurable）、可接受的（accepted）、现实的（realistic）、有时间限制的（timeline）。

践中,还必须满足"可证明"(provable)的条件。故业绩指标的制定,不仅应明确,还应通过各种方式与员工充分地沟通和协商,并要求员工确认。在不胜任工作解除劳动合同中,需要两次证明员工不胜任工作,其举证要求及举证思路相同。

2. 不胜任工作与业绩改进计划的执行。劳动立法规定,不胜任工作解除劳动合同,必须经过调岗或培训,再次被证明不胜任工作的,方可解除。立法作此程序要求,是由不胜任工作的性质决定的,不胜任工作主要是因为技术升级、政策变化等客观因素导致的员工工作技能无法跟进岗位需求而造成的,并非劳动者主观原因所致。因此,用人单位有义务通过各种渠道对不胜任工作的员工进行业绩改进,而不能直接解除。业绩改进计划主要包括调岗和培训两种方式。

关于调岗,前文已有多处提及,不再赘述。不过,因不胜任工作的调岗,虽然是基于法律的规定,无须劳动者协商一致,但如能在规章制度中进行细化规定,显然更有利于法律风险的防控。实践中,用人单位作此调岗安排时,常见劳动者以不去新岗位报到或在原岗位上消极怠工等方式进行对抗。如何妥善处理?笔者建议:第一,不胜任工作的考核结论必须"证据确凿";第二,在规章制度中明确规定,因员工不胜任工作,单位所做的调岗安排,允许员工提出异议,但员工须服从安排,否则视为严重违规;第三,制作并向员工发送"调岗通知书",其中明确规定,不去新岗位报到工作的视为旷工,单位将按严重违规处理。

关于不胜任工作的培训,需要关注的是:第一,培训目标和内容上,单位须能提供帮助劳动者提升劳动技能的实质意义上的培训。不胜任工作的培训目标明确,内容特定且具有针对性,就是为了提升劳动者的劳动技能。实践中,很多单位搞形式主义,不胜任工作的培训走过场,就很容易被实务部门认定为未经培训。如安排不胜任工作员工"一对一"的咨询和解答,或向其提供相应的学习资料等都属于非实质意义上的培训。第二,培训方式可以灵活处理,但需事先约定或在制度中进行规定。培训方式一般包括在岗培训和离岗培训,可以在合同中约定或规章中规定培训的方式及培训期间的待遇等事项。第三,培训要有记录和考核,并形成证据材料。

3. 依法解除劳动合同。经调岗或培训后,再次证明员工不胜任工作的,用人单位可以依法解除劳动合同,并给予相应的经济补偿。

二、绩效管理与严重失职解除

根据《劳动合同法》第39条第3项的规定，劳动者严重失职，营私舞弊，给用人单位造成重大损害的，用人单位可以解除劳动合同。[1] 实务处理中，严重失职解除，需关注以下三点：

1. 岗位职责的确定与失职的界定。岗位职责属于职位说明的重要组成部分，是人力资源管理最重要的基础和条件。“失职”是指员工对本职工作不认真负责，没有尽到合理的注意义务，未依照规定履行自己职责的情形。故笔者建议尚未建立完善的岗位、职级体系的，可以在劳动合同中具体约定该岗位重要的职责，针对重要的岗位，可以单独约定岗位协议，明确约定岗位职责、岗位期限、岗位绩效考核及考核结果的运用等事项，特别是明确员工不履行职责或履行职责不符合约定的处理措施。

2. 严重失职解除劳动合同，需满足“给单位造成重大损害”的条件。对于“重大损害”如何界定，法律并未作具体规定。[2] 实践中，很多用人单位的劳动合同或规章制度照抄劳动合同立法条文，对重大损害也未界定，导致实务部门缺少处理依据。关于重大损害的界定，用人单位应在规章制度规定或劳动合同中约定，重大损失不仅包括经济或物质损失，还包括非物质方面的损失，并进一步约定重大经济损失的数额和重大非经济损失的情形。特别是应根据用人单位所在行业生产经营特点，列举一些容易给单位造成商誉严重减损或其他重大不利影响的失职行为。另外，当员工出现“严重失职，给公司造成重大损害”事件发生时，应该采取措施固定证据，如让员工出具一份签字的关于损害事实的说明等。

3. 严重违规解除与严重失职解除的区分问题。立法和理论上两者貌似界限分明，但实践中也容易混淆。原因在于严重违规和严重失职，都存在劳动者的主观过

---

〔1〕 所谓“失职”就是没有按规定履行岗位职责，属于典型的主观过失；而“营私舞弊”则是一种为谋求私利，故意从事违法乱纪行为。两者性质显然不同。本部分只探讨严重失职解除合同问题。

〔2〕 根据《劳动部关于〈中华人民共和国劳动法〉若干条文的说明》第25条的规定，“重大损害”由企业内部规章来规定。因为企业类型各有不同，对重大损害的界定也各不相同，不便于对其作统一解释。若因此发生争议，可通过劳动争议仲裁委员会对其规章规定的重大损害进行认定。

错，但主观过错的程度和状态不同。严重违规是一种故意行为，即明知有规章制度或劳动纪律而故意违反；而失职则是一种过失行为，主要表现为劳动者未履行工作职责。严重违规评判的是违纪的情节，主要从劳动者主观恶性程度进行考量；严重失职评判的则是损失后果，主要从客观后果的程度进行考量。

三、绩效管理与解雇方式的变通和转化运用

如上所述，在当前劳动立法体系中，用人单位基于正常的绩效管理，主要有两种处理方式：第一，执行调岗、调薪、培训等绩效改进计划；第二，解除劳动合同。其中，解除劳动合同的处理方式主要是不胜任工作解除和严重失职解除。鉴于绩效管理和绩效考核程序要求高，不胜任工作解除举证难度大等特点，在综合考量和平衡用工成本控制和法律风险防控两大因素及其制度功能的条件下，实际可以通过相应的变通和转化方式来代替基于绩效管理模式下的解除方式。具体分析如下：

1. 以劳动合同到期终止代替不胜任工作解除。在员工不胜任工作时，如果其劳动合同期限较短，则用人单位不宜采取风险较大的不胜任工作解除，而选择劳动合同到期终止。此两种离职方式的成本大致相同，但不胜任工作解除却存在较大违法解雇风险。特别是针对试用期的管理，用人单位如果无法做到录用条件明确，考核结果及时获得劳动者确认等程序要求，也就无法控制试用期违法解雇的风险，此时可以签订短期的劳动合同代替试用期。即对不符合录用条件的员工，可以选择在合同到期时终止，客观上避免证明不符合录用条件的风险。[1]

2. 尽量选择解协商解除的方式。协商解除是基于劳资双方真实的意思表示，特别是劳动者在综合考量各种因素的条件下选择的离职方式，只要用人单位没有欺诈、胁迫行为即可。因此，在不胜任工作解除举证难度大的情形下，可以用协商方式解除。只是若以协商解除，用人单位可能支付高于法定标准的补偿金，增加了用工成本，但降低了不胜任工作解除的法律风险。

---

〔1〕 在当前我国劳动立法下，用短期劳动合同终止的方式代替不胜任工作的解雇，存在一个障碍或风险，即与《劳动合同法》第14条关于连续签订两次固定期限劳动合同后，应签订无固定期限劳动合同的问题。如何管理劳动合同的终止和续签，以及无固定期限合同的签订问题，成了这一替代方式能否有效运用的关键。如何处理劳动合同的终止和续签及无固定合同的签订问题，见下文分析。

3. 将不胜任工作解除转化为未提供劳动条件或未及时足额支付劳动报酬等“被动辞职”或“推定解雇”的方式。用工管理实践中，不胜任工作解除无论是实体依据还是程序要求都很高，需要满足三次举证，且要支付经济补偿金和代通知金。相比较而言，《劳动合同法》第 38 条规定的劳动者被动辞职或推定解雇情形，是基于用人单位的过错，劳动者需举证而单位无举证负担。就实际管理的角度而言，用人单位可以创设“没有及时足额支付劳动报酬”或“未按劳动合同约定提供劳动条件或劳动保护”等条件，并引导劳动者据此解除劳动合同，单位同时支付经济补偿金。

CHAPTER 07

第七章 劳动合同的变更管理实务与风险应对

关于劳动合同的变更,上文关于薪酬和绩效管理的相关分析中均有所涉及,但上文的分析只是为了探讨薪酬和绩效管理而做的辅助性分析,而劳动合同变更的相关理论和实务甚为庞杂,有必要设专章进行分析。劳动合同的变更管理实务,重点关注的是劳动合同变更的范畴、类型化处理以及不同类型变更的实务处理技巧及其法律风险防控。

第一节　劳动合同变更的范畴及其类型化

"合同必须严守"是合同法的基本法则,合同履行则是"合同必须严守"原则的基本内涵。合同签订后,在正常履行的状态下,合同权利义务终止,债权债务关系消灭。但市场经济条件下,合同签订后无法正常履行也实属常态,此时必然产生合同的变更制度。故从广义和宏观意义上看,凡是合同履行的非正常状态均可纳入合同变更的范畴。

关于劳动合同的变更,在我国《劳动法》第 17 条、第 26 条和《劳动合同法》第 33 ~ 35 条、第 40 条等基本劳动立法层面上均做了相应的规定。[1] 但现行劳动立法并未明确劳动合同变更的范畴及其类型化。劳动合同虽被“注入”劳动法的理念和基因,但也属于合同范畴,需遵循最基本的合同法原理。除了理念和宗旨不同之外,劳动合同与民商事合同最大的区别在于以下两点:一是劳动合同带有人身属性,合同的履行、变更及解除或终止需考虑其人身属性;二是劳动合同是继续性合同,必然伴随长期性和动态性的调整过程。

严格来说,劳动合同变更的范畴很广,包括一切与原劳动合同信息不一致的变化,或对现行存续的事实劳动关系相关权利义务的改变。不过需要说明的是,鉴于劳动关系人身性、继续性、动态性等特性和因素的影响,劳动合同必然处于动态的调整过程,劳动合同一般意义上的、经常性的、非实质性的变更是常态,往往是一个无须法律规定或当事人协商的事实履行的过程。故在此意义上说,劳动合同一般性的、常态性的、非实质性的变化尽管也属于劳动合同变更的范畴,但也可以作为劳动合同履行的范畴。本章探讨的劳动合同变更,是与劳动合同履行相对的概念,主要是劳动合同非正常履行状态下的、非常态化的、实质性的,且需要法律规定或劳资双方协商处理的劳动合同变更,并不包括这种一般性的、常态性的、非实质性的,处于事实履行状态的劳动合同变更。

基于实务管理的角度,结合劳动合同变更的范畴,笔者将劳动合同的变更作如下类型化处理。

一、劳动合同变更与劳动合同中止

关于劳动合同中止,目前劳动立法整体上处于缺失的状态。劳动合同中止是劳动合同的暂停履行,故从我国劳动合同中止制度本身来说,其既可以纳入劳动合同变更的范畴,也可以作为独立的制度体系与劳动合同的履行、劳动合同的解除、

---

〔1〕 参见《劳动法》第 17 条规定:“订立和变更劳动合同,应当遵循平等自愿、协商一致的原则,不得违反法律、行政法规的规定。劳动合同依法订立即具有法律约束力,当事人必须履行劳动合同规定的义务”;《劳动合同法》第 35 条第 1 款规定:“用人单位与劳动者协商一致,可以变更劳动合同约定的内容。变更劳动合同,应当采用书面形式。”另外,《劳动法》第 26 条以及《劳动合同法》第 40 条也作了基本相同的规定,即“劳动合同订立是所依据的客观情况发生重大变化,致使原劳动合同无法履行,经双方当事人协商,不能就变更劳动合同达成协议的,用人单位有权解除劳动合同”。

终止制度并列,甚至可以作为劳动合同履行的范畴来处理。

理论上,笔者更倾向于将劳动合同中止纳入劳动合同履行的范畴,与劳动合同的解除和终止相对。但实务中,笔者则倾向于将劳动合同中止制度作为广义的劳动合同变更范畴。一方面,是因为劳动合同中止是暂时停止履行,也是一种劳动合同的非正常履行状态,对劳资双方的权利义务产生了实质性的影响,可以作为劳动合同变更进行处理;另一方面,也是因为相关劳动立法、理论和实务界对劳动合同中止制度关注较少,尚无必要单独探讨劳动合同中止制度。关于劳动合同中止制度理解与实务处理,详见下文分析。

二、内容变更与主体变更

劳动法理论和实务界,对劳动合同的变更是岗位、工作地点、薪资待遇等劳动合同内容的调整和变化没有争议,但劳动合同的变更是否包括合同主体的变更,则存在不同的看法。根据合同法理论,合同主体的变更意味着合同权利义务的转让。但在劳动合同立法中,并未明确区分。故理论上可以将劳动合同的变更分为主体变更和内容变更,且可以进一步区分为广义的变更和狭义的变更,广义的变更包括内容变更和主体变更,而狭义的变更仅指合同内容的变更。

如果仅从合同的主体及其意志与内容的一致性角度来看,合同主体的变化必然意味着新的合同或法律关系的产生,正是在此意义上,劳动合同主体的变更一般被认为是超越了合同变更本身的范畴。不过,在劳动法和劳动用工管理领域,合同主体的变更比较常见,且合同主体变更并不必然体现为劳动关系的"切断"。根据《劳动合同法》第33条和第34条的规定,用人单位名称变更不影响劳动合同履行,用人单位合并或分立的,原劳动合同继续有效,由新用人单位继续履行。换言之,劳动合同主体的变更,很多情况下与原劳动合同的履行、劳动者工作年限的计算等因素无法做"切割"处理。实务中,特别是在集团企业关联用工和企业通过兼并、重组等方式进行战略和组织架构调整,涉及员工安置时一般会伴随劳动合同主体的变更。

如上所述,如从劳动关系的关联性角度看,劳动合同主体的变更包括两种情况:一种是伴随劳动关系的"切割"(有明确的离职和入职行为),即合同主体的变更,就意味着新的劳动关系的建立;另一种是无法做“切割”的,即虽然合同主体被动变化了,但劳动合同的履行及“工龄”的连续计算等问题均未明确,典型的如在集团公司及关联企业的关联用工模式下,用工主体的调整是否涉及劳动关系的“切割”有时难以判断。故对上述第二种意义上的变更,可以纳入劳动合同变更范畴,且更需要在用工管理实务中进行系统把握。

三、协商一致变更与合意变更

根据劳动合同变更是否基于劳资双方的意志,可以将劳动合同变更整体上区分为双方变更和单方变更。双方变更,是指基于合同双方的意志,而对劳动合同的内容进行变更。单方变更,则只体现合同一方的意志,鉴于用人单位具有用工自主权,单方变更主要体现的是用人单位的意志。

笔者将劳动合同的双方变更进一步区分为协商一致变更和合意变更。显然,协商一致变更是狭义的、典型意义上的双方变更,但其适用具有很大的局限性,按照《劳动合同法》第35条的规定,必须具备“协商一致”和“书面形式”两个法定条件。故在劳动用工管理实践中,应采用适用范围更广的“合意变更”,即只要是基于双方的合意,无论采取的是书面形式、口头形式,还是默认的方式,均可以实现劳动合同变更目的。笔者认为,在知识化和信息化的时代发展背景下,雇佣灵活化和工作弹性化是未来组织形态和劳动用工模式的发展趋势,劳动立法在劳动关系的调整和劳动合同的变更问题上,应允许采用口头形式和默示方式。故笔者建议用更广义的“合意变更”代替“协商一致变更”。

关于合意变更,实务中需要关注以下几个问题:

第一,口头形式的合意变更,具有不确定性,容易形成争议,需要辅以实际履行,以便准确判定是基于双方的合意。对此,《劳动争议司法解释(一)》规定了“事实履行”原则,实际上是对劳动立法的一个补充。笔者将其归纳为“口头变更加实际履行”。这是由劳动关系运行和管理的单向性、持续性和劳动合同履行的动态性决定的。用人单位对劳动者的指挥和管理需要通过各种书面或口头的方式通知,并不能代表劳动者均同意用人单位的意思,只有在辅以实际履行的行为,方能推定进而判定劳动者的“合意”。

第二,以沉默方式变更劳动合同,需慎重。按照《民法典》第 140 条的规定,只有在法律规定、当事人约定以及存在交易习惯的条件下,基于合同主体意思自治原则,可以沉默方式签订和变更合同。那么,用人单位能否在劳动合同中约定或在相关规章制度中规定,用人单位基于需要调整劳动者的岗位、薪资等劳动条件,发出变更通知后,劳动者没有按时提出异议的,则视为同意变更?笔者认为需要具体分析。原则上,用人单位是管理主体,劳动者是管理对象。劳动关系的人身性和从属性决定了用人单位具有天然的滥用用工管理权的动机倾向。因此,如果允许用人单位采用此种方式对劳动合同做出不利于劳动者的变更,对劳动者而言无异于"雪上加霜",应予禁止。当然,如果用人单位在基于正当目的和合理理由的条件下,运用此种方式对劳动合同做出对劳动者劳动权益没有实质性减损的变更时,出于对用工自主权和管理灵活性的考虑,应予允许。

第三,用人单位通过岗位协议、绩效目标责任书等方式与劳动者约定,在满足约定的相应条件时,用人单位将有权进行岗位或薪资的调整,此种变更是合意变更还是单方变更?笔者认为,尽管在实践管理和操作上,很多人将其纳入单方变更范畴,以免违反协商一致和书面形式变更的立法规定,但本质上依然属于合意变更范畴。因为协议的签订和履行均体现了合同主体双方的合意,即使是履行之前的约定而变更劳动合同相关内容,也属于合意变更。

四、依法变更与合理变更

劳动合同的单方变更,是指不考虑合同主体双方的合意,直接依据法律的规定或单方的意志,即可变更劳动合同的内容或劳动条件。单方变更又分为用人单位依法变更和合理变更两种。依法变更是指用人单位基于法律的规定而单方实施的变更,典型的如《劳动合同法》第 40 条的规定,[1]还包括一些特殊情形下的岗位调整,如"三期"女职工从事禁忌劳动时,需要依法调整岗位等。合理变更是指用人单

---

〔1〕《劳动合同法》第 40 条规定的三项是典型的依法变更类型,但该条是关于劳动合同解除的类型之一,即非过错性解雇。故在此意义上而言,依法变更也属于变更解雇的条件和程序之一,或者说变更只是为了满足劳动合同解除的程序和条件。

位基于生产、经营和管理的变化和调整，需要变更劳动合同时，可以对劳动合同的内容做出合理变更。显然，合理变更是一种统称，包括多种情形下的合理变更。

劳动合同合理变更的法理基础在于，劳动关系运行和管理的特殊性，尤其是其人身性、持续性和动态性的特征或品性，决定了不断的、适时的调整和变更才是劳动关系真实的运行状态。虽然劳动立法强调协商一致变更，但不能据此否认合理变更的合法性和必要性。鉴于劳动合同依法变更类型的法定性和明确性，依法变更在实践中容易操作，但合理变更并无明确的立法规定，在管理实务中具有很大的实操空间，自然也蕴含了更多的法律风险。

基于法定的单方变更，主要体现在"变更解雇"制度体系和特殊群体的用工管理中。根据《劳动合同法》第 40 条的规定，医疗期满调岗、不胜任工作调岗及情势变更条件下的劳动合同变更等均属于法律直接规定的用人单位基于用工自主权的单方变更。只有在经用人单位单方变更后，仍不符合用人单位用人条件的，方可解除劳动合同。在劳动法实务中，这一制度体系被称为"变更解雇"。事实上，学界所称的"变更解雇"制度，是指解雇的程序和条件的设置，其实是对劳动合同变更制度和解雇制度之间逻辑关联性的一种概括，并非一个严谨的、精准的法律概念。当纳入变更制度体系时，变更解雇可以作为一种劳动合同变更的种类；当归入解雇制度体系时，其又可以作为解雇的程序性条件或制度。故就实务而言，对《劳动合同法》第 40 条的运用，可以进行拆分并归入不同的处理路径：当需要做劳动合同变更处理时，可据此进行用人单位单方依法变更；当需要做解雇处理时，则可以作为解雇的程序和条件。〔1〕

合理变更是基于用人单位生产经营管理的需要，而变更劳动合同的内容，是用人单位经营管理和用工自主权的体现。笔者认为，合理变更与用人单位的企业文化、经营战略、管理理念及具体的制度设置等均有密切关系，具有极大的制度适用

---

〔1〕 以《劳动合同法》第 40 条第 3 项"情势变更解雇"的理解和运用为例，客观情况发生重大变化导致劳动合同无法履行时，双方经协商未就劳动合同的变更达成一致的，用人单位可以解除劳动合同。显然，用人单位只要就劳动合同变更协商即可，无须协商一致，更无须劳动者同意。故在实操层面上，重要的是要有协商的行为，至于协商一致与否无须关注。事实上，究竟能不能协商一致，或者说劳动者会不会同意，完全取决于用人单位。

空间,应该成为劳动合同变更的主要方式。就应然意义而言,合理变更契合了持续性、人身性、动态性等劳动关系运行和劳动合同履行的本质特性,理应成为劳动合同变更的主要方式。从实务的角度观察,合理变更是对用人单位用工管理能力的考验,具体而言,就是管理程序、表单及协议文本的使用及其证据的固定,从而确保用人单位根据需要适时变更劳动合同。

第二节　劳动合同中止的实务处理

关于劳动合同中止制度,目前劳动立法、理论和实务界关注较少,但在劳动立法日臻完善,用工管理更趋灵活规范的时代背景下,理应善用劳动合同中止制度。本节结合劳动合同变更制度,探讨劳动合同中止的实务处理。

一、劳动合同中止的界定

劳动合同中止是指基于法定和约定的情形或条件,劳动合同暂停履行,待法定或约定的条件消失,劳动合同恢复履行状态。[1] 具体言之,劳动合同的中止,是指劳动合同签订并生效后,在履行过程中,经用人单位与劳动者协商一致,或由于不可抗力等特殊情形导致劳动合同暂时不能履行的,暂时停止劳动合同的履行。中止履行的情形消失后,劳动合同除因客观情况无法继续履行而依法解除或终止的之外,应当恢复履行。可见,劳动合同中止有两个显著特点:其一,劳动合同中止,但劳动关系存续,与劳动合同的解除和终止有本质区别;其二,劳动合同中止,只是劳资双方权利义务的暂时停止履行,法定或约定情形消失后劳动合同恢复履行状态。

劳动合同中止是具有多重功能和价值的制度体系,既能实现用人单位基于各

---

〔1〕 最早对劳动合同中止制度进行规定是《关于贯彻执行〈中华人民共和国劳动法〉若干问题的意见》(劳部发〔1995〕309 号),该意见规定,劳动者被依法限制人身自由的,不能提供劳动的,劳动合同可以暂时停止履行。

种原因无法继续履行劳动合同,需要灵活处理用工的功能,又能满足劳动者需要保留劳动关系(保留社保关系)的诉求,避免直接裁员的冲突和矛盾。同时,对劳资双方来说,劳动合同中止制度是一个缓冲和过渡阶段,即使用人单位未来面临破产或关闭,在中止履行的期间也可以最大限度地消减劳资矛盾。

在我国当前的劳动立法和用工管理实践中,劳动合同中止制度的运用尤为必要。特别是在出现各种客观情势变更导致无法继续履行劳动合同,但解除或终止合同又不符合双方当事人的主观愿望或有违法律规定,此时若中止劳动合同的履行,不仅可以缓解劳资双方的尴尬局面,还能为彼此留有后路,满足双方的心理预期,从而更有利于劳动关系的和谐。

二、劳动合同中止的情形

根据《关于贯彻执行〈中华人民共和国劳动法〉若干问题的意见》[1]和《上海市劳动合同条例》[2]等地方立法规定,劳动合同的中止情形可分为法定中止和约定中止两种。

(一)劳动合同的法定中止

一般而言,用人单位或劳动者在出现以下法律规定的情形时,可以依法中止劳动合同:

1. 劳动合同因不可抗力暂时不能履行的,用人单位或劳动者可以根据不可抗力的影响情况而中止劳动合同。一般情形下,如遇客观情势变更或不可抗力,导致劳动合同无法履行的,依法可以中止劳动合同。不过,因新冠肺炎疫情防控,是否属于不可抗力?能否适用于劳动合同中止等劳动用工领域中?目前,相关劳动立

〔1〕《关于贯彻执行〈中华人民共和国劳动法〉若干问题的意见》第28条规定:"劳动者涉嫌违法犯罪被有关机关收容审查、拘留或逮捕的,用人单位在劳动者被限制人身自由期间,可与其暂时停止劳动合同的履行。"

〔2〕《上海市劳动合同条例》第26条规定:"劳动合同期限内,有下列情形之一的,劳动合同中止履行:(一)劳动者应征入伍或履行国家规定的其他义务的;(二)劳动者暂时无法履行劳动合同的义务,但仍有继续履行条件和可能的;(三)法律、法规规定的或者劳动合同约定的其他情形。劳动合同中止情形消失的,劳动合同继续履行,但法律、法规另有规定的除外。"

法和政策倾向于认为新冠肺炎防控属于不可抗力,但用人单位不能主动中止劳动合同的履行。[1] 此种情形下,笔者建议,通过协商约定劳动合同中止,或变更劳动合同的方式处理。

2. 劳动者应征入伍或者履行国家规定的其他法定义务的,劳动合同应当中止。[2]

3. 劳动者涉嫌违法犯罪被限制人身自由的,用人单位可以中止劳动合同。

4. 因用人单位的原因,导致不能提供相应的劳动条件,劳动者不能给付劳动的。

5. 劳动者失踪但是尚未被人民法院宣告失踪、宣告死亡的,劳动合同可以中止。

6. 法律、法规规定的其他情形。

劳动合同的法定中止是指劳动合同中止的法定情形,但并不意味着该法定情形出现后劳动合同应该中止或必须中止。笔者罗列的上述法定情形,具体又可分为两种情况,一是在部分特殊情形下,劳动合同必须中止,如不可抗力、入伍、升学等,不可归责于双方当事人,导致劳动合同不能持续履行的;二是虽然出现法定中止情形,但一方当事人可以提出抗辩,中止劳动合同,也可以放弃抗辩权,不中止劳动合同。

(二)劳动合同的约定中止

用人单位与劳动者遵循合法、自愿、诚信、协商一致的原则,可约定劳动合同中止,此为双方对自己权利的处分,法律对此应予尊重并鼓励。此处需要说明的是,劳资双方约定劳动合同中止,不同于约定劳动合同终止条件。劳动立法禁止约定劳动合同终止的条件,更多是体现了劳动法公法因素的介入或基准法的干预,但劳动合同中止,是一种灵活用工方式,释放了劳动合同的自治空间,且未侵害劳动者

---

〔1〕 人力资源和社会保障部、最高人民法院等七部门《关于妥善处置涉疫情劳动关系有关问题的意见》(人社部发〔2020〕17号)规定:"受疫情影响导致原劳动合同确实无履行的,不得采取暂时停止履行劳动合同的做法,企业和劳动者协商一致,可以依法变更劳动合同。"另外,人力资源和社会保障部、最高人民法院《关于联合发布第一批劳动人事争议典型案例的通知》中所公布的典型案例也进行了相同的处理。

〔2〕 根据我国《兵役法》的规定,劳动者在入伍前是用人单位职工的,劳动关系在服役期间保留,退役后可以复工复职。

权益,或对劳动者权益造成实质性减损,故立法应予提倡和鼓励。因此,无论是立法禁止约定劳动合同终止条件,还是提倡和鼓励约定劳动合同中止,均契合了劳动法理,并体现了对劳动法理念的尊重。

一般而言,具有以下情形之一的,用人单位与劳动者双方可以协商中止劳动合同:

1. 劳动者因私人原因需请长假的,经与用人单位协商同意,可以中止劳动合同。

2. 劳动者因入学或需要脱产接受继续教育培训的,经与用人单位协商同意,可以中止劳动合同。

3. 劳动者经用人单位同意停薪留职的,可以中止劳动合同履行。

4. 用人单位与劳动者协商中止劳动合同的其他情形。

此处值得一提的是,约定中止强调的则是劳动合同因暂时无法履行而中止,双方当事人的权利义务在此期间处于"封存"或"冻结"状态。故在实务操作中,劳资双方可以就工资、社会保险及住房公积金等问题进行充分约定,如可以约定社会保险在劳动合同中止履行期间暂停缴纳;关于劳动者工作年限的计算问题,可以约定劳动者的工作年限在中止期间停止连续累计计算。这就为在劳动用工管理实践中,如何充分运用劳动合同中止制度提供了实操空间。

三、劳动合同中止的实操方案

劳动用工管理实务中,如何运用劳动合同中止制度,可以从流程设计和具体方案两个角度观察。

(一)劳动合同中止适用的"三步走"

第一步:收集和固定劳动合同中止的理由和依据。当出现不可抗力或其他客观情况发生重大变化时,用人单位应收集相应的资料,用以证明劳动合同无法继续履行。

第二步:主动与劳动者沟通和协商。劳动合同履行过程中,当出现不可抗力或客观情势变更,致使劳动合同应依法中止的情形时,用人单位是否应与劳动者协商一致?现行劳动立法对此并未明确。按照《劳动合同法》第 40 条第 3 项关于劳动合同客观情势变更解雇的规定,此种解除劳动合同的方式是用人单位的单方解雇行为,其前置的劳动合同变更只是程序要求,无须协商一致。《劳动合同法》第 41 条经济性裁员更是无须协商一致。但劳动合同中止不同于解除,无论是从管理的角度还是从法律的角度,用人单位应主动与劳动者进行沟通和协商。

第三步:经沟通协商,达成一致的,签订相关协议;如不能协商一致的,按停工、待工处理。在无法沟通和协商的情形下,用人单位能否直接向劳动者通知或宣告劳动合同中止的方案?从法律风险管控的角度来看,不宜直接宣告,因为当前劳动争议处理实务部门的普遍认知和观点是劳动合同中止需要劳资双方协商一致。那么,此种情况下用人单位就只能转变思路,将劳动合同中止转换为停工、待工(待岗)处理,因为《工资支付暂行规定》中对停产、待工的处理有明确规定。停产、停工导致的待工或待岗问题,实际上属于用人单位岗位管理范畴,但因为实务中待岗问题集中体现了劳动合同中止的主要问题,故可以并入劳动合同中止范畴进行实务探讨。[1]

(二)劳动合同中止的两种具体方案

第一,劳动合同全部中止。所谓劳动合同全部中止,是指劳资双方的相关权利义务全部暂停,处于实际"封存"或"冻结"的状态。这种状态下的终止,除了双方的劳动关系保留之外,其他的如工资支付、社保公积金的缴纳、工作年限等各种事项均处于停止状态。

---

〔1〕 非因劳动者原因造成用人单位停工、停产,用人单位可以安排劳动者待岗。因此,因用人单位的原因和不抗抗力等客观原因导致停产、停工的,均可以安排待岗。比如,基于新冠肺炎疫情防控需要,企业不能生产和经营,是因为不可抗力因素导致,企业完全可以安排待岗处理。不过,实务中需注意几个问题:第一,疫情防控期间,用人单位如何协调待岗与居家办公、轮岗轮休、缩短工时、调休等操作的关系?必须要明确的是,待岗与其他操作的不同,待岗是暂时停止劳动合同的履行,而其他操作方式并非停止工作,只是灵活工作。实务处理中不能混淆,且一般是优先采取灵活工作方式,无法采取灵活工作的,完全停产、停工的条件下才可以安排待岗。第二,抗击疫情期间,用人单位安排待岗,是否需要经与劳动者协商一致?答案是不需要,因为此时是基于客观情势依法作出的待岗安排。第三,安排劳动者待岗的,劳动者能否根据《劳动合同法》第 38 条的规定,以用人单位未提供劳动条件为由,提出解除劳动合同,并要求支付经济补偿金?答案是劳动者的主张不应获得支持。因为《劳动合同法》第 38 条的立法本意是因用人单位的过错,造成没有提供相应的劳动条件,疫情防控期间安排待岗,是用人单位迫于无奈而为之,并不符合立法本意。

第二,劳动合同部分中止。劳动合同部分中止,是指劳资双方部分权利义务暂停。具体方案可以根据劳资双方的博弈,就工资(生活费)支付、社保公积金的缴纳、工作岗位的保留、工作年限的计算等与劳资双方利益密切相关的事项之间进行组合和配置。比如,劳动者放弃工资,但单位需支付生活费,并缴纳社保和公积金,保留工作岗位;劳动者放弃工资和生活费,并缴纳社保和公积金个人承担的部分,不保留工作岗位,工作年限不连续计算等。当然,工作年限的计算有法律规定,需不违反法律规定。比如,用人单位因不可抗力、劳动者因应征入伍或者履行国家规定的其他法定义务而中止履行劳动合同的,劳动者在用人单位的工作年限应当连续计算。

可见,劳动合同约定中止,关键是双方的博弈和合意,只要是基于双方真实的意思,且不违反劳动立法强制性规定,即可约定。事实上,劳动合同中止制度,不仅是用人单位在生产经营困难或停产、停业时的常见处理方式,在对工伤、医疗期、“三期”等特殊员工的管理中,也是一项优化的管理措施。故笔者建议,在用工管理实践中,用人单位与劳动者可以在劳动合同中约定各种可能的中止条件或情形,在中止情形和条件发生时,再另行书面细化约定。

另外,劳动合同中止实务管理中的一个重要问题是劳动合同中止结束后如何处理?原则上自然是恢复履行原劳动合同,但还可能会涉及另一种情形,即客观上不能恢复履行,或劳动者不愿意恢复履行的,此时如何处理?具体应对方法有两种:第一,在劳动合同中止协议中约定此种情况的处理意见,如中止情形消失时,劳动者不返岗上班,视为拒绝恢复履行劳动合同,用人单位可以据此解除劳动合同;第二,根据具体情形,积极协商变更劳动合同,以适用客观情况发生重大变化,权衡双方的利益。如果双方未能就变更劳动合同内容达成协议,用人单位则有权依法解除劳动合同。

第三节　岗位的变更管理实务

岗位的变更管理,即通常所指的岗位调整或调岗,事实上主要体现为岗位或职位的降低。岗位调整意味着劳动者工作内容的变更,是用人单位基本的用工管理权限,也涉及劳动者最基本的劳动权利和义务问题。同时,岗位调整在用人单位用工管理架构或体系中具有一定基础性,岗位调整的合法性和合理性决定了薪资调整的合法性和公平性。就调岗管理实务而言,可重点关注以下几个问题。

一、调岗的范畴及其类型化

实践中,调岗虽然是普遍的用工管理行为,但调岗在企业人力资源管理实务中具体是指哪些行为方式、涵盖哪些类型却并不明确。关于调岗的范畴,一般认为我国劳动立法所指是狭义上的调岗,仅指单位内部工作岗位调整或工作职责、工作内容的变动。可见,调岗与岗位、职位、工作内容、工作职责等相关概念体系存在一定关联性。有必要基于实务的角度进行界分和类型化处理。

关于调岗概念或范畴的界定,需注意:第一,鉴于岗位和职位两个概念的交叉性和关联性,不作具体细分,调岗可以涵盖职位的变动;[1]第二,调岗是用人单位内部的劳动者工作内容的变更,具有一定的边界性,原则上不得超越用人单位管理的范畴;[2]第三,调岗不包括工作地点的变动,虽然有时候调岗伴随工作地点的变动,但两者在概念和实际管理中应予区分。

关于调岗的具体类型,可结合我国劳动立法和用工管理实践,从以下四个视角进行观察:

第一,平级的岗位调整和不平级的岗位调整。所谓平级的和不平级岗位调整,是一种通俗的表述,并不精准。平级的岗位调整是指不涉及劳动者职务的升降,仅仅是指工作内容的变动,通常也不涉及待遇的调整。不平级的岗位调整,通常表现为职务的下降,及工作内容的变动,同时伴随薪资的下调。

---

〔1〕 一般来说,职位是从企业组织内部不同的职级体系而言的,侧重于企业组织架构的考量,而岗位则是从具体工作内容或工作职责而言的。故两者在外延上具有交叉性,实务处理中两者有时均是指工作内容和工作职责。故笔者建议用调岗代替调职,即调岗可以涵盖调职。

〔2〕 调岗是用人单位内部的用工管理自主权的体现,原则上应限于用人单位内部的范围。故实务中,关联企业之间的"借调"或"外调",突破了企业的管理边界,实质上并不属于调岗的范畴。"借调"是极具我国用工管理特色的用工制度,其本身属于劳动合同的履行问题,且已具有较为完备的制度架构。当然,实践中,也可以将"借调"视为调岗,纳入广义的调岗范畴。

第二,合意调岗。合意调岗是指基于用人单位和劳动者的合意而调整工作岗位。合意调岗包括协商一致调岗和事实履行调岗及事先约定调岗三种,其中,协商一致调岗是基于《劳动合同法》第35条的规定,“协商一致”和“书面形式”是其两大构成要件;事实履行调岗,是指劳资双方就调岗问题口头协商,或虽然并未完全达成一致,但劳动者已通过实际履行的方式予以默认,其法律依据是《劳动争议司法解释(一)》第43条。[1] 事先约定的调岗,是指劳资双方通过劳动合同、岗位协议等协议文本事先约定调岗的条件,待条件成熟时按约定调岗。

第三,单方调岗。单方调岗是指用人单位根据法律规定或其生产经营管理需要,基于其意志,单方调整劳动者的岗位。显然,单方调岗涉及劳动者权益的保护及用人单位管理权的合理使用问题,更容易引发争议,故一直是实务界关注的重点。单方调岗大致包括两大类:一类是法定的调岗,如《劳动合同法》第40条规定的调岗,以及劳动立法针对特殊群体的保护而设置的调岗制度,如“三期”女职工需调整禁忌劳动的岗位等;另一类是合理性调岗,即单位根据基于正当的理由和合理的需要而调岗。

第四,轮岗。所谓轮岗,有时又称轮岗论调,是指单位根据行业经营管理的特殊性,需要定期对员工在相关岗位中进行轮流调整。严格来说,轮岗并非一个调岗类型,且在用工管理实践中,轮岗与偶发的、不定期的调岗的处理方式及其后果有不同之处。用人单位要求轮岗,一般是基于其所在行业经营管理的特殊性需要,如银行、保险公司等存在多家柜台或门店的相关岗位,主要为了提升员工的综合素质和方便单位的管理,一般会设置相应的制度体系。故而用人单位处理起来,风险会更小。

二、合意调岗的重点——岗位协议的设计和履行

如上所述,合意调岗在实践中至少包括协商一致调岗、事实履行调岗及事先约定的调岗三种方式。其中,协商一致调岗和事实履行调岗仅有明确的法律依据,其

---

[1] 值得一提的是,与《最高人民法院关于审理劳动争议适用法律若干问题的解释(四)》第11条相比,《劳动争议司法解释(一)》第43条的规定更强调了“协商一致”这一前提,只是未采用书面形式。

实务处理相对简单且不易引起争议。事先约定调岗并无明确的法律依据,具有很大的实操空间,有必要在此重点探讨。事先约定调岗的主要操作模式就是劳资双方事先通过各种协议文本约定调岗的条件,并依约履行调岗。故事先约定调岗的实务处理重点就在于如何设计岗位协议。实务中,需关注以下几点:

1. 岗位协议的形式可以多元化,既可以在劳动合同中约定岗位协议条款,也可以单独约定岗位协议,但必须是事先约定,以体现劳资双方的合意。事先约定调岗尊重双方的意思自治,也不违背《劳动合同法》的立法理念和精神。毕竟,调岗是用人单位用工自主权,只要用人单位不滥用权利侵害劳动者的权利即可,故不同于约定终止或解除劳动合同的条件。

2. 岗位协议内容的设计应具体、明确,且突出重点。岗位管理是用人单位用工管理权的重要组成部分,其中,岗位协议一般针对的是重点岗位或核心岗位。笔者根据实务经验,总结如下常见岗位协议中应予载明的条款:

第一,职位规范和岗位职责描述需清晰明确。在"人岗匹配"的人力资源管理的基础和前提下,职位规范和岗位职责的明确表述,是任何岗位协议的核心和关键条款,也是岗位协议签订和履行的基础。

第二,岗位期限的明确约定。特别是要明确约定,岗位考核以及考核结果的运用也包含在岗位期限内,以避免在岗位期限届满后,进行调岗处理时引发争议。

第三,岗位绩效、业绩等考核对象、考核方式、考核主体等事项的明确约定。考核指标的设计应体现"重点性""关键性""量化"等特征,特别是要注意设计一些容易量化考核的关键考核指标。

第四,考核结果的确认与考核结果的运用需明确。考核结果的确认,应避免用人单位"自说自话",无法获取劳动者的认可。考核结果的运用,应充分体现岗位、绩效、薪酬等方面的联动管理,做到"有理有据",避免在作出调岗、培训、降薪等处理时引发争议。[1]

---

[1] 有观点认为,用人单位通过岗位协议的履行或绩效考核,在员工不胜任岗位工作时,通过在单位内部重新竞聘上岗,当原劳动者没有竞聘上原岗位时,可予以调岗或培训的做法不合法。其理由是违反了劳动合同变更协商一致的立法要求。事实上,笔者认为这一做法平衡了单位的用工自主权和劳动者的权利,符合劳动立法的理念、精神和规定。

第五,将岗位协议的签订和履行与劳动合同的管理进行区分,一方面实现了无固定期限劳动合同与用人单位用工自主权的平衡,另一方面也避免了将岗位协议的终止变成劳动合同的解除或终止。

三、合理调岗的实务处理——调岗理由和调岗通知

合理调岗是相对于法定调岗和合意调岗而言的,并非一种调岗行为,而应是一类调岗行为。换言之,凡是用人单位基于自身生产经营管理需要,就可以调整员工的工作岗位。但前提是用人单位不得滥用调岗权,侵害劳动者的权利。实务中,合理调岗的操作应重点关注两方面:一是调岗理由的确认;二是调岗通知的设计和送达。分析如下:

除了法定和合意的调岗之外,单位为何要合理调岗?即从用工管理的角度来看,调整员工的工作岗位是劳动合同履行中关涉劳动者切身利益的重大事项的调整,用人单位必须做到"有理有据"。何为正当的合理的需要?需要用人单位"自圆其说"。从用人单位经营管理的角度看,正当的、合理的调岗需要,无非两方面:第一,因用人单位经营战略的调整,从而其组织架构也需要进行相应的调整,进而导致岗位的变动;第二,用人单位基于绩效提升、人才培养、职业发展通道等考量,而做出的岗位调整。

从举证的角度看,用人单位应举证证明其单方调岗的正当性和合理性。笔者认为以下事项需要关注:

第一,能载明需要调整部分岗位或涉及岗位变动的股东会或董事会的决议,并辅之以市场环境及财务数据等方面的变化,往往是能证明因客观原因导致岗位需要变动的直接证据。

第二,根据我国当前用工管理实践,合理调岗还需要注意以下三点:一是调岗前后岗位性质和岗位职责的关联性;二是调岗前后,劳动者权益未受到实质性减损;三是调岗不具有侮辱性和惩罚性。

第三,就实操的角度而言,合理调岗也可以设置事先约定条款和协商程序,以降低争议的概率和用工管理成本。合理调岗需要用人单位证明调岗的正当性和合理性,无疑增加了管理的成本和风险,因而可以在劳动合同中事先约定合理调岗的

条款,在符合合理调岗的条件时,用人单位再与劳动者协商,此时劳动者同意调岗则不在话下,即使不同意调岗也可以直接进行合理调岗。如此操作看似增加了管理环节,但合理调岗成本更低,且调岗结果和风险可控。

用人单位能“自圆其说”其合理调岗的正当性和合理性,具体如何操作也很重要,主要体现为调岗通知如何设计。笔者认为,合理调岗的书面通知主要应载明四点意思:第一,调岗理由的表述,让员工知悉为何要调岗;第二,原岗位工作交接[1]和新岗位报到的时间和要求;第三,不去新岗位报到的法律后果和责任,其中不去新岗位报到可以细化为拒绝去新岗位报到和仍在原岗位打卡上班等情形;第四,告知劳动者不服调岗的维权渠道或方式,如限期向单位相关部门提出书面异议,或进一步的申诉渠道。

实践中,还有一类问题需要正确认识和处理,即单位调岗如果不合理,劳动者能否拒绝先到岗?劳动者不到岗的,是否认定为旷工?对于这类问题,实践中大致存在两种观点:一是劳动者可以拒绝到岗,因为调岗不具有合理性,即调岗的前提条件不具备;二是劳动者不可以拒绝先到岗,否则,可以认定为旷工。笔者认为,原则上应按第二种观点和思路操作,因为调岗是否合理、合规,在用人单位通知劳动者调岗的时候,仅是劳动者的个人主观判断,但对于用人单位来说,就是其经营和用工管理自主权的体现,劳动者需服从管理。如果劳动者认为单位调岗不合理,可以在到岗后通过内部交涉或申诉、外部投诉、提起劳动仲裁等方式进行维权。这是法律赋予劳动者的权利,但如果直接拒绝甚至连续多日不到岗,则性质就变了,实质就是一种扰乱单位管理秩序的违规行为。

不过,值得注意的另一个问题是,实践中有劳动者不服从单位的调岗安排,虽然不到新岗位报到,但依然会在原岗位工作,即使原岗位已经有其他员工接手,或原岗位没有具体的工作内容。如何处理?能认定为旷工吗?笔者认为,显然不能轻易按旷工处理。这其实涉及对旷工的具体理解问题,未请假而缺勤固然属于旷

---

〔1〕 从严格和规范意义上来说,岗位调整也需要进行工作交接,这是用人单位岗位管理的需要,但不同于离职的工作交接。故岗位调整时,如果需要工作交接,需要注意不能和离职的工作交接相混淆,以免引起不必要的争议。

工，一种典型意义上的旷工，但还有一种非典型意义上的旷工，即虽然到勤或到岗，但不工作的。可见，如果单位的规章制度中有相应的具体界定，就可以按旷工处理，否则风险很大。笔者建议，在单位规章制度没有对旷工进行类型化的具体界定时，可以通过书面通知，告知劳动者坚持在原岗位上班的性质及其法律后果，再行具体处理。

第四节　工作地点调整实务

工作内容和工作地点是劳动合同的必备条款之一。调整工作岗位和调整工作地点也是劳动合同履行过程中，基于实践需要而变更的主要内容。两者具有一定的交叉性和关联性，即调整工作岗位可能伴随工作地点的调整，而工作地点的调整，可能也会同时调整其工作岗位，但多数情况下调岗和调整工作地点是独立的，可以分开讨论两者的实务管理。本节就从实操的角度，就用人单位如何合法、合理地调整工作地点，提出以下方案或步骤。

一、工作地点调整的类型化

众所周知，工作地点关乎劳动者的切身利益，是劳动合同的重要组成部分。在工作地点管理实务中，如何对其进行调整或变更，容易出现争议。整体上看，工作地点的调整和变更属于劳动合同变更的范畴，与工作岗位的调整一样，劳动合同变更的相关法理及立法规定可适用于工作地点的调整。但具体来看，工作地点的调整又与岗位调整的实务处理有所不同。如关于岗位调整的分类，就与工作地点的调整不同，岗位调整可以大致分为合意调整（双方变更）和依法调整（单方变更），但关于工作地点的调整，劳动立法并未区分合意和依法两种方式。如《劳动合同法》第 40 条关于岗位的依法调整，并未涉及工作地点的调整，只是在该条第 3 项关于“客观情势变更解雇”中规定，可以通过立法目的和体系解释，推定应包含工作地点的变更。据此，基于实务的角度，笔者将工作地点的变更作出如下分类：

第一，独立变更与附带变更。独立变更工作地点，是指劳资双方在劳动合同履行过程中,单独就工作地点进行变更,或关于工作地点的变更是劳资双方关注的主要问题;附带变更,则是指工作地点的变更被附属于工作岗位的调整和变更,即以工作岗位调整为主,包含并顺带解决了工作地点的调整问题。工作地点附带性的变更,常见于用工管理实践,但不是本书此处关注的重点。

第二,可预期性变更和突发性的变更。这是对独立变更工作地点的进一步分类,可预期性的工作地点变更,是指针对部分特殊行业和特殊岗位,其工作性质也比较特殊,根据用人单位的生产经营需要,工作地点也需要定期或不定期的调整。如生产经营范围广涉外地的用人单位和相关外勤销售岗位及高管,员工工作地点的调整是常态化的,劳资双方对工作地点的调整应具有充分的预期和心理准备。突发性的变更,是指针对大部分工作地点相对固定的岗位,如各种管理岗位,因单位生产经营管理的需要,而调整工作地点,劳动者和用人单位对工作地点的变更是突发性的和不可预期的。

第三,形式意义上的变更和实质意义上的变更。所谓形式意义上的变更,是指工作地点虽然做了一定的调整,但对劳动合同的履行,特别是劳动者的劳动权利未造成实质性影响的变更。相反,实质意义上的变更,则是指工作地点的变动严重影响了劳动合同的履行,也对劳动者劳动权造成实质性的影响。这一分类,实际上廓清了实务中对工作地点变更处理中常见的形式主义和教条主义的一些误区。比如,任何工作地点的变更,是否都需要劳动者同意并经书面确认或协商一致?显然需要做具体区分,不能机械式地理解或教条式地把握。

总之,工作地点的变更既要考虑劳动立法的目标、宗旨和原则,也要考虑人力资源管理实践,不能顾此失彼。劳动立法介入,就需要考察劳动权的保护和防止用工管理权的滥用等因素;而人力资源管理或用工管理实践的考量,则需要权衡人性化管理和企业绩效提升两大管理目标。

二、工作地点的可预期变更

如上所述,对可预期性的工作地点变更,重在事前管理。企业管理,特别是在企业的人力资源管理体系中,核心在于沟通。故关于工作地点的调整问题,用人单位至少应做到两点:第一,基于工作地点调整的需要和频度,将工作岗位进行大致的划分，并将需要经常调整工作地点的岗位列出，称为可预期的工作地点变更；第二，针对可预期的工作地点变更，应将工作地点调整的相关管理和沟通的环节提前至招聘、录用和入职阶段。具体来说，应把好以下三个关键环节：

第一，管理前置。即在招聘或录用条件中，必须渗透或明确告知拟应聘的劳动者，在后续的工作过程中，工作地点会根据单位需要调整，这是录用该员工的条件之一，如果劳动者不同意，则不予录用。笔者认为，这是获取劳动者同意工作地点调整这一明确意思表示的最佳途径。劳资双方在一定程度上已达成心理契约，在后续的管理中也不容易出现争议。

第二，制度先行。即在相关规章制度中对部分需要经常调整工作地点的岗位的具体管理制度进行规定。如规章制度规定："公司作为生产和销售企业，与销售有关的岗位流动性较强，工作地点具有不确定性，公司可以根据工作需要安排、调整销售岗位员工的工作地点，该项调整不属于劳动合同的变更，员工应服从公司安排；员工不服从单位正常工作调动的，连续旷工超过 5 天或一年内累计旷工超过 15 天的，均属于严重违反规章制度，公司可解除劳动合同。"

第三，约定优先。针对可预期性的工作地点变更，尽管有招聘录用入职报到环节的渗透和告知，也有相关规章制度的明确规定，但最好还要有劳动合同的进一步约定。比如，劳动合同可以作如下约定："双方确认，乙方的工作岗位属于甲方定期或不定调岗、轮岗的岗位序列。乙方的工作点暂定××市，乙方的工作地点也会根据甲方的生产经营需要而经常性的调整。乙方对此已知悉，并愿意遵照履行。"

三、工作地点的突发性变更

工作地点的突发性变更，是指针对工作地点、工作职责及范围相对固定调的工作岗位，为适应用人单位遭遇生产经营管理的变化，而需要做出相应的调整。工作地点的突发性变更属于劳动合同的实际履行行为，从劳动用工管理的角度来看，实为劳动关系运行和管理之常态，单位确需相应的实操处理模式。工作地点突发性变更的处理整体上需围绕合理性原则展开，无论是用人单位主观上基于生产经营的需要还是客观因素导致的工作地点变更，均需体现合理性。基于实操的思路，笔者将此分解为以下三步：

第一,事先约定。前已论及,在处理可预期性的工作地点变更时,需要明确地约定,以达视工作地点变更为履行合同约定而非变更合同的法律效果。此处的突发性或临时性变更为何也需要事先约定?笔者认为,就管理的人性化和规范化而言,需要事先作原则性的约定。实践中,大部分用人单位的劳动合同都有类似的条款,如:"甲方基于生产经营需要,可以调整乙方的工作岗位及工作地点。"这一约定本身并无效力问题,只是部分单位进而约定:"乙方必须服从,否则,甲方有权解除劳动合同"等类似的条款,因涉嫌排权免责而无效,从而导致实务界观点及实操思路不一致。事实上,事先对工作地点的突发性变更作出原则性的约定,其主要目的在于方便后续的沟通和处理。

具体而言,一般可以做如下约定:"乙方的工作地点为××市××区,〔1〕甲方基于生产、经营及管理需要,可以合理调整乙方的工作地点。乙方接到甲方调整通知后,可以向甲方提出书面异议,但同时也应至新的工作地点工作。乙方不提或未按要求提出书面异议,视为同意甲方的安排。乙方不服从调动,不去新的工作地点工作或依然在原工作地点工作的,视为旷工。"

第二,提前协商、沟通,并做好相应的补救措施。合理性调整工作地点,须注重协商和沟通。提前与员工沟通:一是因事先有约定,按约定理应与员工沟通;二是人性化管理的需要,也是保护劳动者权益和尊重劳动者的需要。实践中,很多用人单位工作地点的调整,具有充分的理由,但在具体操作过程中,因缺少与员工的沟通和协商,以及相应的补救措施,最终处于被动局面。因此,笔者总结即使是基于合理性的调整,也应在事先约定的基础上进一步地协商和沟通。如果员工同意,则无疑会降低冲突的概率;如果员工不同意,则继续按合理性原则处理,无须员工同意,也可以进行工作地点的调整。

---

〔1〕 关于工作地点的约定范围需要注意不宜过大、过宽,如约定"中国"或"国内",也不宜过小,如约定到办公楼甚至具体楼层。前者容易被认定为工作地点约定不明,工作地点未约定或约定不明,劳动者对此就丧失了预见性,司法实践中一般按协商变更处理;后者容易引起工作地点调整方面的争议。还有一个值得关注的问题是,很多单位在约定工作地点时,将所有可能涉及的地点都约定在劳动合同中,覆盖范围很广,是否有效?笔者认为,这一约定在法律上有效,但对实际的管理并无作用,只能约束用人单位不得在约定的范围之外调整工作地点,但不代表用人单位可以在约定的工作地点范围内,随意调整工作地点。

此处需要提及的是,如何做好相应的补救措施?合理性调整工作地点的法理基础在于用人单位的用工自主权不得滥用。因此,实务处理上须把握一个原则就是不得对劳动者与劳动有关的权益造成实质性的减损。否则,需要进行相应的补救,包括但不限于提供交通工具、增加交通补贴、加薪以及工作时间和工作方式的更加灵活化处理等。特别是用人单位因客观原因导致搬迁的,工作地点的调整虽然具有充分的理由,但没有充分地沟通和说明,并做好相应的补救措施,很容易引发争议。

第三,具体处理。突发性的工作地点变更,其合理性原则的把握,除了事先约定、沟通外,最核心的问题就是如何按照用人单位预定的目标作出合法、合规的处理。具体处理渠道有三种:一是员工虽然不同意,但事实上已在新的工作地点工作,属于事实履行,调整行为有效;二是员工不同意调整,不服从安排并以不去新的工作地点工作的实际行动进行抗辩,单位可以严重违反规章制度为由进行解除劳动合同处理;三是劳动者不服从的安排,并以拒绝工作为由进行抗辩的,单位也可以进行"冷处理",即不安排具体工作内容,支付最低工资,这样可以转化为协商解除或劳动者被动辞职。[1]

〔1〕 此处的被动辞职,是指劳动者被用人单位"冷处理"时,可以用人单位违反《劳动合同法》第38条之"未提供劳动条件"为由,提出解除劳动合同,并要求单位支付经济补偿金。

CHAPTER 08 第八章

劳动合同的终止与续签管理实务

一般来说,劳动合同的终止是指劳资双方的权利和义务因合同到期或其他法定原因而结束。劳动合同的终止,涉及终止的类型化、终止与中止区分、到期终止后的继续用工与续签及法定终止的实务处理等问题。本章重点分析与劳动合同终止有关的实务问题。

第一节 劳动合同到期终止的几个实务问题

劳动合同到期终止,又称期满终止,[1]在实务中貌似简单但却争议不断。现行劳动立法体系下,与劳动合同到期终止有关的主要有两大类问题:一是劳动合同到期终止,结束劳动关系和合同权利义务的问题,即到期终止本身的管理与操作;二

[1] 在理论和实务中,有人认为到期终止是约定终止,或者说是约定终止的一种。笔者认为,到期终止是劳资双方约定合同期限的届满,从这个意义上看,可以称为约定终止,但在劳动立法和实践中,约定终止是具有特定内涵的概念,应仅指约定劳动合同的终止条件。基于劳动法的理念和宗旨,《劳动合同法》已禁止约定终止条件。实践中为避免歧义,一般将劳动合同终止分为到期终止和法定终止两类,而不用约定终止和法定终止的分类。

是劳动合同到期后的继续用工和续约问题。本节主要探讨第一类问题。

一、自然终止与通知终止

就立法本意而言,劳动合同到期终止,应该是自然终止。换言之,劳动合同到期,双方的劳动权利义务终止,均无须再履行劳动合同。自然终止也就意味着用人单位无须另行通知劳动者。现行国家层面上的劳动立法并未规定劳动合同到期终止前,用人单位需提前通知劳动者,但部分地方立法规定用人单位需提前30天通知劳动者,否则,将承担一定的赔偿责任或支付“代通知金”。[1]

不过,从实际用工管理的角度来看,提前通知劳动者劳动合同到期终止,体现了用人单位管理的规范化和人性化,理应通知终止。相较于自然终止,通知终止有利于员工办理离职交接和寻找新的就业机会,更重要的是体现了对员工的尊重,是一种正常的人力资源管理和沟通的行为。当然,在通知终止的条件下,有可能诱发劳动者的道德风险,如劳动者在得知劳动合同到期终止后人为制造医疗期、“三期”等法定顺延情形。因而,有人认为不宜提前通知终止。事实上,劳动合同到期是一个事实问题,无论用人单位是否通知,只要劳动者不想到期终止劳动合同,都有可能会产生上述类似的道德风险。规避劳动者的此类道德风险,用人单位只能依靠自身的管理制度和管理水平,而不能因噎废食,任由劳动合同自然终止,进而引发其他的用工管理风险。

二、到期终止时间的确定

劳动合同到期的具体时间应如何确定?特别是在关涉工伤的认定和处理时,劳动合同终止的时间尤为关键。实务中主要涉及两个问题:一是劳动合同到期日为法定休息日的,能否因法定休息日而顺延?二是劳动合同到期日以何种时间点为准?比如,劳动合同约定的到期日为2019年12月31日,那么劳动合同是在该日的24时终止,还是该日的下班时间点终止?

根据原劳动部《关于实行劳动合同制度若干问题的通知》(劳部发〔1996〕354

〔1〕 参见北京、江苏、天津等地方的相关立法规定。

号)第 5 条第 2 款的规定,劳动合同的终止时间,应当以劳动合同期限最后一日的 24 时为准。《民法典》第 203 条也规定,期间的最后一日是法定休假日的,以法定休假日结束的次日为期间的最后一日。期间的最后一日的截止时间为 24 时。两者以何为准?根据特别法优于一般法的原则,应适用原劳动部的通知,故对于上述第一个问题,劳动合同到期并不存在因法定休息日而顺延的问题,不能参照民法或诉讼法中关于"期间届满的最后一日是节假日的,以节假日后的第一日为期间届满日"的计算规则。

关于上述第二个问题,《民法典》第 203 条第 2 款作出了最新的规定,即期间的最后一日的截止时间为 24 时;有业务时间的,停止业务活动的时间为截止时间。可见,劳动合同具体终止时间的确定有两种:一种是以劳动合同终止当日的 24 时为准;另一种是以用人单位业务结束的时间为准,即通常所谓的下班时间。因此,对于有固定工作时间的单位和劳动者来说,劳动合同终止时间节点是确定的,即下午下班的时间,而对于没有固定工作时间的单位和劳动者来说,劳动合同终止日为终止当日的 24 时。不过,《民法典》第 204 条也规定,期间的计算方法依照本法的规定,但是法律另有规定或者当事人另有约定的除外。即用人单位可以根据自身的经营需要,与劳动者约定具体期间的计算方式。

三、到期终止与法定顺延

劳动合同终止分为到期终止和法定终止两类情形,到期终止存在法定顺延的限制,即在遇到法定情形时,劳动合同到期不能终止,而要顺延至法定情形消失时终止。实务中需要关注三个问题:

第一,何种情形下,到期终止需要法定顺延?现行劳动法立法体系下,限制到期终止或需要法定顺延的大致有 10 种情形。[1] 结合新冠肺炎疫情防控,需要考虑

---

〔1〕 根据相关立法规定,10 种情形列举如下:(1)接触职业病危害作业,检查后未发现或诊断观察期满才可终止;(2)患职业病或工伤,1 ~4 级工伤不得终止;(3)患病和非因工负伤,顺延至医疗期满后终止;(4)"三期"女员工,顺延至哺乳期结束终止;(5)"15 +5"的长工龄员工,劳动关系保留至退休法定终止;(6)劳动合同到期,但服务期未满,顺延至服务期满终止;(7)担任工会主席、副主席、委员的,专职的顺延至任期期限届满终止,非专职的,顺延至任期届满终止;(8)担任集体协商代表,顺延至任期结束终止;(9)连续工作满 10 年的员工,劳动者要求前无固定期限合同的,单位不能到期终止;(10)连续两次签订固定期限劳动合同,劳动者要求签无固定期限合同的,单位不能到期终止。

的一个实务问题是，人社部〔2020〕5 号文中规定新型冠状病毒感染的肺炎患者、疑似病人、密切接触者以及因政府实施隔离措施或采取其他紧急措施导致不能提供正常劳动的劳动者，在疫情防控期间劳动合同到期的是否适用法定顺延？显然，劳动合同立法并未明确此四类劳动者劳动合同到期的续延问题。基于疫情防控需要，综合考量用人单位用工自主权和劳动者权益保护之需要，前三类劳动者可以适用法定顺延情形，而第四种劳动者由于涉及面太大不能适用法定顺延，应允许用人单位到期终止。

第二，如何理解和运用法定顺延？实务中，正确理解和运用法定顺延，至少需把握以下三点：一是法定顺延是对原劳动合同的顺延，不是新的劳动合同，也不是新的事实劳动关系，无须再签订书面劳动合同，更不需要承担未签劳动合同的法律责任；[1]二是从用工管理的规范性来看，法定顺延需要提前书面通知；三是法定情形消失时，终止的是原劳动合同，法定顺延的期限无须计入劳动合同期限。[2]

第三，能否约定顺延？如何操作才能合法合规？就用工管理实务而言，并非不能约定顺延，但需把握以下两个关键：一是无论是在劳动合同中约定到期顺延，还是补充协议变更原劳动合同期限，均视为新的劳动合同，否则，与《劳动合同法》关于书面劳动合同和无固定期限劳动合同的立法宗旨相悖。[3] 二是无论如何约定，均需要劳资双方，主要是劳动者一方的确认。实务中，确认的方式可以很灵活，如在劳动合同中约定或规章制度中规定，合同到期双方无异议的，视为按原劳动合同

〔1〕 法定顺延无须重新签订劳动合同，也无须补充约定或变更原劳动合同，也不会产生未签劳动合同的法律责任。对此，很多地方已有明确规定，如《北京市高级人民法院、北京市劳动争议仲裁委员会关于劳动争议案件法律适用问题研讨会会议纪要(二)》第 30 条就明确规定，劳动合同期满，存在《劳动合同法》第 42 条规定情形的，应延续至相应的情形消失时终止，在续延期间用人单位与劳动者无须订立书面劳动合同，故不应支付 2 倍工资。

〔2〕 法定顺延的期限无须计入原劳动合同期限，故在核算经济补偿金时也无须核算法定顺延的期限。

〔3〕 约定顺延会产生两种法律后果：一是不会产生未签劳动合同的二倍工资法律责任；二是会产生无固定期限劳动合同问题。部分地方对此有明确的裁审口径，如《北京市高级人民法院、北京市劳动争议仲裁委员会关于劳动争议案件法律适用问题研讨会会议纪要(二)》第 32 条规定，用人单位与劳动者约定合同到期续延，在合同到期后劳动者继续工作，并主张未签劳动合同的二倍工资的，不予支持；第 33 条规定，约定到期续延，此后劳动者以连续两次订立规定期限劳动合同为由，提出或同意续订、订立无固定期限劳动合同的，应予支持。

的条件续约,劳动者需在续约意向书或相关文本上进行签字确认。显然,这种约定顺延并进行确认的管理行为,在实现了劳动合同续约管理简化的同时,也与劳动合同立法关于签订书面劳动合同的精神相契合。

四、到期终止与无固定期限劳动合同的关系处理

用工管理实践中,关于劳动合同到期终止与无固定期限劳动合同的关系处理,有两个问题值得关注:一是连续签订两次或两次以上的固定期限劳动合同到期的,用人单位能否直接终止劳动合同?二是劳动合同到期前,劳动者在本单位连续工作满10年,单位能否到期终止劳动合同?对于上述两问题的处理,现行劳动立法不甚明确。笔者认为,根据无固定期限劳动合同的立法本意,连续签订两次或两次以上固定期限劳动合同到期,只有当劳动者明确提出签订无固定期限劳动合同的,单位才应签订无固定期限合同,劳动者如提出终止合同,签订固定期限或完成一定工作任务为期限的劳动合同等情形的,用人单位可以终止劳动合同。同理,劳动者在本单位连续工作满10年,只有在劳动者明确提出签订无固定期限劳动合同的条件下,单位才签订无固定期限劳动合同,否则,可以到期终止劳动合同。

结合上文分析,新冠肺炎患者、疑似病人、密切接触者三类劳动者,在疫情防控期间劳动合同到期法定顺延,因法定顺延后致使劳动者在本单位内连续工作年限满10年的,劳动者提出签订无固定期限劳动合同要求的,用人单位是否应签订无固定期限劳动合同?对于这一问题,各地裁审口径不一。笔者认为,此种情况下即便劳动者提出签订无固定期限劳动合同,也不应支持。具体有两点理由:其一,上述三种劳动者是因突发性公共卫生事件引起的劳动合同法定顺延,法定顺延本就额外增加了用人单位的用工成本,若支持劳动者签订无固定期限劳动合同的诉求,对用人单位不公;其二,劳动合同到期法定顺延的立法本意是顺延原来的劳动合同,顺延期间不宜计入劳动者的工作年限。

笔者建议,在劳动合同中约定或规章制度关于劳动合同的管理部分规定,劳动者符合应当签订无固定期限劳动合同的法定情形的,应在合同到期前特定期限内向单位书面提出意向或申请,否则,视为劳动者放弃签订无固定期限劳动合同,而同意用人单位终止劳动合同或其他续约的安排。

五、到期终止与经济补偿

就目前的劳动用工实践而言，实务部门对到期终止是否一定要支付经济补偿金、如何支付经济补偿金等问题的认知与操作已基本一致。不过，从人力成本控制和法律风险防控的技巧角度来看，还可以关注以下两个问题：

第一，何种条件下，用人单位到期终止劳动合同，但无须支付经济补偿金？根据《劳动合同法》第46条的规定，除用人单位维持或提高原劳动合同约定的条件续签劳动合同，劳动者拒绝续签的情形外，劳动合同到期终止用人单位需要支付经济补偿金。从上述立法条文本身的解释来看，只有在用人单位愿意续签，且提供的续约条件不低于原劳动合同条件的情况下，劳动者拒绝续约的，才无须支付经济补偿。这一情形实质上等于是劳动者主动辞职，故产生与主动辞职相同的法律后果，即无须支付补偿金。实务处理中，就涉及续约条件的设计技巧问题，如果用人单位设计的续约条件能同时满足两个条件，则用人单位无须支付补偿金，即续约条件高于原劳动合同，且劳动者不同意。比如，用人单位在续约时提升劳动者的职务和工资，但需要承担特定的工作任务，或需要调整工作地点、工作岗位等，而劳动者不同意调整工作地点或完成特定任务的条件下，会选择拒绝续约。[1]

第二，对于2008年之前入职的工龄较长的员工，选择劳动合同到期终止还是其他“裁员”渠道，需要考虑人力成本的控制。《劳动合同法》实施之前，劳动合同到期终止用人单位无须支付经济补偿金。故对于2008年之前入职的工龄较长的劳动者，选择劳动合同到期终止，可以在一定程度上控制人力成本。[2]

---

〔1〕 此处操作，需要注意两个问题：一是如何理解维持和提高原劳动合同条件？二是需要对劳动者进行“摸底”，围绕其“痛点”设计续约条件。对于第一个问题的认识，笔者认为不能教条化，而应综合考量人岗匹配、经营管理需要等因素，进而判定是否维持和提高原劳动合同条件。对于第二个问题的处理，表面看是一种规避法律的行为，但实质上是一种人力成本的控制技巧，用人单位可参考。

〔2〕 2018年7月，笔者受托为某单位实施一个裁员项目，委托单位要求尽快处理，但尽调后发现拟裁减的这批员工劳动合同大部分于2018年12月31日到期，且这批员工的工龄要自2001年起算。经成本测算，最后确定的方案是到期终止。

第二节　劳动合同到期终止与续约的实务处理

劳动合同到期,终止还是续约,由用人单位根据员工的表现和单位自身人力资源管理需要评估决定。具体实务处理,可基于用人单位终止和续约意向的不同,进行区分处理。

一、劳动合同到期终止管理——用人单位无续约意向

劳动合同到期,用人单位经考核和评估,无续约意向,则依法可直接终止劳动合同。[1] 但实务中具体应如何操作,立法并未明确,属于用人单位自主管理权。结合实务经验,笔者建议用人单位在劳动合同到期终止时,需注意以下人力成本控制和法律风险防控问题:

1. 事先在规章制度中规定或在劳动合同中进行约定,距劳动合同期满一个月前,劳动者可以向单位书面提出续约申请,未提出续约或未按要求提出续约的,视为拒绝续约,单位可依法终止劳动合同。事实上,这属于一种成本控制技巧,因为有部分劳动者在劳动合同到期后也不想续约,但《劳动合同法》规定劳动合同到期单位原则上要支付经济补偿金,此时就存在一定的劳资博弈空间。此种操作至少可以避免向本就不想续约的劳动者支付劳动合同终止的经济补偿金。

2. 何时通知终止?虽然劳动立法并未要求劳动合同到期单位有通知义务,但基于管理的规范化和人性化考虑,应当通知且必须在劳动合同期满前通知。因为一旦期满后再通知,就属于终止新的事实劳动关系,也就可能被认定为违法终止。笔者建议,用人单位若没有续约意向的,态度需明确,对劳动合同终止时间、工作交

---

[1] 实务中,很多用人单位向员工发“不续签劳动合同的通知”或类似的表述,细究起来,“不续签”与“终止”还是有差别,不续签劳动合同并不代表不可以继续用工,但终止劳动合同则意思非常明确。故笔者建议不要用不续签劳动合同的表述。

接要求、薪资及补偿金的结算、保密及竞业限义务的履行等相关事宜,需明确交代清楚。

3. 到期终止需排除反向制约情形。根据《劳动合同法》第 45 条的规定,劳动合同到期终止遇到相应法定情形的,劳动合同须顺延至法定情形消失时终止。此时,最简单有效的操作是书面通知即可,无须确定具体的终止时间,也无须另行签订劳动合同。

4. 如何处理涉及连续两次签订固定期限劳动合同后签订无固定期限劳动合同的问题?如果是第二次固定期限合同到期,可能涉及无固定期限劳动合同的签订问题。此处涉及以下三个实务问题:

其一,如果是第三次、第四次等多次规定期限劳动合同到期,劳动者有无权利要求签订无固定期限合同?立法对此并未明确,有观点认为,基于无固定期限劳动合同的立法本意和“举轻以明重”的法律适用规则,劳动者应该有权利要求签订。笔者认为,此种情形下就是单纯的固定期限劳动合同终止,一方面,不适用《劳动合同法》第 14 条第 2 款关于“连续两次签订固定期限劳动合同,第三次应签无固定期限劳动合同”的条件;另一方面,也不宜援引“举轻以明重”的法律适用规则。故劳动者无权要求签订无固定期限劳动合同。

其二,单位直接提出终止劳动合同并支付经济补偿,劳动者同意的,单位是否属于违法终止?实践中,有部分地区规定此种情况下单位属于违法终止,笔者认为,这是对立法本意机械的、狭义的理解,关于无固定期限劳动合同的签订,劳动立法虽然带有一定的强制性,但前提是劳动者在符合法定条件时须提出签订无固定期限劳动合同,否则,应尊重劳资双方的真实意思表示。

其三,第二次固定期限劳动合同到期,单位不想签订无固定期限劳动合同,从实务管理的角度出发,也有很大的操作空间,具体就是对照《劳动合同法》第 14 条第 2 款这一规定的适用条件并逐一加以合理规避和运用。[1]

---

〔1〕 比如,可以对“连续订立二次固定期限劳动合同”这一条件进行合理规避,前后不连续,或前后不全是固定期限劳动合同。再如,对“没有本法第三十九条和第四十条第一项、第二项规定的情形”这一条件进行合理利用,只要举证劳动者存在上述情形的,就无须续签无固定期限劳动合同等。

二、劳动合同到期后的续约管理——用人单位有续约意向

劳动合同到期,经用人单位考核评估,对员工有续约意向的,可以直接发出续约意向书或续约通知书。在此,笔者建议用人单位注意两个实务问题:

1. 单位在劳动合同期满前,发续约意向还是直接发续约通知?两者性质不一样,续约意向实质上是单位在征求员工的续约意见,包括要不要续约、续约条件如何确定、续签何种劳动合同等,单位再根据员工的意见确定具体的续约事项。续约通知则就是直接通知员工续签劳动合同,一般是在维持原劳动合同条件的基础上,续签一次固定期限劳动合同。续约意向和续约通知,孰优孰劣?不可一概而论。发续约意向的优点在于,可以摸清员工的真实意思,如有的员工想续约无固定期限劳动合同,有的想续固定期限劳动合同,甚至有的员工会拒绝续约等,从而有助于调整留人策略。

直接发续约通知的优势在于简单明了易操作,无论员工有何想法或意向,只要同意按单位的意思续约即可,从而避免一些不确定因素的干扰。发续约通知,是由用人单位主导的续约意思表示和续约行为,无论员工提出异议还是拒绝续约,均不影响单位的后续处理。故笔者建议原则上直接发续约通知,并在续约通知中交代如员工有其他意见,可以在劳动合同终止前向单位提出。

2. 针对第二次(第三次、第四次等均可)固定期限合同到期的,单位可直接提出续签固定期限合同,如员工同意,则双方是依法经协商签订固定期限劳动合同。有观点认为,此种情况下用人单位应当主动签订无固定期限劳动合同,无论劳动者是否提出续签无固定期限劳动合同。笔者认为,这也是对立法本意的误解。关于无固定期限劳动合同的签订方式,《劳动合同法》第 14 条第 1 款就明确可以协商签订,第 2 款才规定符合法定条件时应当签订。所以,这种操作其实是劳资双方签订无固定期限劳动合同的问题,与连续两次签订固定期限合同到期后,要续签无固定期限劳动合同的问题没有关系。

当然,此时若单位仍然不想签订无固定期限劳动合同,则可参照上述第一部分"劳动合同到期终止"中所分析的,对照《劳动合同法》第 14 条规定的适用条件并逐一加以合理规避和运用。

第三节　劳动合同到期终止后继续用工的实务处理

劳动合同期满，除了上述到期终止和续约的情形之外，实务中还常见一种情形，即用人单位并无明确的续约意向，但劳动合同到期后又处于继续用工的状态。如何处理？值得关注的问题主要有两个：一是劳动合同期满，基于各种原因而继续用工的，是否应签订劳动合同？二是用人单位和劳动者能否单方终止或解除劳动合同？详见如下分析。

一、《劳动争议司法解释（一）》第34条第1款的理解与适用

关于劳动合同到期后继续用工的处理，根据《劳动争议司法解释（一）》第34条的相关规定，主要有三层意涵：第一，劳动合同期满后继续用工的，视为双方同意继续履行原劳动合同；第二，劳动合同期满后继续用工的，任何一方均可提出终止劳动关系；第三，符合应当签订无固定期限劳动合同情形的，视为双方存在无固定期限劳动合同关系。

结合现行劳动合同相关立法的规定和精神，《劳动争议司法解释（一）》的这一规定显然已不合时宜，实际上已经被《劳动合同法》《劳动合同法实施条例》等立法所取代。具体体现在如下方面：

1. 劳动合同期满后继续用工的，不能视为双方同意继续履行原劳动合同。劳动合同终止意味着合同到期自然终止或自行终止，在法律意义上原劳动合同的权利和义务也就终止了，只是用人单位基于人力资源管理的需要，可以就合同到期终止进行相应的管理。故同意继续履行原劳动合同的说法不符合劳动合同到期终止的法理。劳动合同期满后的继续履行，实际上是劳资双方基于一个新的合意，并形成了一个新的事实劳动关系，双方的劳动权利义务原则上以原劳动合同约定的标准确定。

2. 劳动合同期满后继续用工的，用人单位不能无故解除或终止劳动关系。基于劳动合同到期终止的法理，既然形成的是新的事实劳动关系，则用人单位就必须

遵守相应的解雇保护制度,解雇理由要正当且充分,解雇程序要合法。故《劳动争议司法解释(一)》关于"双方均可终止"的这一规定显然已与现行劳动立法关于解雇保护制度相悖。

3. 符合应签无固定期限劳动合同的,依法应当签订无固定期限合同,否则用人单位要承担未签劳动合同的法律责任,而非仅仅视为双方存在无固定期劳动合同。《劳动争议司法解释(一)》的这一规定混淆了"应签无固定期限劳动合同"和"视为无固定期限劳动合同"[1]的界限,将两类签订无固定期限劳动合同的不同情形糅杂在一起,对实务部门存在一定的误导。

二、劳动合同到期后继续用工的实务处理思路

此处的劳动合同到期后继续用工的实务处理,仅指单位在没有续约意向或虽有续约意向但未及时续约,因各种原因引起的继续用工问题。这一问题实质上属于事实劳动关系的处理问题。根据我国现行劳动立法关于事实劳动关系的处理规则,结合上述《劳动争议司法解释(一)》第34条第1款的正确理解与适用,对此问题的实务处理思路需把握以下三个要点:

1. 劳动合同到期,无论何种原因没有终止而继续用工的,应依法签订书面劳动合同。《劳动合同法》关于劳动合同签订的立法本意是,除了法定情形外,不允许有未签劳动合同的劳动关系,即事实劳动关系存在,因此,劳动合同期满没有终止而继续用工的,必须续签劳动合同。至于是否应给与用人单位一个月的宽限期,各地立法和裁审口径不一,主流的操作模式是给一个月的宽限期。此时,只有在劳动者拒签劳动合同的条件下,单位可依法终止劳动关系。当然,从实务处理技巧来看,用人单位可以续签以完成一定工作任务为期限的劳动合同或非全日制用工合同,以方便下一步顺利终止劳动合同。

---

[1] 根据《劳动合同法》第14条第3款的规定,自用工之日起超过一年未签劳动合同的,视为双方已签订无固定期限劳动合同。注意,此处用的是"视为已签订",相较于《劳动争议司法解释(一)》"视为存在"的表述,意涵显然不同。换言之,视为已签订,就意味着双方可以补签无固定合同,但不补签的,也不影响无固定期限劳动合同合法存续的判定。而"视为存在"的表述就显得较为模糊,即到底要不要补签无固定合同?语焉不详。

2. 劳动合同到期,如用人单位没有续约意向的,无论基于何种原因需要继续用工一段时间或需要员工予以配合的,建议先明确终止原劳动合同。如确因工作需要,可以采用各种灵活的方式与员工进行合作。比如,工作交接问题,原则上应该在劳动合同终止前完成,但因客观原因只能在终止后交接的,则可以明确只是工作交接,并且可以将工作交接作为经济补偿金的支付条件。再如,因项目的跟踪管理需要,则完全可以再签一份非全日制用工的劳动合同,或约定一定的劳务费或奖励金作为劳动者继续跟进项目的对价等。

3. 劳动合同终止后,实际已处于新的事实劳动关系的条件下,不能随意终止或解除劳动合同。显然,劳动合同期满后的继续用工,实务中应界定为新的事实劳动关系,故不得随意解除或终止劳动合同,以避免违法解雇的法律风险。

第四节　法定终止的情形及其实务处理

劳动合同的法定终止,是指因客观事由导致劳动合同无法继续履行,其具体情形可以从劳动关系双方主体的角度观察。从劳动者的角度看,劳动者主体资格丧失导致劳动合同法定终止,主要包括达到退休年龄、劳动者死亡或被宣告死亡两种情形;从用人单位的角度看,用人单位主体资格丧失会导致劳动合同法定终止,即凡是因无法继续生产经营,从而致使劳动合同无法继续履行的事由,都属于法定终止情形,主要包括用人单位破产、关闭、解散、被吊销执照、经营期限届满等。本节就劳动用工实践中相关劳动合同法定终止情形的常见问题,从实操的角度进行梳理和分析。

一、劳动者达到法定退休年龄或享受养老保险待遇与劳动合同法定终止

目前,劳动司法实践对究竟是以劳动者达到法定退休年龄,还是以依法享受养老保险待遇为标准认定劳动合同法定终止的问题,始终没有统一的裁审口径。笔者认为,抛开纷繁复杂的理论观点和各地不一致的裁审口径,仅从实务管理的规范性和有效性角度看,笔者建议按照以下操作思路,可以最大限度地防控劳动用工法

律风险。

1. 将劳动者达到法定退休年龄作为劳动合同终止的条件,并进行相应的合规处理。无论劳动者是否具备退休并享受养老保险待遇的条件,均以劳动者达到法定退休年龄为终止条件。其直接的立法依据是《劳动合同法实施条例》第 21 条的规定。[1] 超龄人员与单位用工问题的焦点和关键在于工伤的处理,而非法律关系的界定。事实上,多年来最高人民法院并未明确超龄人员与单位之间是否属于劳动关系。[2] 故笔者认为,即便地方裁审口径是以劳动者享受养老保险待遇为劳动合同法定终止条件的,当用人单位以劳动者达到退休年龄为由终止劳动合同的,相关实务部门也不能据此认定用人单位违法终止劳动合同。

2. 达到退休年龄,但无法享受养老保险待遇的,用人单位可以在终止劳动合同的基础上再行细化处理。根据我国关于退休的劳动立法和政策的规定,达到退休年龄和养老保险缴满 15 年是办理退休手续并享受养老保险待遇的两个基本条件。故针对没有养老保险或养老保险未缴满 15 年的员工,劳动合同终止后面临无法享受养老保险待遇的局面。用人单位此时可以有三种细化处理方案:

第一,养老保险距缴费满 15 年很近的,如只差 1 年甚至几个月的,可以在终止劳动关系后,重新签订劳动合同并继续缴纳养老保险至满 15 年。该种方案涉及两个问题:一是重新签劳动合同仅是为了缴纳社保,但是否实际用工,根据用人单位需要确定;二是达到退休年龄后,社保部门是否允许继续缴纳?只有在社保部门允许继续缴纳的条件下,才可实施。

第二,没有养老保险账户,或虽有账户但未缴纳或断缴年限过长的,显然不可能通过继续缴纳社保来处理,此时,若是因用人单位的原因所致,则可依据《劳动争议司法解释(一)》第 1 条第 5 项的规定,就社保损失赔偿问题进行协商,并在终止

---

〔1〕 注意:这一规定与《劳动合同法》第 44 条第 2 项,即劳动者开始享受基本养老保险待遇的,劳动合同终止的规定并不冲突。事实上,《劳动合同法实施条例》是对《劳动合同法》第 44 条第 6 项"法律、行政法规规定的其他情形"的细化和补充。

〔2〕 如 2016 年人力资源和社会保障部关于执行《工伤保险条例若干问题的意见(二)》只规定,继续使用超龄人员发生工伤的,单位要承担工伤赔偿责任,并未明确属于劳动关系。对此,2019 年 7 月,人力资源和社会保障部对第十三届全国人大第二次会议第 6979 号建议的答复也进一步明确,对于超龄劳动者由用工单位承担工伤保险责任,但未明确超龄劳动者与用工单位存在劳动关系。

劳动合同的基础上一并协商解决,协商不成的通知终止。劳动者可以诉诸法律,就养老保险待遇的赔偿问题向用人单位追偿。

第三,如果劳动者有其他社保账户的,如以灵活就业人员身份缴纳社保的或城乡居民社保的,则并不影响劳动合同的终止,也不影响劳动者社保权益的享受。不过,如果是用人单位没有为其缴纳职工基本社保,而导致员工以灵活就业人员身份缴纳社保的,就涉及社保损失的赔偿问题,可以在终止劳动合同的基础上,就社保损失的赔偿部分一并协商解决,协商不成的通知终止。劳动者可以诉诸法律,就养老保险待遇的赔偿问题向用人单位追偿。

二、破产终止的实务处理

根据《劳动合同法》第 44 条第 4 项的规定,用人单位被依法宣告破产的,劳动合同终止。实践中,用人单位资不抵债或经营发生严重困难,可能涉及重整、宣告破产、清算、注销等多个环节,也涉及管理人、债务人、债权人、法院等多个主体。用人单位破产导致劳动合同终止,在实务处理中颇为棘手。以下常见问题值得关注:

1. 基于大裁员的格局和思路,在用人单位可能破产和重整的情形之下,需综合各种因素考量员工的安置工作。换言之,法定终止并非唯一渠道,可以根据单位的需要,通过劳动合同到期终止、协商解除、调整岗位、安置工作等方式先行处理一批员工,最后再破产终止。

2. 劳动合同法定终止的时间节点。依据《劳动合同法》第 44 条和《中华人民共和国企业破产法》(以下简称《破产法》)第 107 条的规定,法院依法宣告破产是决定劳动合同法定终止的时间节点。实践中,企业破产与劳动合同终止有关的时间节点主要有破产申请日、破产受理日、[1]破产宣告日、管理人通知日、[2]企业注销日等。立法规定以破产宣告日为劳动合同终止的时间节点,并不能应对实践中的各

〔1〕 有观点基于《破产法》第 46 条“未到期的债权,在破产申请受理时视为到期”的规定,认为劳动合同应以法院受理破产申请之日为标准。

〔2〕 该观点基于《破产法》第 18 条“人民法院受理破产申请后,管理人对破产申请受理前成立而债务人和对方当事人均未履行完毕的合同有权决定解除或继续履行,并通知对方当事人”的规定,并认为破产程序中劳动合同的解除不存在基准日问题,由管理人根据实际需要决定并通知解除。

种问题。如很多破产案件在法院裁定宣告破产时,基于各种原因并未终止劳动合同,部分员工还在生产经营,何时终止或解除?立法对此未予明确。故笔者建议,法院裁定宣告之日,统一作为劳动合同法定终止的时间节点,终止所有员工的劳动合同,并依法给予补偿。同时,根据需要再留用部分员工,以破产管理人的名义签订劳务合同,或签订以完成一定工作任务为期限的劳动合同,根据不同的任务完成时间,分批次终止留用人员的劳务合同或劳动合同。

3. 劳动债权的通知及其范围。企业被依法宣告破产,涉及劳动债权(职工债权)和其他债权(担保债权和普通债权)。《破产法》规定法院裁定宣告破产的,需在十日内通知债权人,显然也包括通知劳动者。不过,与其他债权不同的是,劳动债权无须申报,只需管理人进行登记造册并予以公示,由管理人主动清偿。关于劳动债权的范畴,一般认为,包括但不限于工资(含奖金、津贴等)、经济补偿金、社保费等。[1] 实践中,值得关注的还有以下几个问题:

第一,与社保有关的费用补缴和补偿或赔偿问题,需注意"一揽子"解决,特别是要取得社保部门的配合,不宜直接补偿给员工个人。

第二,破产企业所欠职工集资款属于劳动债权的范畴,可优先清偿,但违反法律规定的高额利息部分不予保护。[2]

第三,非正式员工劳动报酬的劳动债权的界定问题。根据最高人民法院《关于审理企业破产案件若干问题的规定》第 57 条的规定,债务人所欠非正式职工(含短期劳动工)的劳动报酬,参照《破产法》第 37 条第 2 款第 11 项规定的顺序清偿。不过,此处是否包括劳务派遣工?实践中破产案件经常涉及大量的劳务派遣工,立法层面上当然不包括劳务派遣工,因为劳务派遣工只与劳务派遣公司建立劳动关系,且劳务派遣工的劳动报酬由用工单位的经营费用渠道列支,不属于用工单位的工资组成部分。实践层面上,显然也需要由破产企业、劳务派遣公司及劳务派遣工"一揽子"协商解决,即实际上只能按照劳动债权予以优先清偿。

---

〔1〕 详见《破产法》第 48 条第 2 款的规定,包括破产企业所欠职工工资、医疗费、伤残补助金、抚恤费,所欠的应对划入职工个人账号的基本养老保险、基本医疗保险,以及依照法律、行政法规规定应当支付给职工的补偿金。

〔2〕 详见最高人民法院《关于审理企业破产案件若干问题的规定》第 58 条。

4. 劳动债权的结算时间。法院受理破产申请之日、裁定宣告破产之日以及破产宣告之后继续用工的,如何确定劳动债权的结算时间?根据《破产法》第 107 条的规定,破产债权的期限截止日期为人民法院受理破产申请之时。此处显然也包括劳动债权,但另据《破产法》第 42 条的规定,人民法院受理破产申请后,为债务人继续营业而应支付的劳动报酬和社会保险费用以及由此产生的其他债务,属于共益债务。简言之,共益债务是指破产管理人为全体债权人的共同利益而管理债务人财产时所负担或产生的债务。相对于破产债权而言,共益债务实际上处于优先清偿的地位,由管理人随时从债务人财产中清偿,只有在债务人财产不足以支付破产费用和共益债务时,才优先清偿破产费用。

5. 关于劳动债权的顺位清偿问题。破产实践中,关于劳动债权的优先清偿问题,存在诸多误解,有必要予以澄清。笔者结合立法和实务经验,主要提出以下三个问题:

第一,劳动债权的清偿只具有优先性,但并不具有第一顺位清偿的地位。根据《破产法》第 113 条的规定,破产财产只有在优先清偿破产费用和公益债务后,才可以清偿职工债权。换言之,若破产财产不足以支付破产费用和共益债务的,职工债权无法获得清偿。此处,值得提及的一个实务问题是,顺位清偿的前提是对破产财产的顺位清偿,对不属于破产财产的,如担保债权、信托财产等不属于破产财产,当然不适用顺位清偿规则。对此,《破产法》第 109 条有明确规定。可见,劳动债权的优先性是相对的,且是有条件的,并非我们通常所说的优先受偿或第一顺位受偿。

第二,关于劳动债权优先清偿的过渡期问题。根据《破产法》第 132 条的规定,劳动债权的优先清偿还有一个特殊规则,即劳动债权在一定条件下,优先于担保债权受偿。这些条件包括:首先,该部分劳动债权发生在《破产法》公布之前,即 2006 年 8 月 27 日前;其次,只有根据正常顺位得不到清偿的部分劳动债权才能优先于担保债权进行清偿;最后,该部分劳动债权严格限制在列举的几类劳动权益,未列举的其他劳动权益不适用。显然,这一特殊规则是为了解决企业欠薪的历史遗留问题,在一定程度上侵损了担保债权人的利益。

第三,关于劳动债权的返还和处理问题。根据《最高人民法院关于适用〈中华人民共和国企业破产法〉若干问题的规定(二)》第 24 条的规定,企业破产时,债务人的董事、监事及高级管理人员,利用职务之便获取绩效奖金和在普遍拖欠职工工资情况下获取的工资性收入及其他非正常收入的,属于非正常收入,董事、监事及高级管理人员应予返还,拒不返还的,管理人可依法主张其返还。董事、监事及高级管理人员返还上述非正常收入的,可以作为普通破产债权清偿。

三、解散终止的实务处理

根据《劳动合同法》第44条第5项的规定,解散终止属于统称,根据用人单位解散是否基于自身的意愿和自行主导分为两种类型:一是自愿解散,包括依据章程解散、自主决定或开办单位决定解散(包括分公司的解散)、自主歇业以及企业合并和分立引起的解散等;二是被动解散或强制解散,包括被吊销营业执照、责令撤销或关闭等。[1] 鉴于实践中强制解散一般属于行政处罚措施,比较容易判定,在此不予赘述。以下主要就用人单位自愿解散进行分析。

(一)用人单位决定提前解散的具体情形

如上所述,在用人单位自愿解散的情形中,《劳动合同法》仅规定的"依章程解散""单位自主决定解散""开办单位决定解散"等几种情形。实践中,依章程解散比较容易理解且容易操作,在此不予讨论。单位自主决定解散,是指用人单位通过股东会或股东大会决议解散;而开办单位决定解散,一般是指总公司决定分支机构的解散,当然也包括其他主办单位决定解散受其委托和授权的生产经营机构。

分公司解散是用人单位解散中的一种特殊情形。总公司和分公司的关系是企业的一种特殊形态,总公司可以决定解散并撤销分公司,分公司被撤销后,相应的劳动关系终止。不过需要注意的是,因分公司不具有独立的人格和责任能力,其解散和撤销属于总公司内部的经营权,不影响公司的债权人利益,故不需要经过清算程序,终止劳动合同的相关赔付,分公司有财产的,可以由分公司财产清偿,无财产

---

〔1〕《公司法》第180条规定,公司因下列原因解散:(1)公司章程规定的营业期限届满或公司章程规定的其他解散事由出现;(2)股东会或股东大会决议解散;(3)因公司合并或分立需要解散;(4)依法被吊销营业执照、责令关闭或被撤销;(5)人民法院依照本法第182条的规定予以解散。

或财产不足以清偿的，则可向总公司主张。

（二）自愿解散的法律后果与劳动合同法定终止的关系及其处理

无论是用人单位自主决定解散还是主办单位决定解散分支机构，要达到依法终止劳动合同的法律效果，需注意以下四个实务问题：

第一，解散理由的正当性和合理性。用人单位自主决定解散，虽然法律并未要求明确的条件和理由，但从管理上讲，应向员工说明理由并予以公示。用人单位自主决定解散一般是股东会决议解散，故前提是股东会决议的程序及议事规则必须合法有效。

第二，劳动合同终止时间的确定。决议解散的时间，即决议生效的时间，决定了劳动合同终止的时间。目前，劳动立法并未明确用人单位自主决定解散时劳动合同法定终止的时间，主要时间节点有三个，即股东会决议作出时间、清算组成立时间及公司注销时间。实践操作中也并不统一，主流的操作模式是以决议解散的同时决定劳动合同终止的时间，具体操作由清算组实施。

第三，要有劳动合同法定终止的终止行为。劳动立法并未要求劳动合同终止时用人单位需书面通知，但实践中法定终止则需要书面通知，因为法定终止涉及劳动关系双方主体资格的丧失，只有书面通知劳动者劳动合同终止及终止后的相关事宜，才能确认是劳动合同终止的意思表示。

第四，劳动合同终止后的争议处理。用人单位决定解散，并不立即导致企业主体资格丧失，而是要进入清算程序，在清算过程中仍然具有独立的主体资格，并由清算义务人负责处理劳动合同终止后的相关事宜。需要注意的是，用人单位解散后未经清算程序即办理注销手续，导致劳动者无法主张权利的，仍然可以向清算义务人主张权利。

（三）用人单位自主歇业能否导致劳动合同法定终止

在现行劳动立法框架下，没有明确自主歇业的意涵和具体情形，也没有明确用人单位自主歇业或自动歇业的，是否属于劳动合同终止的法定事由。实践中，自主歇业与停产、停业的意涵和适用情形应基本一致。换言之，自主歇业的，可以按停产、停业处理。因此,自主歇业和决定解散,实际上是用人单位自己的选择,选择自主歇业的,劳资双方的劳动关系仍然存在,后续还有恢复生产经营的可能,当然不会导致劳动合同的终止。用人单位应按照《工资支付暂行规定》第 12 条的规定支付劳动者相应的待遇,即歇业后的第一个工资支付周期,应支付全额工资,后续的可支付生活费。

CHAPTER 09

第九章 劳动合同的解除及其法律风险防控

劳动用工管理实践中,绝大部分劳动争议发生在劳动者离职阶段,并且与劳动合同的解除或终止有关。因此,防控了离职阶段的法律风险,就防控了绝大部分的劳动用工风险。本章专门探讨各种劳动合同解除方式的实务处理技巧及其法律风险防控。

第一节 协商解除劳动合同的实务要点

劳动合同解除分为单方解除和双方解除,其中双方解除即劳资双方协商解除,《劳动合同法》第36条对此有原则性的规定。协商解除劳动合同成本低、风险小,且实务操作空间极大,是“大裁员”格局和体系下应优先使用的离职渠道和方式。就实务操作而言,主要应关注以下三个方面的问题。

一、协商解除劳动合同的前提——有效性的确保

协商解除与单方解除最大的不同就在于立法没有对协商解除设置如主体、理由、程序等条件,只要协商解除劳动合同的

协议本身合法有效即可。这也是协商解除劳动合同的优势所在。因此,无论何种劳动者,甚至是工伤员工、医疗期员工、“三期”女员工等均可以协商解除。但必须是劳动者真实的意思表示,用人单位不能有任何欺诈、胁迫和乘人之危,也不能存在重大误解和显失公平。这是协商解除劳动合同的前提条件,也是确保协商解除劳动合同协议书有效性的前提和基础。实务中,如何才能确保协商解除劳动合同是基于劳资双方,特别是劳动者一方真实的意思表示?以下两点建议值得借鉴:

第一,协商过程应“留痕”,即要有具体协商过程的相关表单。比如,如果是劳动者提出协商解除的,则更应保留相关的证据材料,因为不仅可以证实是出资劳动者的真实意思,还可不予支付经济补偿金。

第二,在协商解除劳动合同协议书的条款设计上,应增加“无欺诈承诺”条款。如可以约定:乙方(劳动者)承诺,本协议是在与甲方(用人单位)进行充分沟通和协商一致的基础上签订,是双方的真实意思表示,甲方并无任何欺诈、胁迫和乘人之危的行为。对本协议条款的达成,并无重大误解和显失公平的情形。

二、协商解除劳动合同的关键——合法性的保证

协商解除劳动合同协议书的内容条款不能违反法律、行政法规的强制性规定,是保证其合法性的关键。现行劳动立法框架下,对于如何判定协商解除劳动合同协议书内容的合法,可基于以下三点考量:一是没有违反劳动基准性规定;二是没有“排权免责”;三是没有损害国家、公共利益或第三方利益。实务中,上述第一点、第二点考量因素容易判定,但第三点考量因素的认定容易出现争议。常见的争议条款有两种:一是“弃权承诺”条款,如“乙方(劳动者)放弃追究甲方(用人单位)未缴纳社保的权利”;二是“无争议承诺”条款,如“甲、乙自本协议签订履行后,再无任何争议”。

协商解除劳动合同一般就意味着劳资双方要“一揽子”解决劳动争议,必然涉及对工资、加班费、应休未休年休假工资、绩效工资、奖金、社保、公积金、经济补偿金等事项一并协商解决,为了避免挂一漏万,一般会在协议中设置相应的“兜底条款”和“弃权承诺条款”。故在协商并拟定协议条款时,一般会设计“列举”+“兜底”+“弃权承诺”组合条款。比如,双方确认,本次协商解除劳动合同及其相关补

偿方案为"一揽子"解决双方之间的劳动争议，甲方（用人单位）向乙方支付下列款项：工资（含加班工资、年休假工资、绩效工资、奖金等所有工资性收入）、经济补偿金、其他。除以上项目外，并无其他补偿或赔偿项目。乙方确认并承诺，以上款项是经双方协商，甲方向乙方支付的最终的、所有的款项，即使其中部分款项低于法定标准，乙方承诺放弃主张相关补偿或赔偿的权利。

此处，有两个实务问题需要进一步说明：

第一，如何认识"弃权承诺条款"的合法性和有效性问题？"权利可以放弃，但义务必须履行"是法律适用的基本原则，但放弃权利不得损害国家、社会及第三人利益。换言之，协商解除劳动合同协议书中，劳动者完全可以综合自身的情况考虑放弃部分劳动权益，但不得损害国家和社会公共利益，也不得损害第三人利益。比如，放弃经济补偿金与放弃社保两者就有本质的不同，前者尊重意思自治而后者无效。

第二，如何认识"无争议承诺条款"的合法性和有效性问题？关于"无争议承诺条款"是否合法有效，实务界一直存在争议。事实上，这是协商解除劳动合同协议书中附带性的、边缘性的、非核心条款，其宣示意义显然大于实际意义。一般来说，在"一揽子"解决争议的思路指导下，经列举、兜底及弃权承诺条款的设计，双方与劳动权利义务有关的争议就基本解决了。但是，还不能排除以下两类争议：一是劳动者与用人单位还有其他与劳动权利义务无关的争议，如民间借贷争议等；二是劳动者事后基于劳动基准性规定，向用人单位主张相关权利，如在劳动者退休时因原用人单位未为其缴纳社保而影响其享受养老待遇的，向单位主张社保损失的赔偿等。

三、协商解除劳动合同的核心——可行性的保障

实务中，协商解除劳动合同的争议往往不是发生在协议的签署甚至履行阶段，而是事后当事人反悔，主要是劳动者反悔不履行协议或者在协议履行后，甚至履行期间又向用人单位主张权益。这就关涉协商解除劳动合同协议书的可行性问题，即确保协议的顺利履行且不留"后遗症"。除了上述无欺诈承诺、结算条款、弃权承诺等条款之外，笔者建议还需增加"违约责任条款"和"追索返还条款"。

协商解除劳动合同的协议与劳动合同不同。协商解除劳动合同协议是劳资双方为了解决劳动关系解除的相关事宜,不涉及劳动合同的履行;劳动合同的签订则意味着在约定的期限内要依约履行。故前者可以约定违约金或相应的违约责任条款,而后者不可以。同时,协商解除劳动合同协议书还可以设计"追索返还条款",如可以明确约定:双方确认,本协议签订后,乙方(劳动者)以任何理由向甲方(用人单位)或相关部门以任何方式主张劳动权利的,属于乙方根本违约。乙方承诺向甲方返还已经收到的所有款项,并按同期银行贷款利率支付利息。关于双方争议及本协议的补偿方案可重新协商或通过司法途径解决。

第二节 劳动者辞职的应对及法律风险防控

根据《劳动合同法》第37条和第38条的规定,劳动者辞职分为主动辞职和被动辞职两种。主动辞职即我们通常意义上所谓的辞职,劳动法律意义上就是劳动者主动解除劳动合同。被动辞职即因用人单位存在过错,导致劳动者辞职,劳动法律意义上就是劳动者被迫解除劳动合同。以下就劳动者辞职的管理和应对中的常见问题进行分析。

一、主动辞职的应对实务

从用人单位应对劳动者主动辞职的实务来看,主要应关注以下要点:

1. 程序上,劳动者主动辞职的,不仅要依《劳动合同法》第37条规定的条件和程序提出辞职,还要能证明辞职的行为。如劳动者辞职却不能证明,用人单位否认的,劳动合同并未解除,劳动者30日后离职的属于违法解除劳动合同。[1]

2. 内容上,要分辨是劳动者主动辞职还是劳动者提出协商解除劳动合同。实

[1] 劳动者如何证明辞过职?在单位规章制度没有明确的情况下,可以通知单位人力资源部门、董事长或总经理办公室等。同时需注意,书面通知应设计"回执"。用人单位拒收的,则可以通过邮政快递的方式通知,并保存快递回单。

践中,大部分辞职信或辞职报告不仅标题写的是“辞职申请”,而且都有“请公司批准”或“请领导批准”的字样。显然,这里的辞职信或辞职报告实质是一种申请,用人单位可以解读为劳动者在提出协商解除劳动合同。此时,用人单位可根据需要灵活运用,既可以认定该辞职信是解除劳动合同的通知,也可以认定是劳动者提出协商解除的要约。

3. 辞职权的定性及其实务处理。劳动者主动辞职,即解除劳动合同的权利属于形成权,自意思表示到达对方时生效。因此,劳动者辞职信或解除劳动合同的通知一旦送达用人单位即告生效,不得撤回和撤销。即便事后反悔或发现生病、怀孕等情形的,均不影响辞职行为本身的效力。只是在实践中,此种情况下很多用人单位愿意劳动者“撤回”辞职,并非真的撤回了原辞职信,而是重新又达成了一个新的继续履行劳动合同的合意。

4. 劳动者未按《劳动合同法》第37条规定的条件和程序辞职,不能轻易通知其办理离职手续。劳动者未按规定辞职包括但不限于口头辞职、电话辞职、微信辞职甚至以行动表示辞职的,此时需进一步结合单位的规章制度落实“书面形式”,确认劳动者确以提出辞职,而不能直接认定辞职并要求劳动者办理离职工作交接,否则很容易被认定为违法解雇。

5. 如何预防和处理劳动者不辞而别?劳动者不辞而别,不是劳动者自动离职,也不能认定为劳动者违法解除劳动合同,事实上此时劳动关系并未解除,或者说劳动关系还处于不确定的状态。故劳动者不辞而别的,用人单位必须将劳动关系“切断”。笔者根据实务经验,以下“四步走”的处理思路可供借鉴:第一步,摸底、调查,弄清楚劳动者不辞而别的原因和去向;第二步,向劳动者发送“限期返岗通知书”;第三步,未回应的或未返岗工作的,发送“解除劳动合同通知书”;第四步,必要时,向劳动者主张赔偿。

值得一提的是,离职阶段的用工管理中有无自动离职的操作?自动离职是否有相应的制度依据?自动离职作为一个概念,其出处是《关于自动离职与旷工除名如何界定的复函》(劳办发〔1994〕48号),该复函规定:自动离职是指职工擅自离职的行为,职工未经企业批准而擅自离职的,企业对其按自动离职处理,是指企业应依据《企业职工奖惩条例》有关规定,对其作出除名处理。可见,关于自动离职可以

得出以下几点结论性意见:

第一,虽然劳动立法曾经有自动离职的说法或概念,但并非法律意义上的解除劳动合同或劳动关系的离职,而只是对劳动者"擅离职守"的状态描述。

第二,随着《企业职工奖惩条例》的废止,《劳动合同法》对劳动合同的解除方式有明确规定,因自动离职而除名的劳动合同解除方式已无任何法律依据。

第三,即便是《企业职工奖惩条例》依然有效,根据《关于自动离职与旷工除名如何界定的复函》的规定,自动离职也不能当然视为劳动者已经离职,而是要用人单位依据《企业职工奖惩条例》的规定,作出除名的处理,才算是劳动者确已离职。

二、未及时足额支付劳动报酬的认定

立法本意是单位有悖诚信原则,恶意拖欠或克扣工资或劳动报酬,劳动者才能据此提出辞职并要求支付经济补偿金。该立法本意实际有两层意涵:其一,无正当理由,恶意拖欠和克扣;其二,劳资双方对拖欠或克扣的数额或事实没有争议。实务中,对第一层立法本意把握较准,但对第二层立法本意很少关注。如确因客观原因致使计算标准不清楚、有争议的,从而导致用人单位未能"足额""及时"支付劳动报酬的,不能适用该条文。

实践中,常见需要注意的事项主要包括以下几点:

1. 用人单位基于薪酬管理的需要,在及时足额支付基本工资的条件下,因绩效考核和绩效工资的核算需要一定的时间和管理过程,但后续也及时、足额支付的,不能认定为未"及时""足额"支付工资。这是用人单位人力资源管理的客观需要,也是对用人单位自主管理权的尊重。

2. 用人单位未支付加班工资不宜适用《劳动合同法》第38条。加班费争议中,除非用人单位认可劳动者加班的事实和加班费的数额,并无故拖欠或克扣,才可以适用该条。因为用人单位是否拖欠加班费是有争议的,既然事实有争议就不能判定是否拖欠或克扣,需仲裁或法院在审理时予以查明。类似的还有单位未及时、足额支付绩效工资、提成工资等争议,也不宜轻易认定为"恶意"或"过错",因为该事实本身存在争议。

3. 用人单位未支付应休未休年休假工资。应休未休年休假不属于工资性质,其实质是立法对用人单位未依法安排年休假的一种处罚措施。故也不能适用《劳动合同法》第 38 条。

三、未依法缴纳社保的理解与应对

就《劳动合同法》第 38 条的文义解释而言，未依法缴纳社保可以涵盖多种情形，既包括用人单位故意不为劳动者缴纳社保（含断缴），也包括用人单位因各种客观原因无法为劳动者缴纳社保，还包括未能按照法定的险种、缴费基数缴纳社保等。显然，该条文的适用要结合立法本意，即用人单位故意不依法缴纳社保。

实践中，常见的可以排除该条文适用的情形主要有以下几点：

1. 在社保统筹区域内，劳动者已有职工基本社保账户或存在城乡居民社保、灵活就业人员社保等其他类型社保关系的，用人单位客观上无法缴纳社保，劳动者不能以此为由解除劳动合同并要求用人单位支付经济补偿金。

2. 用人单位自用工之日起为劳动者办理社保登记并依法缴纳，中间出现断缴的，但劳动者提出解除劳动合同时处于依法续缴状态的，不能以此为由解除劳动合同并要求用人单位支付经济补偿金。

3. 用人单位社保缴费基数不足的，也不能适用这一条文。因为缴费基数不足的，社保部门应予核算并追缴，对劳动者而言如果影响社保权益的，可以依法向用人单位主张社保待遇的损失赔偿，但不能以此为由解除劳动合同并要求支付经济补偿金。

4. 劳动者主动申请并承诺无须用人单位缴纳社保的，事后不能以此为由提出解除劳动合同并要求支付经济补偿金。此时，劳动者可以依法要求用人单位予以补缴，但基于诚信原则，不能因此而获得经济补偿。

四、未依约提供劳动条件和劳动保护的理解与应对

关于未依约提供劳动条件和劳动保护而引发的解除劳动合同和经济补偿金争议，劳动用工实务中并不多见。但有两个实务问题值得关注：

第一，依约提供劳动条件和劳动保护与劳动保护基准性规定之间的关系如何处理？《劳动合同法》第 38 条的条文表述是“未按照劳动合同的约定提供劳动条件

和劳动保护”，显然，适用这一条文的前提是看用人单位与劳动者在劳动合同中是否有关于劳动条件和劳动保护方面的约定，并判定是否违反了劳动合同的约定。不过，劳动保护属于劳动基准性规定，不受劳动合同约定的制约。换言之，即使劳动合同没有约定，但用人单位没有提供最低限度的劳动保护措施，同样属于违法。劳动者自然可以解除劳动合同并要求支付经济补偿。比如，在新冠肺炎疫情防控期间，被允许复工的企业需为劳动者配备口罩等劳动保护用品，否则，劳动者可以以此为由解除劳动合同并要求支付经济补偿金。显然，关于口罩等保护用品，并未在劳动合同中约定，但事关劳动者健康和生命安全，也事关疫情的防控，自然要适用劳动基准法的规定。

第二，因不可抗力或其他客观原因导致用人单位未能提供劳动条件和劳动保护的，劳动者能否据此解除劳动合同并要求支付经济补偿金？这一问题典型体现在新冠肺炎疫情防控期间，用人单位无法复工或不能完全复工时，能否认定用人单位没有提供劳动条件？显然，处理这一实务问题的关键是要正确理解《劳动合同法》第38条“用人单位存在过错”这一立法本意和适用条件。换言之，如果不是基于用人单位的主观原因而导致不能提供劳动条件的，或劳动者事实上不能提供劳动的，则不能适用该条。

第三节　用人单位单方解雇的法律风险管控

现行劳动立法框架下，用人单位单方解雇[1]的方式主要是三种，即过错性解雇、非过错性解雇、经济性裁员。本节就用人单位的各种单方解雇行为及其法律风险的管控实务问题进行分析。

一、过错性解雇的实操要点与风险应对

《劳动合同法》第39条规定了六种过错性解雇的情形，分别为试用期不符合录

〔1〕 此处的解雇是指用人单位单方解除劳动合同。

用条件、严重违规、严重失职营私舞弊造成重大损害、不当兼职、欺诈导致劳动合同无效、被追究刑事责任。鉴于试用期不符合录用条件和欺诈导致劳动合同无效两种解雇情形已在本书其他章节中讨论,在此不予赘述。

（一）严重违规解雇实操要点

劳动用工管理实践中,严重违规解雇最为常见,但对用人单位来说举证要求高、难度大,风险系数也最大。实务中,需关注以下几个要点:

1.规章制度的建立和完善是立法对用人单位用工管理的要求,是用人单位的权利也是义务。换言之,原则上任何管理环节对员工所作出的任何管理措施都应有相应的制度依据。在没有规章制度的条件下,对员工的管理或处理必须慎重。就目前的劳动司法实践而言,只有劳动者严重违反诚信义务和劳动纪律两种情形(劳动者基本义务),可以在没有规章制度或规章制度未予明确的条件下直接根据《劳动法》第3条、第25条解雇。[1] 其他的管理和劳动者其他违规行为的处理,必须有制度依据。

2.严重违规解雇,实务中须满足"三次举证"的要求。严重违规解雇实际遵循的是"三段论"的认知和处理逻辑,即"大前提—小前提—结论",必须要满足规章制度合法性和劳动者违规事实的举证要求,方能得出合规解雇的结论。实务中一般有"三次举证"要求,即规章制度民主程序制定、依法有效公示、劳动者违规事实三个方面的举证。

3.解雇程序必须合法。所谓解雇程序合法,主要是指两点:第一,不仅要有解雇的行为,即解除劳动合同的通知,而且要送达给劳动者;[2] 第二,要事先将解雇理

---

〔1〕 没有规章制度或规章制度未予明确的条件下直接依法解雇的,有两点值得说明:第一,这种处理方式并不符合立法本意,或者说是实践中的一种无奈之举。《劳动合同法》对劳动规章制度的强化规定,并在劳动合同内容中取消劳动纪律,本意就是将劳动纪律纳入规章制度范畴,即严重违纪解雇其实应该按严重违规解雇处理。第二,劳动者严重违纪解雇时,如没有规章制度依据,应直接依法解雇而不应再表述为严重违规解雇,此乃简单的认知逻辑。

〔2〕 解雇通知顺利送达,需要事项就联系方式进行约定。并不是必须遵循"直接送达—邮寄送达—公告送达"依次送达,在约定联系方式的条件下,就无须公告送达。

由通知工会。[1] 事实上，凡是用人单位单方解雇的，如非过错性解雇、经济性裁员等均需按照法定的解雇程序处理。

（二）严重失职、营私舞弊造成重大损害解雇的注意事项

根据《劳动合同法》第39条第3项的规定，劳动者严重失职，营私舞弊，给用人单位造成重大损害的，用人单位可以解除劳动合同。[2] 鉴于严重失职解雇已在本书第六章"绩效管理与严重失职解除"部分中探讨，本部分只讨论营私舞弊的界定及其实务处理。营私舞弊，一般是指利用工作便利以图谋私利，通俗点说就是假公济私或"吃里爬外"的行为。比如，采购员收取客户好处以便在采购时予以照顾。显然，失职属于劳动者的过失行为，而营私舞弊属于劳动者的故意行为，就立法技术而言，两者应分别规定，分别作为《劳动合同法》第39条的一项内容。另外，从劳动者的过错程度看，失职必须到达严重程度，且造成重大损害的，用人单位方可解除劳动合同，而营私舞弊严重侵害了用人单位的利益，违反了最基本的职业操守，无论情节轻重，只要造成了重大损失的后果，用人单位即可解除劳动合同。

（三）不当兼职的实务处理

根据《劳动合同法》第39条第4项的规定，劳动者同时与其他用单位建立劳动关系，对完成本单位工作任务造成严重影响，或经用人单位提出拒不改正的，用人单位可予以解雇。实务中一般称不当兼职解雇。实务处理上，主要有以下几点思路：

1. 如果不允许劳动者兼职的，最简单有效的方法就是在规章制度中直接规定劳动者从事兼职工作，属于严重违法规章制度，单位有权予以解雇。不过，笔者建议规章制度作此规定时，应予细化处理，如对本就是非全日用工人员、劳务人员等

〔1〕 在用人单位没有工会的情形下，要不要通知？如何通知？目前实践中并无定论。从风险管理的角度看，没有工会的可以将解雇理由通过邮政快递寄送给上一级工会（如街道工会组织），即使邮件退回，也能证明用人单位通知过工会。

〔2〕 所谓"失职"就是没有按规定履行岗位职责，属于典型的主观过失，而"营私舞弊"则是一种为谋求私利，故意从事违法乱纪行为，两者性质截然不同。

作出除外规定。实践中，有三类人员依法可以也应当兼职：第一类，企业停薪留职人员、未达法定退休年龄内退人员、下岗待岗人员、企业经营性停产放长假人员；第二类，非全日制人员；第三类，科技人员等。

2. 如果适用这一条文，应尽量避免以“对完成本单位的工作任务造成严重影响”为理由，而应以“经单位提出，劳动者拒不改正”为理由。主要原因在于两者对用人单位举证要求不同，显然，用人单位更容易举证证明“经单位提出，劳动者拒不改正”。具体而言，在规章制度中规定或劳动合同中约定：原则上，单位不允许员工在其他单位兼职，员工有兼职意向或已在外单位兼职的，应向单位申请和报备。经单位同意，可以兼职。经单位提出不得兼职的，员工须在3日内辞去与其他单位的兼职工作，否则，单位有权予以解雇。

（四）被依法追究刑事责任的正确理解与实务应对

关于这一问题，实务中争议颇多。比如，什么是被依法追究刑事责任？检察院作出不起诉决定的，是否可以此为由解雇？其他涉嫌违法犯罪被采取强制措施或羁押的，用人单位可否解雇？笔者结合实务经验，对相关问题进行系统分析如下：

1. 依法被追究刑事责任的正确界定。劳动法时代，实务界对被追究刑事责任的理解过于宽泛，将进入刑事诉讼程序后司法机关的相关决定也视为被追究刑事责任，典型的如检察院作出的“免予起诉”决定被认为是被追究刑事责任。事实上，“免予起诉”是1979年《中华人民共和国刑事诉讼法》（以下简称《刑事诉讼法》）第101条规定的一个特定的法律概念，意为已触犯刑法，构成犯罪，但依照刑法规定无须判处刑罚，即“免予起诉”实质上是一种有罪处分，故而劳动部将其列入被追究刑事责任的范畴。

但是，1997年《刑事诉讼法》取消了“免予起诉”的规定，对犯罪情节轻微，依照刑法无须判处刑罚的，可以做出不起诉决定，终止刑事诉讼程序，从而纠正了过去检察机关事实上代替法院行使了应由法院行使的定罪权，符合“任何人未经法院审判，不得认定有罪”的现代法治理念。因此，在劳动合同法时代，被追究刑事责任只能有两种界定：第一，经法院审判，被定罪并被判处刑罚；第二，经法院审判，被定罪但免于刑事处罚。

2. 以劳动者被追究刑事责任为由解雇的实务困惑。用人单位以劳动者被依法追究刑事责任为由解雇,在实务中有以下两个方面的困惑:

第一,时间太长,不符合用人单位管理的效率要求。如上所述,正确理解并适用以劳动者被追究刑事责任为由解雇的立法规定,须满足两个要件:一是经法院审判,并已被定罪;二是法院司法文书已经生效。可见,用人单位要经过漫长的刑事诉讼期限,才能最终决定是否解除劳动合同,这显然不符合用人单位用工管理的效率要求。

第二,涵盖面太窄,无法顾及其他类似应予解雇的情形。实践中,除了被依法追究刑事责任外,还有很多其他导致劳动者无法正常提供劳动的情况,如劳动者被采取刑事拘留、行政拘留、收容教育、[1]劳动教养、[2]强制戒毒、监察委留置等强制措施的,是否可以解除劳动合同?事实上,上述情形的出现,对用人单位的影响是一样的,即劳动者不能提供正常劳动,单位实质上有权解除劳动合同。但是,目前相关劳动立法,并未明确用人单位到底能否解雇。

3. 实务应对思路。鉴于上述困惑,基于用人单位管理成本和风险防控考虑,笔者总结如下三种方案,供借鉴:

第一,规章制度先行规定,此为上策。用人单位可以在规章制度中作出如下规定:“员工因违法、违纪及涉嫌犯罪等原因,被党、政府、公安、司法等部门的调查、留置、拘留、逮捕、收容教育、强制戒毒等强制措施的,致使员工连续3天未返岗工作,且未书面告知并经单位同意的,属于严重违规,单位可据此解除合同。”这就将被追究刑事责任及类似的劳动者被采取强制措施而无法提供劳动的情形,转化为“严重违规”,进而以严重违规解雇方式处理。

第二,劳动合同中止,此为中策。出现上述情形时,用人单位针对想要继续留

---

〔1〕《关于职工被公安机关“收容教育”企业能否与之解除劳动合同的请示》(劳办发〔1996〕209号)的复函中规定:“企业职工因卖淫、嫖娼等违法犯罪活动被公安机关执行收容教育的,企业可以根据《劳动法》第二十五条第二款的规定,解除与该职工的劳动合同。”2019年12月29日,收容教育制度被废止。

〔2〕原劳动部《关于贯彻执行〈中华人民共和国劳动法〉若干问题的意见》第31条规定,劳动者被劳动教养的,单位可以解除劳动合同。2013年12月28日,劳动教养被废止。

用的劳动者,可以采取劳动合同中止的方式处理。原劳动部《关于贯彻执行〈中华人民共和国劳动法〉若干问题的意见》(劳部发〔1995〕309号文)第28条规定,劳动者涉嫌违法犯罪被有关机关收容审查,拘留或逮捕的,用人单位在劳动者被限制人身自由期间,可与其暂时停止劳动合同的履行。暂时停止履行劳动合同期间,单位不承担劳动合同规定的相应义务。劳动合同中止,用人单位可以事先在规章制度中规定或劳动合同中约定,劳动者出现被采取强制措施无法工作的情形时,用人单位发送劳动合同中止通知,劳动者未表示异议的,视为同意中止。

第三,劳动者涉嫌犯罪,用人单位等到法院终审判决有罪再行解雇和直接以劳动者严重违规为由解雇,均为下策。前者虽然法律风险小,但时间成本过高;后者虽然及时快捷,但有较大的违法解雇的法律风险。当然,如果用人单位对严重违规解雇实体和程序的把握本身没有问题,特别是对"旷工"的界定明确的条件下,也可采取此种方案。

二、非过错性解雇的实操要点与风险应对

根据《劳动合同法》第40条的规定,非过错性解雇包括医疗期满解雇、不胜任工作解雇及情势变更解雇三种。鉴于医疗期满解雇在本书第四章"病假的劳动合同管理"部分中已有论述,不胜任工作解雇在本书第六章"绩效管理与不胜任工作解除"部分中已有论述,本部分只讨论情势变更解雇。

(一)"客观情况发生重大变化"的界定及主要情形

所谓可客观情况发生重大变化,是指用人单位因遭遇转产、搬迁、技术改造、兼并分离、撤销等客观情形。市场经济条件下,用人单位在生产经营管理过程中,随着社会经济的发展和变化,出现一些无法避免且无法克服的外部的、客观的因素,导致生产经营和劳动用工管理方面的变化,实属正常。常见的客观情况发生重大变化的包括但不限于以下情形:

1. 企业搬迁或迁移。用工实践中,企业搬迁有多种方式,一般来说,用人单位在市中心区域内搬迁的,不宜作为客观情况发生重大变化来处理,原因在于不会导致劳动合同无法履行。员工应正常履行劳动合同,单位也可要求员工至新搬迁的

地点工作,员工拒绝履行原合同或不配合单位安排的,单位可按规章制度处理。如果企业从一个地区搬迁至另一地区,或市中心搬迁至郊区的,应视为客观情况发生重大变化。

2. 重大资产转移或重组。用人单位根据市场环境的变化,进行并购重组,属于经营战略的调整,必然导致组织架构调整,而组织架构调整的基本目标就是减员增效。不过,此处需要注意的是用人单位如何证明是客观情况发生重大变化而导致的组织架构调整,而不是用人单位主观上为了裁员而实施。比如,撤销柜台、门店、办事处、分公司等,是基于客观情形还是基于主观判断,是能否适用这一条文的关键。

3. 国家立法或相关政策变化。国家立法和相关政策的变化,会在客观上导致用人单位生产经营范围的变化,主要表现为退出特定市场和转变经营方式,从而导致劳动合同无法履行。

4. 主要合作项目和合同关系发生重大变化。市场主体之间合作关系的变化,会导致部分劳动者的劳动合同无法履行,自然属于客观情况发生重大变化。

(二)致使劳动合同无法履行的正确理解

《劳动合同法》第 40 条第 3 项的立法本意,除了要有客观情况发生重大变化这一前提之外,还必须是客观情况发生重大变化导致劳动合同无法履行。关于如何理解无法履行,需注意以下两点:

1. 必须是劳动合同全部不能履行,而非部分不能履行。客观情况发生重大变化的,劳动合同一般都不能履行,特别是技术类的专业性岗位,但对部分岗位来说,可能只会导致部分不能履行,自然不能适用该条文,如行政、保安这些通用性岗位仍然可以继续履行的,用人单位不能直接将这类员工辞退。

2. 必须是当时不能履行,而非事后提出不能履行。客观情况发生重大变化导致劳动合同无法履行的认定及其处理,具有一定的时效性,必须是客观情况发生重大变化时就导致劳动合同不能履行。换言之,即使客观情况发生重大变化,用人单位可以据此解雇,但用人单位因安置、补偿问题并未与劳动者达成一致,从而没有解除员工的劳动合同,但也没有为劳动者实际提供岗位,但事后依然以该理由解雇的，笔者认为，此时用人单位存在两种法律风险：一是涉嫌违法解雇，即以之前的客观情况发生重大变化为由，解除现在的劳动合同，理由显然不正当且不充分；二是可能会导致劳动者反行其道，以“用人单位未提供劳动条件”为由提出解除劳动合同，并要求用人单位支付经济补偿金。

（三）情势变更解雇的程序要求

客观情况发生重大变化，导致劳动合同无法履行的，只有在满足法定的特定程序性条件下，即用人单位与劳动者协商变更合同内容，且未能达成一致的情况下，才能解雇。这是劳动立法对情势变更解雇的程序要求。对此，用人单位在实践操作中，应关注以下要点：

1. 协商变更劳动合同，只是程序要求，而非实体要求，即劳动者对劳动合同变更的任何意见并不会影响用人单位的解雇行为。换言之，如果用人单位确实需要与劳动者协商变更劳动合同的内容，而劳动者又同意的，则自然可以继续履行变更后的劳动合同，此时就不属于情势变更解雇了。如果用人单位无须继续履行劳动合同，则劳动者不同意协商变更的条件下，可以依法解雇。可见，用人单位如何设计劳动合同的变更内容，是决定劳动者是否同意的关键，也是决定用人单位能否顺利解雇的关键。

2. 协商变更劳动合同的方式。实践中，用人单位一旦遇到客观情况发生重大变化，可能采取情势变更解雇时，劳动者一般都不予配合，特别是关于劳动合同的变更，主要体现为保持沉默。这给用人单位的举证造成一定困难，因此，笔者建议用人单位采用在规章制度或劳动合同中事先约定默示条款的方式处理。比如，具体条款可以设计为：一方要求变更劳动合同，应将所期望的变更内容以书面形式送交另一方，另一方应在 3 日内书面答复，逾期不书面答复的，视为不同意变更本合同。

3. 协商程序与提前 30 日通知能否同时进行？协商是法定程序，用人单位以此理由解雇的，必须首先协商，协商不成的可以通知解除劳动合同，两者顺序有先后。如果劳动者答复不同意协商，或采取沉默态度的，用人单位再通知其 30 日后解除劳动合同。当然，综合用工成本和法律风险等因素的考量，笔者建议支付代通知金。

三、经济性裁员的实操要点

劳动用工实践中，经济性裁员作为劳动立法规定的一类裁员方式或解雇渠道，具有适用条件高、制约因素多、程序冗长复杂、法律风险高等特点。故在现行劳动立法框架及其相应的“大裁员”格局之下，经济性裁员并不具有优势，甚至是很多用人单位力求避免的一种裁员方式。以下从实务的角度，探讨经济性裁员的实务操作要点。

（一）经济性裁员的法定事由：经济性情势变更

长期以来，我国劳动立法、理论及实务对《劳动合同法》第 40 条第 3 项和第 41 条的区分问题，并无统一认知。就立法本意而言，前者属于情势变更，后者则局限于经济性的情势变更，即企业出现经营困难、破产重整、重大经营方式调整等客观情形。显然，前者的范围大于并应包含后者，但两者在被分别立法的同时，却又未能完全区分，故而导致一定程度的实务困惑。笔者认为，两者被分开立法的主要原因并非情势变更和经济性情势变更的区分，而是经济性裁员的规模性、群体性等特定因素。换言之，正是基于经济性裁员的经济性、规模性、群体性等特殊因素，才有必要单独立法，而不能包含在笼统的情势变更解雇制度中。

1. 依照企业破产法规定重整的，可自法院裁定重整之日实施裁员。根据原劳动部《企业经济性裁减人员规定》第 2 条的规定，用人单位濒临破产，被人民法院宣告进入法定整顿期间或生产经营发生严重困难，达到当地政府规定的严重困难企业标准，确需裁减人员的，可以裁员。需要注意的是，裁员的时间节点应是法院裁定用人单位重整之日。

2. 经营发生严重困难的，需用人单位举证。目前，国家层面上的劳动立法并没有对企业因“生产经营发生严重困难”作出明确规定，只有部分地方性规定。[1] 可

[1] 如《北京市企业经济性裁减人员规定》中规定，连续 3 年经营性亏损且亏损额逐年增加，资不抵债，80% 的职工停工、待工，连续 6 个月无力按最低生活费标准支付职工生活费的，属于经营发生严重困难。

见,企业是否经营严重困难,需要用人单位举证。特别是在没有地方性规定的条件下,实务部门只能综合各种因素,判定是否发生经营严重困难。显然会面临很大的法律风险。

3.用人单位转产、重大技术革新或者经营方式调整,只有在变更劳动合同后,仍需要裁减人员,才可进行经济性裁员。用人单位在出现这一情形,并利用该项规定实施经济性裁员时,应注意三点:其一,举证证明存在转产、重大技术革新或者经营方式调整的事实;其二,举证证明与职工变更劳动合同的相关情况;其三,经变更劳动合同后,仍有部分富余员工不能安置。

(二)经济性裁员的程序要求:说明和报备

经济性裁员的程序要求,主要是两方面:一是向职工说明情况,听取职工意见;二是向劳动行政部门报备,获得劳动行政部门的支持。具体来说,用人单位应当提前30日向工会或者全体职工说明情况,听取工会或者职工的意见,并提供有关生产经营状况的资料。显然,用人单位既可向工会说明情况,也可向全体职工说明情况,从风险管控的角度看应选择与工会说明,但从人性化管理和充分沟通的角度看,应选择与全体职工说明情况。

关于向劳动行政部门报备,也只是程序要求,相关劳动立法并未要求须经劳动行政部门批准后才可裁员。用人单位只需将裁员方案,大致包括裁员理由、裁员的合法性和必要性、裁员的合规性、裁减人员名单、裁员时间及实施步骤、补偿方案等向劳动行政部门报告即可。

(三)经济性裁员的制约因素:不得裁减、优先留用、优先招用

根据相关劳动立法的规定,经济性裁员需满足三种制约因素,即不得裁减、优先留用、优先招用。实际操作层面上,用人单位拟实施经济性裁员的,需事先将单位职工情况进行摸底,做好尽职调查工作,并依法将不得剪裁人员的名单、优先留用人员的名单以及依法可以裁减人员的名单分别列出。

根据《劳动合同法》第42条的规定,用人单位在进行经济性裁员时,若遇到

“老、弱、病、残、孕”的员工不得裁减;〔1〕根据《劳动合同法》第 41 条第 2 款的规定,裁减人员时,应当优先留用长期劳动合同或家庭困难的员工;〔2〕根据《劳动合同法》第 41 条第 3 款的规定,用人单位实施经济性裁员的,在 6 个月内重新招用人员的,应当通知被裁减的人员,并在同等条件下优先招用被裁减的人员。〔3〕

四、用人单位违法解雇的预防与应对

用人单位违法解雇的预防和应对主要是从实务的角度讨论两方面的问题:一是用人单位如何预防违法解雇?二是如果被实务部门认定为违法解雇后,如何应对?

(一)违法解雇的预防

实务中,违法解雇的预防主要从解雇主体、解雇理由、解雇程序和限制解雇情形四个方面进行。

1. 解雇主体需统一明确,是避免违法解雇的前提。实践中,普遍存在用人单位的相关负责人或部门负责人在没有任何理由,甚至因私人恩怨的情况下,口头解雇劳动者的现象,显然容易被认定为违法解雇。因此,除了解雇的实体理由和程序要求外,统一解雇主体便显得尤为重要。建议用人单位在相关规章制度中规定,所有解除或终止劳动合同的行为均由单位人力资源部或人事行政部出具,其他任何人员和职能部门无权解除劳动合同。单位任何个人基于任何理由所作出的解雇或类

〔1〕 主要情形包括:(1)从事接触职业病危害作业的劳动者未进行离岗前健康检查,或疑似职业病人在诊断或医学观察期间的;(2)在本单位患职业病或因工负伤并被确认丧失或部分丧失劳动能力的;(3)患病或非因工负伤,在规定医疗期内的;(4)女职工在孕期、产期、哺乳期的;(5)在本单位连续工作满 15 年,且距法定退休年龄不足 5 年的等。

〔2〕 主要情形:(1)与单位订立较长期限劳动合同的;(2)与单位订立无固定期限劳动合同的;(3)家庭无其他就业人员,有需要抚养的老人和未成年人的。

〔3〕 此处应当注意两点:第一,根据《劳动部办公厅对〈关于劳动用工管理有关问题的请示〉的复函》(劳办发〔1996〕5 号)第 1 条的规定,用人单位经济性裁员后,在 6 个月内录用人员的,应向劳动行政部门报告录用人员的数量、时间、条件以及优先录用被裁减的人员;第二,根据《关于实行劳动合同制度若干问题的通知》(劳部发〔1996〕354 号)第 19 条的规定,因经济性裁员而被裁的职工,在 6 个月内又被原单位重新录用的,对职工被裁减前和重新录用后的工作年限应当连续计算为本单位工作年限。

似解雇行为均无效。同时,还应进一步规定,单位相关负责人或部门负责人可向人力资源部建议解除劳动合同,但必须说明理由并提供相应的证明材料。

2. 实体上,注意解雇理由须明确、具体且充分。从人力资源管理和员工关系管理的角度看,解雇员工关乎员工的就业问题,显然是一种严厉的处理措施,必须有充分的理由;从法律适用的角度看,解雇员工行为,实质就是一种劳动立法和规章制度具体适用的过程。具体来说就是须符合法律适用“三段论”的基本原则,即大前提——劳动立法和规章制度,小前提——违法或违规事实,结论——可以合法解除。因此,任何用人单位的单方解雇行为均需满足上述“三段论”的认知和运行逻辑。其中,用人单位尤其需要关注的是,依据劳动立法对处理劳动争议的举证分配规则和要求的规定,用人单位需对解雇合法性承担举证责任,主要是规章制度合法性和违规事实方面的举证。

3. 程序上,需注意具体解雇程序的合法。主要需注意三点:一是如何拟定并向劳动者送达解除劳动合同的通知;二是如何事先将解雇理由通知工会;三是注意禁止解雇(包括到期终止)情形的制约。

设计或拟定解除劳动合同的通知内容,一般应关注以下三点:一是解雇理由,主要包含劳动者违规或违法的事实和相关立法或规章制度的条款两部分,力求理由具体、明确,特别是违规事实和立法、规章制度的对应关系;二是解雇时间,明确何时解除劳动关系或劳动合同;三是离职手续的办理要求等。送达解除通知,遵循优先直接送达,直接送达不了的邮寄送达。建议单位事先在规章制度或劳动合同中约定具体的联系方式,特别是约定邮寄送达时劳动者不予签收或无法签收时的后果。

关于通知工会问题,目前有争议的是在用人单位没有成立工会的情形下,是否要通知以及如何通知?就用人单位解雇风险管控而言,即使单位没有成立工会还是应通知,可以通知至用人单位所在地的上一级工会组织。笔者认为,无论工会是否签收关于解雇理由的通知,也无论工会收到了通知后是否予以回复,均符合《劳动合同法》第43条的立法本意和精神,实务部门无理由认定用人单位违法解雇。

不得解雇的情形,除了要遵守《劳动合同法》第42条之外,还需关注一些的新的劳动政策口径要求。如新冠肺炎疫情防控期间,针对新冠肺炎患者、病原携带者、疑似新冠肺炎患者、无症状感染者、密切接触者、被依法隔离者或来自疫情相对严重地区的劳动者等,不得解除或终止劳动合同。

(二)违法解雇后的应对策略

根据《劳动合同法》第 48 条的规定,用人单位违法解雇后,劳动者有两项权利可以选择主张:一是要求用人单位支付赔偿金;二是要求恢复劳动关系或劳动合同的履行。对用人单位而言,如果劳动者要求赔偿金,则实质上变成了金钱债务,此时用人单位可与劳动者协商,争取调解结案。如果劳动者只请求恢复劳动关系或继续履行劳动合同而不要求赔偿金,则对用人单位来说有两点不利:

第一,本来就应予解雇的人,却可能被判继续履行劳动合同。因此,用人单位必须做好相应的准备工作,并提出充分的能证明劳动者已不再适合原工作的证据材料。实践中,常见的可以抗辩劳动者要求恢复劳动关系,或劳动合同已经不能履行的情形包括但不限于:(1)用人单位出现各种丧失主体资格情形的;(2)劳动者达到法定退休年龄的;(3)劳动合同在仲裁或诉讼过程中到期终止,且不符合法定顺延情形的;(4)劳动者原岗位具有唯一性或不可替代性,且已被他人替代的;(5)劳动者已入职新单位的;(6)仲裁或诉讼过程中,用人单位有证据证明已向劳动者提供合理工作岗位,但劳动者拒绝的等。

第二,在此种情况下,用人单位要承担更多用工成本。因违法解雇已被确认,故劳动关系解除后,在 1 年时效范围之内,劳动者均可以申请仲裁,且用人单位需要补发劳动者被违法解雇后的工资。同时,如劳动者要求恢复劳动关系的请求被支持,用人单位还要支付劳动者仲裁和诉讼期间的工资。

那么,在劳动者坚持要求继续履行劳动合同,而用人单位无法证明原劳动合同无法继续履行,或不能说服仲裁员或法官的条件下,如何处理才能降低风险和用工成本?建议此时用人单位应调整思路,配合劳动者的请求,通知劳动者返岗上班。如此处理实为上策,有四个理由:一是可以定分止争,通知员工返岗工作,说明双方事实上已经没有争议;二是通知员工返岗工作可以止损,无须补发更长时间的工资,从而控制违法解雇后的用工成本;三是通知员工返岗工作,满足了劳动者的诉求,也迎合了仲裁员或法官的心理预期,案件的处理由被动局面转为主动局面;四是为后续管理水平的提升和调整管理策略以进一步处理和应对该劳动者赢得时间和机会。

第四节 "三金"的正确理解与适用

劳动立法、理论和实务中所谓的"三金"一般是指经济补偿金、赔偿金及违约金。"三金"的实务处理及其相互关系的正确理解与适用,可重点关注以下问题。

一、经济补偿金的相关实务要点

劳动用工实践中,关于经济补偿金的常见实务要点,主要包括经济补偿金的适用情形、计算基数、核算方式及支付等。

(一)经济补偿金的适用情形

经济补偿金的本质是用人单位依法解除或终止劳动合同时给予劳动者的一种一次性补偿,[1]故关于经济补偿金的适用情形或范围,须依据法定标准。换言之,凡是支付经济补偿金的情形均是基于用人单位或劳动者合法解除、终止劳动合同行为。这是经济补偿金与赔偿金的本质区别所在。与《劳动法》及其相关配套规定相比,《劳动合同法》扩大了关于经济补偿金的适用范围。因而在实务中,就必然涉及《劳动合同法》施行前后的分段核算问题。根据《劳动法》和《违反和解除劳动合同的经济补偿办法》(劳部发〔1994〕481 号,已废止)等规定,劳动法时代共有 10 种

---

〔1〕 关于经济补偿金的性质,理论和实务界众说纷纭。经济补偿既具有工龄补偿的功能,又具有一定的失业保险功能,故不同于只有失业保险功能的失业保险金;经济补偿金是市场经济条件下,劳动立法规定的用人单位法定义务,故不同于国企改制或破产背景下用人单位向劳动者支付的一次性安置费;经济补偿金也不同于各种类型的生活补助费或生活费。

情形需支付经济补偿金,[1]而《劳动合同法》施行后,则增加至18种情形。[2]故在处理经济补偿问题时,首先需考虑的是经济补偿支付情形的分段确定问题。随着时间的推移和社会的发展,经济补偿金的分段核算问题逐步减少,但在当前实务中依然需考虑分段计算。其中,最典型的就是劳动合同到期终止的经济补偿问题,即劳动合同到期终止需支付经济补偿的,2008年之前的工作年限无须补偿。故在当前经济环境下,如存在2008年前用工的,企业选择到期终止还是解散或破产关闭,在一定程度上决定了用工成本的高低。

(二)经济补偿金的计算基数及其计算方式

实务中,经济补偿金的计算涉及以下要点:

1.如何确定经济补偿金的计算基数?根据《劳动合同法实施条例》第27条的规定,经济补偿金的月工资按劳动者应得工资计算,包括计时工资或计件工资以及奖金、津贴和补贴等货币性收入。劳动合同解除或终止前12个月平均工资低于当地最低工资的,按最低工资标准计算。可见,劳动立法已明确经济补偿金的计算基数,只是在实践中因对"应得工资"这一概念有意或无意地曲解而导致争议。简单而言,应得工资除了用人单位已实际支付的工资外,还有两个部分需要纳入计算:一是社会保险和住房公积金劳动者个人承担,但由用人单位代扣代缴的部分;二是用人单位代扣代缴的个税部分。

值得注意的是,关于经济补偿金的计算基数问题,各地司法实践中的裁审口径

---

〔1〕 分别是:(1)用人单位提出协商解除劳动合同;(2)用人单位非过错性解雇的3种情形;(3)经济性裁员;(4)非过错性解雇5种情形,包括未按合同约定支付劳动报酬或提供劳动条件,克扣或拖欠工资,拒不支付加班工资,低于最低工资支付,以暴力、威胁或非法限制人身自由的手段强迫劳动者签订劳动合同。

〔2〕 分别是:(1)用人单位动议协商解除劳动合同;(2)《劳动合同法》第38条规定的6种劳动者被动辞职并要求支付经济补偿;(3)《劳动合同法》第40条规定的3种非过错性解雇情形;(4)《劳动合同法》第41条规定的经济性裁员情形;(5)《劳动合同法》第46条规定的1种到期终止原则上需支付补偿的情形和3种用人单位主体资格丧失而导致劳动合同法定终止的情形(破产、被动关撤、主动解散);(6)《劳动合同法实施条例》第6条规定的,用人单位因劳动者原因自用工之日起超过1个月未满1年拒签劳动合同而终止事实劳动关系的;(7)《劳动合同法实施条例》第22条规定的以完成一定工作任务为期限的合同终止需支付经济补偿的情形;(8)《劳动争议司法解释(一)》第48条规定的,经营期限届满的需支付经济补偿。

差异并不大,这与各地关于未签劳动合同双倍工资差额的计算基数存在不同裁审口径有很大不同。其根本原因在于经济补偿金的计算基数属于依法补偿,是基于立法的明确规定,而未签劳动合同的双倍工资差额则属于法律责任,是对用人单位的一种惩罚,具有一定的伸缩性。

2. 计算年限。根据《劳动合同法》第 47 条的规定,经济补偿金按劳动者在本单位的工作年限,按每满 1 年支付一个月工资标准向劳动者支付。不满 6 个月的,支付半个月工资;6 个月以上不满 1 年的,按 1 年计算。关于经济补偿金的计算年限,有两个问题值得注意:

第一,补偿年限计算标准的分段问题。《劳动合同法》施行前,未满 1 年的按 1 年计算,支付一个月工资,而《劳动合同法》则细化了补偿年限的计算。此为实务中常说的经济补偿金的分段计算问题之一。

第二,用人单位合并或分立与经济补偿的年限问题。用人单位合并或分立,到底要不要支付补偿金?实务中一直存在争议。事实上,根据《劳动合同法》第 34 条的规定,用人单位合并或分立,原劳动合同继续有效,也就意味着劳动合同由承继权利义务的单位继续履行,自然无须支付经济补偿金。但实践中,用人单位在关、停、转、并过程中,经常涉及劳动合同的解除、终止,并又重新建立劳动关系,自然也存在经济补偿问题。对此,《劳动合同法实施条例》第 10 条也规定,劳动者被安排到新用人单位的,原工作年限应合并计算。故实务处理的关键有两点:一是看原劳动合同是否继续履行,如继续履行,可以不考虑经济补偿,因为没有解除或终止劳动合同;二是无论原劳动合同是否继续履行,各用人单位和劳动者之间均可以就劳动关系的解除或终止、相关工作年限及经济补偿等问题进行处理。

3. 如何理解“双封顶”?《劳动合同法》第 47 条规定的“双封顶”,是指用人单位在支付劳动者经济补偿金时,若劳动者收入高于当地月社平工资 3 倍的,只能按 3 倍核算,并最多支付 12 个月。故此处的“双封顶”并不是“社平工资 3 倍”和“支付 12 个月”两项要素同时具备,而是“社平工资 3 倍”和“最多支付 12 个月”两个要素同时具备。换言之,即以“高收入封顶”为主,“工作年限封顶”为辅。比如,支付一个工作年限只有 3 年的高收入劳动者的经济补偿,只需以社平工资 3 倍为标准,支付 3 个月工资的经济补偿。

另外需注意,关于经济补偿的“双封顶”也涉及补偿金的分段计算问题。《劳动合同法》施行前,也存在经济补偿的封顶问题,主要涉及两个要素:一是法定情形,即只有协商解除和不胜任工作解除两种情形才会封顶;二是补偿年限封顶,即在上述两种情形下,最多只支付12个月补偿。相较而言,《劳动合同法》时代的“双封顶”更有利于用人单位用工成本的控制。

4.“N”还是“N+1”? 实务中,关于经济补偿金的计算和支付,经常出现的一个认知误区是所有的经济补偿金均需按“N+1”的标准支付。事实上,经济补偿的法定标准就是“N”,至于工龄未满6个月按半个月支付,工龄满6个月不满1年的,按一个月支付,也是基于实际工作年限的补偿。实践中,“N+1”的补偿标准实际上是源于对《劳动合同法》第40条的误解,但事实上,“N+1”中的“1”是用人单位未提前一个月通知解除的代通知金的意思,而非一个月的经济补偿。两者计算标准并不相同,根据《劳动合同法实施条例》第20条的规定,用人单位依照《劳动合同法》第40条的规定,选择额外支付劳动者一个月工资解除劳动合同的,其额外支付的工资应按照该劳动者上一个月的工资标准确定。显然,这与经济补偿金的计算基数和计算方式不同。

当然,经济补偿是“N”的法定标准,与实践中用人单位基于各种因素的考量而向劳动者支付“N+1”、“N+2”乃至“2N”等标准的补偿金并不冲突。这并不违背“不低于法定标准”及“有利于劳动者”的原则和精神,实质上是劳资双方博弈的结果。

(三)经济补偿金的支付

1.如何把握经济补偿金的支付时间?《劳动合同法》第50条第2款规定,劳动者应按双方约定,办理工作交接。用人单位依照本法有关规定应向劳动者支付经济补偿的,在办结工作交接时支付。可见,相较于离职时的工资结算和支付,立法对经济补偿金的支付时间规定得更为宽松,且可以作为用人单位对劳动者不进行工作交接的有效抗辩手段。工作交接或离职手续的办理是劳动者离职时需履行的附随义务之一,用人单位可以在规章制度规定或劳动合同中约定具体的交接内容、交接时间、交接主体以及不履行交接的赔偿责任等。只有对工作交接的相关问题进行细化约定,才可以顺利运用经济补偿金的支付进行抗辩。

劳动立法对经济补偿金的支付时间并未强制规定,劳资双方可否协商延期支付或附期限支付？笔者认为应该可以。第一,经济补偿金的支付以用人单位和劳动者合法解除劳动合同为前提;第二,延期支付金双方协商同意;第三,延期支付只是延长支付期限,用人单位并未脱离债务关系。

2. 不支付经济补偿金有何法律后果？用人单位应依法支付而不支付经济补偿金的,劳动者既可以通过劳动监察程序,也可以通过劳动仲裁和诉讼程序主张相关权益。值得关注的是关于《劳动合同法》第 85 条的理解和适用问题。该条的适用涉及行政程序、仲裁和诉讼程序、加付赔偿金等众多要素,实务中一直存在争议。2010 年《最高人民法院关于审理劳动争议案件适用法律若干问题的解释(三)》(已废止)实施前,实务界关于该条加付赔偿金制度的适用,认识基本一致,即劳动者只能通过劳动行政程序主张加付赔偿金。不过,根据《违反和解除劳动合同的经济补偿办法》(2017 年 11 月废止)第 10 条的规定,劳动者也可以通过劳动争议处理程序(仲裁和诉讼)主张权益(50% 的额外补偿金),从而造成劳动者既可以通过劳动行政程序主张赔偿,也可以通过劳动仲裁和诉讼获取加付赔偿金或额外补偿金的适用格局。但根据《最高人民法院关于审理劳动争议案件适用法律若干问题的解释(三)》(已废止)第 3 条的规定,劳动者依据《劳动合同法》第 85 条规定,向法院提起诉讼,要求单位支付加付赔偿金的,人民法院应受理。据此,加付赔偿金直接被纳入劳动争议程序,但要满足一个的前提条件是需经过劳动行政部门的处理。换言之,关于加付赔偿金的权利主张途径,由之前的行政程序和劳动争议程序择一行使变成现行的统一行使或关联行使。值得注意的是,根据《劳动争议司法解释(一)》第 1 条第 8 项的规定,劳动者依据《劳动合同法》第 85 条规定,要求用人单位支付加付赔偿金发生的纠纷属于典型的劳动争议,无须行政处理程序前置。

3. 支付经济补偿金如何承担个税问题？根据《财政部、国家税务总局个人与用人单位解除劳动合同取得的一次性补偿收入征免个人所得税问题的通知》(财税〔2001〕157 号)的规定,经济补偿金在当地上年职工平均工资 3 倍数额范围内的部分,免征个人所得税,超过部分按《国家税务总局关于个人因解除劳动合同取得经济补偿金征收个人所得税的通知》(国税发〔1999〕178 号)的有关规定,计算征收个人所得税。具体而言:第一,一次性经济补偿金,按"工资、薪金所得"项目计征个人所得税;第二,允许在一定期限内平均处理。[1]

4. 支付经济补偿金可否约定支付条件？实践中,很多用人单位和劳动者在协商解除劳动合同协议书中约定支付经济补偿金的条件,是否有效？有人认为此类条款的约定违反了《劳动合同法》第46条第2项、第50条第2款的规定,致使经济补偿金支付与否及支付时间具有高度的不确定性,应属无效。也有人认为,此类条款的约定是双方真实的意思表示,并未违反法律、行政法规的强制性规定,根据《劳动争议司法解释(一)》第35条的规定,[2]应认定合法有效。笔者赞同有效论。经济补偿金的性质和功能决定其支付本身就可以附条件,是劳资双方在离职阶段的一种博弈。劳动立法关于离职工作交接可以用经济补偿金的支付予以抗辩,其实就是一种法定的支付条件。故推而广之,在不违法和双方真实意思表示的前提下,自然可以约定支付条件。

二、赔偿金的相关实务要点

赔偿金制度属于赔偿责任范畴,相关责任主体承担赔偿责任就应有相应的归责原则支撑。劳动法视野下的赔偿金制度,以过错责任为原则,无过错责任为例外。因此,劳动法实务中赔偿金制度与补偿金制度的最大区别就在于赔偿金需基于用人单位或劳动者的过错,是对相关主体违法行为的一种处罚,而补偿金制度则是用人单位在合法解除或终止劳动合同时依法向劳动者支付的补偿。赔偿金制度的实务要点,主要有以下几点。

(一)赔偿金制度的范畴和类型

众所周知,法律责任、赔偿责任及赔偿金这三组概念显然是包含关系。劳动立

[1] 比如,以支付的经济补偿金按劳动者在用人单位的工作年限(工龄超过12年的,按12年计算)进行平均,以平均所得作为个人的月工资收入,再按规定计算个人所得税。

[2] 该条第1款规定,劳动者与用人单位就解除或者终止劳动合同办理相关手续、支付工资报酬、加班费、经济补偿或者赔偿金等达成的协议,不违反法律、行政法规的强制性规定,且不存在欺诈、胁迫或乘人之危情形的,应当认定有效。

法中的法律责任,包括劳资双方及相关主体应承担的民事赔偿责任、行政责任及刑事责任,赔偿责任主要是民事责任的主要形式,但也体现行政责任,如责令赔偿金制度,而赔偿金制度又只是赔偿责任的主要形式。[1] 实际上,劳动法领域和劳动用工实践中的赔偿金制度涵盖范围甚广,既有法定的形式,也有约定的形式,既涉及入职、在职和离职管理中各种法定的和约定的赔偿金,也包括用人单位和劳动者各自基于法定和约定应予承担的赔偿金。

目前,关于赔偿金制度实务中存在"三个关注,三个忽视"问题:第一,只关注离职的赔偿金制度,而忽视劳动用工过程中的其他赔偿责任制度;第二,只关注用人单位的赔偿责任问题,而忽视劳动者一方的赔偿责任问题;第三,只关注法定的赔偿金,而忽视约定的赔偿责任问题。据此,劳动法实务中的赔偿金制度,应以用工过程(入职、在职和离职)和劳资双方主体为主要线索,以法定和约定的赔偿责任为主要方式,并以一般的赔偿金、责令赔偿金、加付赔偿金、连带赔偿责任、补充赔偿责任等为主要形式将赔偿责任类型化,再据此探讨各类赔偿责任的实务问题。鉴于本部分只探讨离职经济补偿和赔偿金问题,故暂不探讨入职和在职管理过程中的各种法定和约定的赔偿责任。[2]

(二)用人单位的赔偿责任——以法定为主,约定为辅

《劳动合同法》立法主要规范的是用人单位承担赔偿责任,而较少约定劳动者承担赔偿金。在离职阶段,用人单位依法承担的赔偿责任主要有:第一,违法解除和终止劳动合同,劳动者主张赔偿金的,即用人单位依法应按经济补偿金的双倍支付;第二,离职阶段,单位不支付工资、加班费及经济补偿金的加付赔偿金制度;第三,不履行相应的附随义务,如不出具离职证明,不办理社保和档案关系的转移,给

---

〔1〕 鉴于劳动法领域中的赔偿责任主要体现为赔偿金,本书所指的赔偿金和赔偿责任如无特殊指明,可通用。

〔2〕 不过,实务处理思路是一样的,即梳理法定的赔偿责任,再以各种形式细化约定赔偿责任。比如,入职阶段就可以在劳动合同等相关文件中就劳动者的相关赔偿责任进行细化约定。相反,劳动者也可以在相关协议文本中约定用人单位的赔偿责任。这样,法定赔偿责任和约定赔偿责任相互补充,用人单位和劳动者双方互相制约平衡,方能实现和谐劳动关系的目标。

劳动者造成损害的,需承担赔偿责任。

可见,离职阶段用人单位承担赔偿责任的方式主要是法定的几种,但根据“法无禁止即自由”和“有利于劳动者”的原则和精神,劳动立法显然并不排除劳资双方就用人单位的赔偿责任进行约定。值得一提的是,此处的约定不仅是劳资双方可以创设用人单位应承担赔偿责任的情形,还可以约定赔偿责任的形式,即约定具体的赔偿金或者约定损失赔偿的计算方法。比如,劳动者可以和用人单位约定,劳动者辞职时,用人单位不出具离职证明的,无论劳动者是否因此产生实际损失,用人单位均需承担劳动者离职前2个月工资的赔偿金。笔者认为,尽管这种约定与《劳动合同法》第89条“用人单位违反本法规定未向劳动者出具解除或终止劳动合同的书面证明,由劳动行政部门责令改正;给劳动者造成损害的,应承担赔偿责任”的规定主旨有出入,但符合劳动法的理念和精神,并非无效约定。

(三)劳动者的赔偿责任——以约定为主,法定为辅

劳动立法的宗旨是保护劳动者,故在立法上很少体现劳动者的赔偿责任。离职阶段,劳动者依法承担赔偿责任的情形主要有:第一,《劳动合同法》第90条规定,即劳动者违法解除或终止劳动合同,劳动者违反劳动合同中约定的保密义务或竞业限制,给用人单位造成损失的,依法承担赔偿责任;第二,《劳动合同法》第86条规定,因劳动者原因被判定劳动合同无效,劳动者有过错的,应承担赔偿责任。显然,用人单位的规范管理,不能仅依赖劳动立法简单而笼统的规定,而应在用工管理实践中,大量采取约定劳动者赔偿的方式。包括但不限于如下重要情形:(1)劳动者“不辞而别”时,如何约定赔偿责任?(2)劳动者不履行工作交接义务时,如何约定赔偿责任?(3)劳动者违反保密义务时,如何约定赔偿责任?(4)劳动者违反竞业限制义务时,如何约定赔偿责任?

三、违约金的相关实务要点

一般而言,违约金是指合同当事人约定在一方不履行合同或履行合同不符合约定时向另一方支付一定数额的货币。《劳动合同法》第25条明确规定只能在服务期协议和竞业限制协议两处约定劳动者承担违约金。显然,这既是对长期以来

实务中用人单位各种滥用违约金行为的纠正,也体现了劳动法领域违约责任的特殊性。然而,实务中在理解和适用违约金制度时,依然存在一些误区和疑问,摘其要者阐释如下:

其一,《劳动合同法》规定的违约金制度是单向的或专属于劳动者。实务中常有这样的疑问,劳动立法明确规定只能对劳动者约定违约金,而没有规定用人单位承担违约金的情形,是否可以对用人单位规定或约定违约金?显然,这是一种对劳动法领域所谓违约金专属性的误解。该条立法宗旨是为了限制用人单位滥用违约金制度而设计的,但并不限制劳资双方在各种协议文本中约定用人单位承担违约金。换言之,劳动者议价能力强,完全可以与用人单位进行博弈,约定用人单位承担违约金的各类情形。

其二,《劳动合同法》第 25 条规定的两种可约定违约金情形不能与赔偿金制度同时适用。有人认为,立法规定了只有在服务期协议和竞业限制协议中可以约定劳动者承担违约金,并未规定此两种情形下劳动者如何承担赔偿金,故两者不能并存。事实上,在服务期协议和竞业限制协议中,可以在约定违约金的同时约定赔偿金。理由有二:

一是合同法理论中,违约金和赔偿金并不冲突,只是在不同的合同法理念下如何选择和适用填补性违约金(赔偿金)和惩罚性违约金(赔偿金)的问题,劳动立法也未明确禁止同时约定违约金和赔偿金。

二是《劳动合同法》规定的两种可约定违约金情形,并不能制约违约方的违约行为,也不足以弥补守约方的损失,故可以同时约定赔偿金。比如,劳动者辞职行为明显有违诚信原则,且违反服务期协议的约定,给用人单位造成重大损失,但因立法设置了违约金的计算方式,[1]劳动者承担违约金根本弥补不了用人单位的损失,基于公平的考虑,应允许劳资双方在服务期协议中约定劳动者承担一定的赔偿

---

〔1〕 实践中,此种情况下的违约金是根据用人单位支出的培训费用,再按照服务期年限进行分摊,故违约金数额不会太高。特别需要指出的是,专业技术培训期间的工资支出不属于培训费用支出,不能纳入违约金的计算。故笔者建议,用人单位在专业技术培训期间,不支付工资,而是将相应数额的工资作为培训津贴支付给劳动者,或者只支付最低工资,其他工资以培训津贴名义支付。这样会导致培训费用支出基数的增加,从而增加违约金的数额。

责任。

其三,在两种法定情形下,约定劳动者承担违约金的数额不可调整。劳动立法对服务期违约金问题有限制性规定,即劳动者支付的违约金数额不得超过服务期尚未履行部分所应分摊的培训费用。尽管《劳动合同法实施条例》第 16 条明确并细化了培训费用组成部分,进一步扩大了专项培训费的范围,但服务期的违约金数额依然不足以制约劳动者的违约行为和弥补用人单位的损失。相反,劳动立法对竞业限制协议中的违约金数额,却并未明确规定允许劳资双方就违约金数额进行自主约定。故实务中有人认为,劳动立法并未像干预服务期违约金一样,对竞业限制的违约金加以干预,而是允许当事人自主约定违约金,即使约定高额违约金,也是劳动者的真实意思表示,应遵循约定优先原则。显然,这是对竞业限制违约金的误解,无论是依据合同法理论还是劳动立法的理念和原则,竞业限制违约金的约定都必须公平、务实、合理,须结合用人单位自身商业秘密的价值、竞业限制补偿金数额、劳动者的薪资水平等因素综合考量并确定违约金的数额,否则,劳动仲裁和法院当然可以依对方请求予以调减。

CHAPTER 10

第十章 离职手续办理及其法律风险防控

广义上的离职管理实务,大致包括两个阶段:第一,离职行为,即劳动者和用人单位基于一定的动机和理由而作出的解除或终止劳动合同的行为;第二,离职手续的办理,即基于离职行为而产生的与离职有关事宜的后续处理。狭义上讲的离职管理实务和离职风险管理一般仅指第一种。事实上,离职行为是离职管理的前提,是离职风险管理的基础和核心,而离职手续的办理是后续事务的处理,是离职风险管理的关键。离职手续的办理和相关附随义务的履行,只基于离职行为的事实认定,而不在乎离职行为的价值判断。换言之,在没有确定离职行为已经发生的条件下,不能办理离职手续,而在离职行为确定发生的情况下,即便被认定为违法解除,也不影响离职手续的办理。

可见,离职手续的管理及其法律风险防控对整个离职风险管理极其重要,有必要单独设章分析。在离职手续办理过程中,主要涉及的事宜包括:离职交接、离职结算、离职证明的开具、档案和社保关系的转移、相关文本的归档和保管等。如按离职手续办理中劳资双方应履行的义务划分,既有法定义务(附随义务),又有约定义务;既有劳动者或用人单位单方的义务,又有双方义务。

第一节　离职交接和离职结算管理实务

在离职管理过程中,离职交接和离职结算无疑是最主要也是最重要的离职手续。离职交接是劳动者要承担的主要义务,或者说劳动者是主要的义务主体,而离职结算则是以用人单位为义务主体。

一、离职交接实务及其法律风险防控

离职交接又称工作交接,其实务处理中常见问题主要有以下几种:

第一,离职过程中,是否必须要进行工作交接?

关于是否必须要有离职交接程序,或者说劳动者离职交接是不是法定义务的问题,可以从两个层面观察:在法律层面上,相关劳动立法并未规定劳动者离职必须进行离职交接,或者说离职交接并非劳动者的法定义务;在用工实践层面上,必然有且应该有离职交接程序。这就涉及离职交接的必要性问题。从用工管理实务的角度看,离职交接至少有三个好处:一是对劳动关系"切断"的进一步确认;二是对工作岗位及其职责的交代并善终;三是方便岗位的继任者快速有效地进入工作状态。因此,无论基于何种理由和动机,完善工作交接都是离职管理实务的重要节点。

第二,离职交接具体要交接哪些事项?

关于离职交接事项,并无统一规范,与用人单位所属行业、组织形态、企业性质、管理水平等因素有关。从广义上看,交接事项可以分为三个层面:一是器物层面的交接,即与工作有关的如电脑、汽车等物件的交接;二是信息层面的交接,即与工作有关的信息,如客户信息、工作日志、工作进度、工作报表、会议纪要等的交接;三是工作经验和技能层面的交接,即员工离职时单位应通过适当的方法将员工在职期间积累的技能和经验传承下来。实践中,大部分用人单位的离职工作交接只停留在第一个层面,少部分用人单位可以做到第二个层面的交接,至于第三个层面

的交接其实是一种用人单位的知识管理，是一项长期的、系统的工作，只不过在离职阶段体现得更加突出和必要。

第三，劳动者拒绝交接或不按规定或约定交接的，如何处理？

应对员工拒绝离职工作交接或不按规定和约定交接的方式大致有三种：

一是以经济补偿金的支付为抗辩条件。即离职员工不按规定交接的，用人单位可以不支付经济补偿金。此方案的弊端是，如果员工离职而用人单位依法无须支付经济补偿金的，就无法以此抗辩。

二是约定赔偿责任条款。用人单位和劳动者可以在劳动合同中就离职交接设定赔偿责任条款，约定劳动者拒绝离职工作交接或不按要求交接，给用人单位造成损失的，需承担一定的赔偿责任。鉴于用人单位难以举证实际损失，可以直接约定赔偿额，比如，约定按劳动者离职前一个月的工资额为赔偿标准。此时，用人单位可以暂时扣除一个月工资，如果员工要追回，则先通知其办理交接。如果员工直接去劳动监察或仲裁，这种扣除有可能被实务部门认定为不具备正当理由，最终也需向劳动者及时补发。可见，约定赔偿责任条款的处理方案，不但不会增加用工成本，而且能有效制约离职员工拒绝工作交接。

三是利用离职结算中可以延期支付相关款项以制约离职员工工作交接。离职结算中，如果涉及绩效奖金的核算和支付，甚至是股权激励等事项的，需要在符合支付条件的情形下才能结算，则可能涉及延期支付的问题。此时，可以此为制约条件应对离职员工的工作交接。

二、离职结算实务及其法律风险防控

所谓离职结算，一般是指劳动者离职时，劳资双方应就劳动者的薪资、福利、经济补偿、赔偿、借款等金钱类的债权债务进行核算并结清。离职结算也属于薪酬支付制度，与劳动关系存续期间工资支付不同的是，离职结算意味着仲裁时效的起算。[1] 实务中，有以下常见问题需要关注：

〔1〕 对此，《劳动争议调解仲裁法》第27条有规定。

第一,员工离职时,何时进行结算?

根据《工资支付暂行规定》第 9 条的规定,劳动关系双方依法解除或终止劳动合同时,用人单位应在解除或终止劳动合同时一次性付清劳动者工资。故原则上,员工离职时必须进行薪资结算,这是离职的应有之义。只是,实践中有争议的是如何准确理解和适用"单位在解除或终止劳动合同时一次性付清劳动者工资"?这里涉及两个问题,即如何理解和适用离职结算时间和一次性付清。

关于离职结算的时间,立法并无统一的规定,部分地方有指导意见。一般是在劳动合同解除或终止之日起合理的时间(实务中一般不超过 7 日)内及时结算。作为用人单位特别需要注意两点:一是不能以工资结算为条件,制约劳动者的离职交接等义务的履行;二是不能以未到当月工资支付时点为由,拒绝结算。用人单位如确有困难不能及时结算的,应向离职劳动者说明情况并写明具体支付时间,由劳动者签字认可。

如果不能一次性付清的,特殊情况下,应允许双方另行协商。关于绩效工资、奖金、提成工资等的结算,用人单位和劳动者往往在薪酬制度中规定或在劳动合同中约定"以绩效考核结果或以回款为标准支付提成或绩效工资"等情形。暂且不讨论这种制度或约定是否有效,鉴于实务中此种情形极为普遍,就需要设置相应的处理路径。允许当事人之间就离职后提成、绩效工资的支付条件、期限、方式等进行约定,是最优的制度安排。因为这是基于双方的博弈,并体现双方的真实意思。

第二,劳动者离职时,如有违法违规行为,用人单位能否不予结算?

实务中,如果劳动者违规在先,但为了避免被用人单位辞退便主动离职并要求单位结算薪资。此时,用人单位可否不予结算?此时,涉及两个问题:一是劳动者的主动辞职权与用人单位解雇权之间的主次轻重问题;二是劳动者违规与离职结算的关系问题。劳动者即使在违规的情形下主动辞职,辞职行为本身也是有效的,无须用人单位再次以严重违规为由予以解雇,但会产生后续的用人单位追偿问题。所以,劳动者违规后离职的,即使造成用人单位损害,也不影响离职结算,但双方可就赔偿问题一并结算。

第三,具体如何结算?

关于工资支付,笔者在薪酬管理的章节中建议用人单位执行"月清月结"制度。

如果用人单位严格执行“月清月结”制度,则意味着离职结算过程中就不会因工资支付而引发争议,最多是对离职当月的工资支付有争议。离职结算时,建议用人单位还需执行“离职结清”制度,具体操作需注意两点:一是离职结算工资时,应在工资结算单上或单独设计的“薪资结算确认函”等表单中声明:“本公司至今日止,发给员工所有薪酬已全部支付完毕,请认真核对,如无异议请签字确认”;二是注意年休假工资、加班费等离职结算时容易忽略和遗漏,但容易引发后续争议的事项,最好在结算单上列明或交代清楚。

第二节　离职证明实务处理

所谓离职证明,就是解除或终止劳动合同的证明书。劳动者离职,用人单位为其开具离职证明是用人单位的法定义务。离职证明的实务处理及其法律风险防控,主要应关注以下问题。

一、员工主动辞职或劳动合同终止是否需要开具离职证明

这一问题涉及离职证明与离职行为的区分问题。劳动关系或劳动合同解除或终止的具体行为,即劳动关系或劳动合同解除通知书,只是完成了离职的行为。离职证明则是对离职行为的事实或状态的确认和证明。离职证明与离职行为本身是独立的,且具有不同的制度功能和价值。离职证明与解除或终止劳动合同行为的区别主要体现在以下方面:

1. 作用不同。离职证明是用人单位开具给劳动者提交给新单位或社保经办机构的;而解除或终止劳动合同通知书是向员工出具的,告知其解除或终止该劳动合同的原因、时间,通常由劳动者自己保留。

2. 内容不同。离职证明一般写明合同期限、工作年限、工作岗位、解除或终止劳动合同的日期等项目,而解除或终止劳动合同通知书的内容一般包括理由、依据、日期、离职手续办理的时间、是否支付补偿金、是否要求履行竞业限制协议等项目。

3. 法律责任不同。未出具离职证明，责令改正，给劳动者造成损害的承担赔偿责任，如就业损失、失业损失。解除或终止劳动合同通知书载明的理由和相关事实如不具备合法性，则会被认定为违法解除。

所以，无论是解除还是终止，无论是解雇还是辞职，也无论是主动辞职还是被动辞职，用人单位均需开具离职证明。

二、离职证明的功能和作用

1. 证明用人单位与劳动者已经解除或终止劳动关系。

2. 证明离职员工已经是自由人，可以申请失业保险金或应聘新的用人单位。

3. 可以凭借离职证明办理失业保险或转移社保档案关系。

4. 证明劳动者在原单位的工作经验（工作年限、岗位等信息），有利于相关职位的应聘。

三、离职证明应该包括的信息

根据《劳动合同法实施条例》第24条的规定，离职证明一般应具备劳动合同期限、解除或终止劳动合同的时间、工作岗位、本单位工作年限等四项内容。但具体需要注意以下三个事项：

1. 离职原因或理由可以不写，但若写，一定要如实填写。因为失业保险申报手续中一定要说明劳动关系解除原因（主动辞职就是自愿失业，不得领取失业保险金），故有劳动者为领取失业保险金，便要求单位出具证明的时候写成是单位解除劳动合同，显然存在一定的法律风险。

2. 工作年限或在职时间应据实填写。实务中，有离职员工基于各种理由，要求用人单位出具超过其在本单位工作时间的相关证明，有法律风险。如果确有需要，用人单位必须在风险可控的条件下才可以开具。

3. 用人单位不得在离职证明中注明离职员工违规违纪等不利于劳动者再就业的事由。

四、用人单位不开具离职证明需承担的法律责任

如上所述,开具离职证明是用人单位的法定义务,违反法定义务当然应承担相应的法律责任。根据《劳动合同法》第 50 条和第 89 条的规定,用人单位未依法出具离职证明的,需承担两种责任:一是行政责任,即由劳动行政部门责令改正;二是赔偿责任,即给劳动者造成损害的,需承担赔偿责任。

实践中,用人单位不出具离职证明的赔偿责任纠纷主要为两种:一是赔偿劳动者失业保险待遇损失;二是赔偿劳动者因缺乏离职证明未能就业导致的工资损失。

第三节　档案和社保关系转移实务处理

根据《劳动合同法》第 50 条的规定,劳动者离职,用人单位依法应为其转移档案和社保关系。本节着重探讨档案和社保关系转移的实务处理及其法律责任问题。

一、档案关系的转移

关于档案的定性及其分类,理论和实务界一直没有统一意见。如从实务管理的角度看,档案关系的转移,重点应关注以下几个问题:

第一,企业劳动者的档案是否属于通常所说的人事档案?

一般来说,人事档案是一种总称或泛称,包括干部人事档案、工人人事档案和学生人事档案。工人人事档案也可以称劳动人事档案。干部人事档案及其管理是传统意义上的人事档案管理体制,源于计划经济体制下的人事管理理念和手段,针对行政机关、事业单位、社会团体等体制内的人。工人人事档案虽然也属于传统人事档案的范畴,但在市场经济体制下已逐步融入现代人力资源管理的理念和手段。所以,从广义上讲,企业劳动者的档案也属于人事档案,但已经不同于传统意义上的干部人事档案了,它是企业招录员工并进行相关人力资源管理的重要手段和方法。故在此意义上,无论用人单位有无传统人事档案的接受和管理权限,作为劳动法和人力资源管理意义上的用人单位都应该有相应的劳动者档案管理制度。

第二,为什么会有档案关系转移的法律问题?

如上所述,市场化条件下企业的员工档案关系应该是由企业管理,但实践中并非如此,我们档案的管理体制没有市场化。具体体现为两点:一是不区分档案的性质,统一管理;二是只有具有人事档案管理权的单位才可以管理并处理档案,个人及无档案管理权的单位不能处理档案。显然,很多私人企业和社会组织没有人事档案管理权,就只能转交有档案接受和管理权限的相关人才服务中心等类似机构进行管理。这就自然产生档案关系转移的法律问题。

第三,离职员工档案关系如何转移?

根据《企业职工档案管理规定》第18条的规定,企业职工调动、辞职、解除劳动关系或被开除、辞退等,应由职工所在单位在一个月内将其档案转交给其新的工作单位或其户口所在地的街道劳动(组织人事)部门。据此,用人单位负有将档案移转到相应部门的法定义务,这也是劳动合同解除时和解除后所产生的附随义务。具体而言,有以下三种思路:

1. 离职员工已找到新用人单位的,且新的用人单位有权接受并管理档案的,可以直接转至新用人单位。为了避免档案关系转移的风险,建议劳动者在找到新的用人单位后再离职,这样就直接可以把档案转到新的用人单位,新单位与原单位通过特定的档案转移途径进行转移。

2. 没有新用人单位的,或新用人单位没有档案接受管理权限的,可以转至当地"人才交流或服务中心"等相关机构。人事部核查离职人员档案及劳动合同,确定无误并做统一归档,将离职人员的档案直接转到单位所在城市的人才交流中心或劳动就业中心,离职员工本人需去人才中心或劳动就业中心办理相关手续。

3. 有新用人单位,新用人单位没有档案的接受和管理权限,但新用人单位指定其他人才服务机构接受和管理档案的,则可以转至新用人单位指定的"人才交流或服务中心"机构。

二、社保关系的转移

关于离职员工社保关系的转移,具有极强的地方属性,与当地社保行政和社保服务机构的管理和运行有密切关联,特别是与社会保险相关机构及其工作人员对社会保险立法和政策的理解和适用的准确程度有关。因此,建议用人单位去当地社保机构获取相关信息,并在劳动者离职时做好充分沟通,明确用人单位和劳动者各自应履行的义务。一般来说,是劳动者离职后,由用人单位或劳动者持离职证明文件去原用人单位所在地的社保中心开具社保转移的证明,然后去新的用人单位所在地社保中心登记,由新单位所在地社保中心开具接收函,然后凭借接收函,去原工作城市的社保中心,可以将社保转出去。

三、用人单位不转移档案和社保关系的法律责任

用人单位办理退工手续,转移档案和社保关系是法定义务,用人单位不履行相关义务需要承担相应的法律责任。具体而言,需要注意:

第一,因办理档案和社保关系转移引发的纠纷是否属于劳动争议的范畴?

《劳动争议司法解释(一)》第1条第4项规定:"劳动者与用人单位解除或者终止劳动关系后,请求用人单位返还其收取的劳动合同定金、保证金、抵押金、抵押物发生的纠纷,或者办理劳动者的人事档案、社会保险关系等移转手续发生的纠纷"。据此,因办理人事档案和社保关系转移而引发的纠纷属于劳动争议案件,应当先经仲裁程序,经仲裁程序后再起诉的,法院应当受理。

第二,此类争议有无仲裁时效问题?

此类争议的处理并无仲裁时效问题。因为用人单位不给劳动者办理退工手续,扣押劳动者档案和社保关系,劳动者权益就一直处于被持续侵害状态,一直没有超过时效。

第三,用人单位不转移档案和社保关系,具体应承担哪些法律责任?

若因用人单位过错导致劳动者档案迟延移转,致使劳动者不能入职或延迟入职的,劳动者有权要求用人单位进行赔偿。损失赔偿的范围以及金额,需要结合具体案件中因迟延转移档案给劳动者造成损失类型(不能入职新单位、不能领取失业保险待遇、不能领取养老金、不能享受医疗待遇等)、其所主张的损失与迟延转移档案的因果关系以及其所举证的损失金额而具体分析。因用人单位的原因未转移社保,导致劳动者社保断缴,从而影响劳动者社保权益的,劳动者有权主张相应社保待遇的损失赔偿。

CHAPTER 11

第十一章 灵活用工方式的选择及其实务处理

新时代背景下,随着社会经济发展模式和生产方式的转变,企业组织及劳动用工方式也呈急剧变革之势。对此,劳动立法也已有所回应,《劳动合同法》及相关配套法规关于非全日制用工、劳务派遣用工等灵活用工方式有较为明确的规范。然而,相对于急速变化发展的社会经济生活,现行相关立法亦具有明显的滞后性。近年来,劳动力市场上陆续出现各种弹性工作、劳务用工、外包用工、平台用工、众包用工、共享用工等多种新型用工方式。如何在现行劳动立法框架下评价其合法性、合理性及可行性,显然已成为目前劳动法学界的重要课题。

灵活用工是一个相对于标准的传统的、典型的劳动关系或雇佣关系模式下的与传统用工方式相对应的概念。广义的灵活用工范围可以很广,大致可以包括三类:第一,传统的标准劳动关系模式下采取的居家办公、远程办公、弹性工时、轮岗轮休等各种弹性工作制;[1]第二,非标准劳动关系模式下如非全日制用工、劳务派遣用工、借调、兼职等灵活用工;第三,非劳动关系模式下如各种劳务用工、退休返聘用工、实习用工等。狭义

〔1〕 特别是新冠肺炎疫情防控期间,国家倡导远程办公、居家办公、弹性工时等灵活工作制度。

的灵活用工,包括上述第二种、第三种。

事实上,关于灵活用工的上述三个类型划分,除了标准劳动关系模式下弹性工作制和非劳动关系模式下的各种劳务用工较为明确之外,其他灵活用工方式的法律关系属性均比较模糊。鉴于标准劳动关系模式下弹性工作制的相关实务问题在本书工时休假、薪酬管理等章节中有所涉及,本章不予讨论。本章主要是针对用工管理实践中常见的、新型的灵活用工方式进行逐一探讨,重点分析各种灵活化用工管理的实务处理问题。

第一节 非全日制用工常见实务要点

非全日制用工是《劳动合同法》规定的一种简单易操作的灵活用工方式,但劳动用工实践中对非全日制用工的认知度明显不高。劳动用工实践中,关于非全日制用工的实务问题,需重点关注以下要点。

一、非全日制用工的基本特性

根据《劳动合同法》的相关规定,非全日制用工,是指以小时计酬为主,劳动者在同一用人单位一般平均每日工作时间不超过 4 小时,每周工作时间累计不超过 24 小时的用工形式。其主要特性包括:

第一,非全日制用工是非标准或非典型劳动关系的形式之一。其基础法律关系依然是劳动关系,遵循劳动法的理念和原则,不得违反劳动基准法。

第二,非全日制用工可以同时建立多重劳动关系,员工流动性大,且可替代性强。[1]

第三,非全日制用工俗称“小时工”,以工作时间为核算劳动报酬的主要依据。

〔1〕 在多重劳动关系模式下,用人单位需要关注的一个重要法律风险就是商业秘密的保护。因此,用人单位应避免在涉密岗位上使用非全日制用工,或者与涉密的非全日制员工签订保密或竞业限制协议。

非全日制用工小时计酬标准不得低于用人单位所在地人民政府规定的最低小时工资标准。

第四,非全日制用工的工作性质或工作方式,一般具有"临时性"[1]、"短期性"、"简单性"等特征。

二、非全日制用工实务要点

非全日制用工是一种灵活用工模式,对劳资双方来说约束相对较少,灵活度和自由度更大。根据相关劳动立法规定,用人单位在非全日制用工实践中,需注意"五不"原则:工作时间不得超过法定标准;不得与员工约定试用期;不得忘记为员工缴纳工伤保险费用;工资支付周期不得长于 15 日;工资标准不得低于当地最低标准。结合实务经验,从法律风险管控的角度,非全日制用工实务要点主要有以下两方面。

(一)杜绝混同用工

非全日制用工的灵活自由源于法律规定"宽松",但法律规定得"宽松"容易造成实务中的混同用工,即非全日制用工容易被认定为全日制用工。如何避免这一非全日制用工实践管理中的常见法律风险?结合非全日制用工的特点,用人单位至少应满足以下三个条件:一是签订非全日制用工的劳动合同;二是强化工作时间的考勤管理;三是劳动报酬的支付期限不超过 15 天。

劳动立法并未要求非全日制用工签订书面劳动合同,允许口头约定劳动报酬等事项。相对于全日制用工来说,显然更加自由灵活,不存在未签劳动合同双倍工资的问题。但不签订劳动合同很容易被认定为全日制用工。因此,笔者建议就用人单位人力资源管理的规范性和有效性而言,应当订立书面劳动合同明确双方的权利和义务,以免被认定为全日制用工,进而要承担相应的法律责任。

---

[1] 注意此处的"临时性"并非通常所指的"临时工"。非全日制用工与实务中常说的"临时工"有本质区别。"临时工"是计划经济条件下相对于固定工而言的,没有编制的体制外临时聘用人员。《劳动法》颁行后实际就没有"临时工"和"正式工"的区分了。

实际上,避免混同用工最重要的是强化工作时间的管理。实务中,很多用人单位虽然约定每日工作不超过4小时,每周不超过24小时,但在劳动合同履行过程中经常性地安排非全日制用工劳动者“加班”,使日工作小时和周工作小时超过法定工作时间,从而被认定为全日制用工。所以,强化和细化工作时间的考勤管理是避免混同用工的关键。

非全日制用工劳动报酬的支付期限、支付方式及不得突破基准性规定等也是避免混同用工的重要问题。发薪周期和计酬方式虽然不是判定非全日制用工的核心因素,但是判定是否属于非全日制用工的重要因素。故而在司法实践中,实务部门可能会结合其他案情因素的考量,进而作出不利的判定。建议用人单位在实际的非全日制用工过程中应当尽量实行按时计酬,明确计薪的标准,且薪酬至少每15日支付一次。同时,还应注意计酬标准不得低于用人单位所在地人民政府规定的最低小时工资标准。

(二)劳动者人身伤亡风险的防控

非全日制用工用人单位可以不缴纳除工伤保险之外的其他社会保险和住房公积金。对此,《中华人民共和国社会保险法》(以下简称《社会保险法》)[1]、《关于非全日制用工若干问题的意见》(劳社部发〔2003〕12号)[2]及《实施〈中华人民共和国社会保险法〉若干规定》(2011年7月1日起施行)[3]等相关立法均有明确规定。

---

〔1〕《社会保险法》(2011年7月1日)第10条第2款规定:“无雇工的个体工商户、未在用人单位参加基本养老保险的非全日制从业人员以及其他灵活就业人员可以参加基本养老保险,由个人缴纳基本养老保险费。”第23条第2款规定:“无雇工的个体工商户、未在用人单位参加职工基本医疗保险的非全日制从业人员以及其他灵活就业人员可以参加职工基本医疗保险,由个人按照国家规定缴纳基本医疗保险费。”

〔2〕《关于非全日制用工若干问题的意见》第10~12条规定:从事非全日制工作的劳动者,应当参加基本养老保险,原则上参照个体工商户参保办法执行;可以个人身份参加基本医疗保险;用人单位应当依法为其缴纳工伤保险。

〔3〕《实施〈中华人民共和国社会保险法〉若干规定》第9条规定:“职工(包括非全日制从业人员)在两个或两个以上用人单位同时就业的,各用人单位应当分别为职工缴纳工伤保险费。职工发生工伤的,由职工受到伤害时工作的单位依法承担工伤保险责任。”

但在实践层面上，囿于我国社会保险运行的体制性问题，用人单位往往无法为劳动者缴纳工伤保险，特别是在工伤保险不能独立运行的地区，故就目前来看用人单位在使用非全日制用工时按照当地社保政策，如果能单独缴纳工伤保险的，需依法缴纳工伤保险，但如果不能单独缴纳的，则属于因客观原因无法缴纳。但无论是否缴纳，或通过何种方式缴纳工伤保险，用人单位均需防控非全日制用工劳动者人身伤亡的法律风险。因而，笔者建议在无法缴纳工伤保险的地区，用人单位可以考虑购买雇主责任险、商业意外险等商业险种以分担用工风险。

三、非全日制用工的灵活运用

非全日制用工契合了当下灵活雇佣的时代发展趋势，劳动立法和政策应予大力提倡和鼓励。当然，使用非全日制用工必须以合规为前提条件。据笔者观察，当前劳动用工实践中，对非全日制用工存在两个极端：一是“不用”非全日制用工，体现为对非全日制用工不了解或无视，没有看到非全日制用工的制度功能和价值；二是“滥用”非全日制用工，体现为各种违法违规行为，侵害劳动者权益。事实上，使用非全日制用工的理想状态是在合规的基础上灵活运用，既不能不用，但也不能滥用。

如何在合规的基础上灵活运用非全日制用工？主要就是关注如何在现行法律框架下能更多地使用非全日制用工。笔者认为须关注两点：

第一，根据非全日制用工工作性质和工作方式所特有的临时性、简单性、短期性等特性，结合用人单位自身的生产经营及岗位特点，在一定条件下可以将用人单位全日制用工“化整为零”，转化成非全日制用工。当然，将现行全日制用工转化为非全日制用工，必须经与劳动者协商同意。否则，单纯为了使用非全日制用工而将本来的全日制用工合同改签成非全日制用工合同，从而“分割”成非全日制用工的，显然是对非全日制用工的一种滥用。如此违规操作，不仅不能降低用工成本，还增加了用工的法律风险。

第二，在用人单位新招用劳动者时，理应先考虑非全日制用工的可行性，尽量用非全日制用工去代替全日制用工。比如，用人单位需要自办食堂，通常会考虑按内部承包方式处理，或按外部承包方式处理，两种方式各有利弊，但有一个共同的问题,即需要用人单位对食堂服务质量进行监管。但如果采取非全日制用工,则不失为一种好的思路,即将食堂的岗位和工种按照工作时间来进行项目化或区块化处理,招用不同批次的非全日制劳动者,从而代替了全日制用工。一方面降低了用工成本和法律风险,另一方面也可以避免承包体制下用人单位的监管成本。

第二节　劳务派遣用工实务要点

关于劳务派遣制度,我国劳动立法和实践逐渐呈现两个问题:一是相应的劳动立法过于理想化,主要表现为对劳务派遣相关制度的趋严规范,如对用工单位的过严要求、连带责任制度、同工同酬等问题;二是劳务派遣用工模式在实践层面上的运行基本处于"无序"和"混乱"状态,主要表现为"有法不依""执法不严""违法不究",如无法落实劳务派遣岗位的"三性"及用工比例,不能改变用工单位实际成了实质意义上的用人单位,而劳务派遣公司则成了实质上的"中介机构"的现状。

因此,本节关于劳务派遣用工的实务探讨,就需考虑上述两个极端,既不能脱离现行劳动立法和政策框架,又不能完全脱离现实的制度运行环境,同时就劳务派遣用工的重要实务问题进行分析和梳理,提出相应的实操方案和建议。

一、劳务派遣用工合法性的认定

劳务派遣用工实践中,一个常见但容易被忽略的重要问题就是劳务派遣用工的合法性和有效性的认定问题。即何种情形下可以认定劳务派遣用工无效,以及如何处理无效的劳务派遣用工?

(一)劳务派遣用工无效的情形

根据相关劳动立法规定,劳务派遣用工无效认定需以违反法律的强制性规定为原则,如果只是违反了管理性的强制性规范,则不宜认定无效。具体情形主要有以下几点:

1. 劳务派遣主体资格违反法律规定,导致劳务派遣无效。根据《劳动合同法》《劳务派遣暂行规定》等相关立法规定，劳务派遣公司设立要符合法定条件，立法对劳务派遣单位的注册资本、经营场所、管理制度均有明确规定，并且对劳务派遣实行行政许可制度。故劳务派遣公司设立条件未达到法定要求或未获取行政许可，均导致派遣单位用人主体资格的丧失，直接导致派遣类劳动合同无效。

2. 逆向派遣无效。所谓逆向派遣，并非法律用语，只是对劳务派遣用工实践中一种违法行为或现象的描述和概括，又可以称为“假派遣，真用工”。具体是指用人单位在没有和劳动者解除劳动合同或劳动关系的条件下，未与劳动者协商，或经与劳动者协商但未达成一致，直接与劳务派遣公司签订劳务派遣协议，并按劳务派遣用工模式操作。可见，此处的劳务派遣是用人单位单方操作的，相对于正常的劳务派遣用工操作模式而言，是一种逆向派遣，[1]也是一种虚假的、形式意义上的派遣。因而，此种逆向派遣是无效的，并不影响原标准劳动关系模式下真实用工关系的存续。

3. 自己派遣无效。根据《劳动合同法》第 67 条及《劳动合同法实施条例》第 28 条的规定，用人单位不得设立劳务派遣单位向本单位或者所属单位派遣劳动者。其中，不得设立劳务派遣单位的主体不仅指本单位不得设立，而且本单位所属单位也不得出资合伙设立。

4. 用工单位再派无效。根据《劳动合同法》第 62 条第 2 款的规定，用工单位不得将被派遣劳动者再派遣到其他用人单位。换言之，用工单位接受劳务派遣用工的，只能是自用。禁止用工单位再派遣，主要是基于劳务派遣行业的资质管理需要，但在根本意义上是出于保护劳动者。

以上劳务派遣类型属于违反法律的强制性规定而无效，相对容易理解。不过，

---

〔1〕 广义上的逆向派遣有三种：第一种，用工单位负责招录，并安排劳动者与劳务派遣公司签订劳动合同。因我国劳务派遣用工主要是一种“登陆式”的派遣，即派遣公司“只用人不养人”，故实践中此种情形与正常劳务派遣用工难以区分，此类逆向派遣的法律效力一般不受影响。第二种，在用工单位先用工的条件下，办理劳动关系解除手续后，再安排劳务派遣公司与劳动者签订劳动合同。因此种情形是经劳动者同意并已经办理了劳动关系的转移手续，因而实践中也会认可其法律效力。第三种，就是此处所指的“假派遣，真用工”或称狭义的逆向派遣，无效。

实践中经常会出现劳务派遣用工行为违反了劳动立法的规定，是否都应该认定无效，进而被认定为直接用工？实务操作中有争议。常见的有两种情形：第一，缺少劳务派遣协议或派遣劳动合同[1]的是否导致劳务派遣用工无效？第二，违反“三性”岗位及用工比例是否导致劳务派遣用工无效？

关于上述两种特殊情形的实务处理，笔者认为不宜轻易认定为无效。[2]具体理由如下：

1. 劳务派遣用工合法性和有效性的认定，应采取客观主义和实质主义，而不能采形式主义。即只要相关主体合法，基于当事人的真实意思表示，且事实上是按劳务派遣用工法律关系运行和操作的，则自然应予认可。故实践中，如果没有劳务派遣协议，或没有派遣劳动合同，或者两者在时间上不一致或出现“真空”的，[3]应不影响事实上的劳务派遣用工关系的存续和认定。

不过，此时有两点需要说明：第一，劳务派遣公司作为用人单位，自然要接受相关立法关于未签订劳动合同法律责任的制约；第二，劳务派遣协议、派遣劳动合同等相关协议文本本身应遵守合同无效规则，如果存在内容违法、“排权免责”、恶意串通等情形的，自然会被认定相应的条款无效甚至合同无效。

2. 根据合同无效的认定规则，违反管理性的强制性规范并不会导致合同无效。关于劳务派遣用工岗位“三性”和用工比例的规定是属于效力性的强制性规范还是管理性的强制性规范，实务中有不同理解。笔者认为，违反岗位的“三性”和10%的用工比例要求，应该属于管理性的强制性规范，即用工单位违反此类规定，应承担相应的行政责任和民事赔偿责任，但不会导致劳务派遣用工的无效。

---

[1] 派遣劳动合同是指劳务派遣公司与劳务派遣工签订的劳动合同。

[2] 2013年8月7日，人力资源和社会保障部发布的《劳务派遣若干规定（征求意见稿）》曾规定了两种“视为直接用工”的情形：一是用工单位使用了未与劳务派遣公司签订劳动合同的被派遣劳动者，视为与被派遣劳动者建立劳动关系；二是用工范围超过“三性”范畴和用工比例的，经劳动行政部门罚款后拒不改正的，视为在非“三性”岗位和超比例使用的被派遣员工与用工单位建立劳动关系。但在正式出台的《劳务派遣暂行规定》中删除了上述规定。由此可见一斑。

[3] 实践中，采取劳务派遣用工的当事人一般不会没有劳务派遣协议或派遣劳动合同，而只会出现劳务派遣协议和派遣劳动合同在时间上的不一致或出现“真空”，是指在劳务派遣协议没有接续上，或派遣劳动合同没有接续上，或者两者均没有接续上等情形时，劳务派遣用工关系存续。

（二）劳务派遣用工被认定无效后的处理

关于劳务派遣用工被认定无效后如何处理的问题，立法并未明确。基于劳动关系的特殊性并结合《劳动合同法》关于无效劳动合同的处理规则，劳务派遣用工被认定无效后，需把握以下两个规则或步骤：

第一，确定相关主体的法律责任。劳务派遣用工被认定无效，与劳动者权益保护相关的通常会产生两种责任，即民事赔偿责任和行政责任。行政责任自无须多言，有明确的责任主体和承担责任的条件。民事赔偿责任则主要考虑两个方面问题：一是赔偿事项或赔偿范围问题，即具体应该赔偿哪些事项的问题；二是劳务派遣公司和用工单位对侵害劳动者权益的责任如何划分的问题。基于劳动法理和相关劳动立法规定，针对上述两方面的问题，笔者认为劳务派遣用工被认定无效时，劳动者通常是被动的和受害的一方，故而凡是基于法定的权益均可以获得赔偿。同时，劳务派遣公司和用工单位往往对劳务派遣用工的无效均有过错，故两者原则上应承担连带赔偿责任。

第二，确定后续的劳动关系。劳务派遣用工被认定无效，除了需要赔偿劳动者相关损失外，还可能涉及后续的劳动用工和劳动关系的确定问题。劳务派遣用工被认定无效后，是直接判定用工单位与劳动者之间形成劳动关系，还是只判定劳务派遣用工无效和责任承担，而对后续的劳动关系不予干预？实务中有不同意见。笔者认为，劳务派遣用工被认定无效就意味着之前的劳动用工状态是被法律否定的，而后续的劳动关系确定需经当事人合意，裁审机构不能越俎代庖。比如，经用工单位和劳动者同意，可认定用工单位与劳动者重新建立劳动关系。

二、劳务派遣用工相关协议文本的完善

关于劳务派遣协议和派遣劳动合同的内容，除了协议基本事项和立法要求的特殊事项外，还需要就一些实务重点问题进行约定。

（一）劳务派遣协议四大核心条款

《劳动合同法》第59条和《劳务派遣暂行规定》第7条明确规定了劳务派遣协

议应当约定的事项,[1]实务中,需要关注以下核心条款:

1. 劳务派遣费用支付条款。劳务派遣费用不仅涉及劳务派遣公司的管理费用、劳务派遣工的工资福利、社保公积金等事项,还涉及劳务派遣公司和用工单位财务和税务的处理问题,显然属于劳务派遣协议的核心条款之一。

根据《企业会计准则第9号——职工薪酬》第3条和《国家税务总局关于企业工资薪金和职工福利费等支出税前扣除问题的公告》(国家税务总局公告2015年第34号)第3条的规定:用人单位直接支付给劳务派遣公司的费用在"管理费用劳务费"会计科目核算;支付给劳务派遣公司由劳务派遣公司支付给被派遣劳动者的工资费用在"应付职工薪酬—工资"会计科目核算。可见,不同的费用会进行不同的财务和税务处理,这就涉及劳务派遣公司和用工单位的用工成本控制和税务筹划及风险防控问题。因此,需要劳务派遣公司和用工单位在劳务派遣协议中进行明确和细化约定。

2. 违约和赔偿责任条款。违约和赔偿责任条款是劳务派遣协议中最重要的但却是最容易忽略的一类条款。协议当事人应基于自身的立场和利益,彼此展开充分的博弈和协商。现分别基于劳务派遣公司和用工单位的立场,就重要的违约和赔偿责任条款进行提示和分析:

基于用工单位的立场,需要约定违约和赔偿责任条款的包括但不限于以下事项:(1)劳务派遣公司违法经营或丧失经营资质的;(2)劳务派遣公司不支付工资或拖欠、克扣工资的;(3)劳务派遣公司不缴纳社保和公积金的;(4)劳务派遣公司不签订劳动合同或未能及时续约的;(5)劳务派遣公司无正当理由提前改派或撤回劳

---

[1] 《劳务派遣协议》应当载明下列内容:(1)派遣的工作岗位名称和岗位性质;(2)工作地点;(3)派遣期限和人员数量;(4)按同工同酬原则确定的劳动报酬数额及支付方式;(5)社会保险费的数额及支付方式;(6)工作时间和休息休假事项;(7)被派遣劳动者工伤、生育或者患病期间的相关待遇;(8)劳动安全卫生以及培训事项;(9)经济补偿等费用;(10)劳务派遣协议期限;(11)劳务派遣服务费的支付方式和标准;(12)违反劳务派遣协议的责任;(13)法律、法规、规章规定应当纳入劳务派遣协议的其他事项。

务派遣工的;(6)劳务派遣工的工伤事故处理问题;[1](7)劳务派遣公司派遣了不符合条件的员工致使第三人伤害的侵权责任问题的处理。[2]

基于劳务派遣公司的立场,需要约定违约和赔偿责任条款的包括但不限于以下事项:(1)用工单位不依约支付劳务派遣相关费用的;(2)用工单位随意退回劳务派遣工的;(3)用工单位违反劳务派遣用工岗位"三性"的法定要求的。

3.约定退回条款。根据《劳动合同法》第65条和《劳务派遣暂行规定》第12条等立法的规定,劳务派遣工实行法定的退回机制,即立法允许用工单位在特定情形下退回劳务派遣工,[3]否则,就属于违法退回。那么,能否在劳务派遣协议中约定具体的退回情形?实务中有争议。主流的观点认为不能约定,如果允许约定退回机制,则无异于解雇,显然不利于被派遣劳动者的保护。事实上,法定退回机制显然是劳动立法对劳务派遣用工模式本应具有自治空间的一种干预,必然导致用工的僵化和扭曲,并不利于保护劳务派遣工和稳定劳动关系。笔者认为,允许劳务派遣公司和用工单位在充分博弈和协商的基础上约定退回情形,并不影响被派遣劳动者的权益保护,只是相应的责任由派遣公司和用工单位协商确定。

如何约定退回情形?从用工单位的角度来看,有无数种情形都可以约定退回,故而采用"列举+兜底"更合适。实际上,约定退回的关键是如何约定相关法律责任的划分,即一旦劳动者主张相关权利,被裁审机构裁判相关法律责任的,如何承

---

〔1〕 根据《劳务派遣暂行规定》第10条的规定,被派遣劳动者在用工单位遭到事故伤害的,劳务派遣单位应当申请工伤认定,用工单位应予协助和配合。劳务派遣单位承担工伤保险责任,但可与用工单位约定补偿办法。

〔2〕 根据《侵权责任法》第34条第2款的规定,劳务派遣期间,被派遣劳动者因执行工作任务导致他人损害的,用工单位承担侵权赔偿责任;派遣单位有过错的,承担相应的补充责任。此处的派遣单位有过错,应当是指劳务派遣公司没有按照协议要求派遣符合岗位条件的劳动者,并且是因劳动者不胜任工作而导致他人受到损害。

〔3〕 根据相关法律规定,用工单位可以退回劳务派遣工的情形共有12种:(1)试用期被证明不符合录用条件的;(2)严重违反规章制度的;(3)严重失职,营私舞弊,给用人单位造成重大损害的;(4)不当兼职影响本职工作或经用人单位提出拒不改正的;(5)因欺诈、胁迫、乘人之危导致劳动合同无效的;(6)被依法追究刑事责任的;(7)医疗期满不能从事原工作,也不能从事用人单位另行安排工作的;(8)不胜任工作,经调岗或培训仍然不能胜任工作的;(9)客观情况发生重大变化,导致合同无法履行,未能就合同变更达成一致的(此处须排除《劳动合同法》第42条的情形);(10)用工单位经济性裁员的;(11)用工单位主体资格丧失的;(12)劳务派遣期限届满的。

担的问题。因此,实务中除了法定的退回机制外,充分运用约定退回机制,至少可以保证两点用工自主权:一是可以依法和依约退回劳务派遣工;二是不会产生违法解雇问题,充其量只会和劳务派遣公司分担相应的赔偿责任。

4. 经济补偿金条款。根据《劳动合同法》及相关规定,劳务派遣用工模式下,经济补偿金的责任主体只能是劳务派遣公司,而不能是用工单位。尽管在实践中,绝大部分经济补偿金的最终承担者是用工单位。因此,有必要在劳务派遣协议中明确约定用工单位将被派遣劳动者退回后,因劳务派遣公司解除或终止与被派遣劳动者的劳动合同需要依法支付经济补偿金的,由派遣公司自行承担。

(二)派遣劳动合同约定重点事项

根据《劳动合同法》第58条的规定,派遣劳动合同应约定事项除了《劳动合同法》第17条[1]规定的以外,还应就用工单位、派遣期限及工作岗位等进行明确约定。实务中,以下常见的条款需关注:

1. 劳动合同期限的约定应不低于2年固定期限。根据《劳动合同法》第58条第2款的规定,劳务派遣单位应当与被派遣劳动者订立2年以上的固定期限劳动合同,按月支付劳动报酬;被派遣劳动者在无工作期间,劳务派遣单位应当按照所在地人民政府规定的最低工资标准,向其按月支付报酬。此处涉及两个问题需要进一步说明,一是派遣劳动合同能否约定以完成一定工作任务为期限的劳动合同?二是派遣劳动合同有无无固定期限劳动合同的问题?

《劳动合同法》的立法本意是不允许派遣单位与被派遣劳动者约定以完成一定工作任务为期限的劳动合同,因为劳务派遣用工本就是一种灵活方式,以完成一定工作任务为期限的劳动合同也是一种较为灵活的用工类型,两者相加会容易导致劳动关系的无序和混乱。

派遣劳动合同在符合《劳动合同法》第14条规定的情形下,劳务派遣单位是否

[1] 《劳动合同法》第17条规定:"劳动合同应对具备以下条款:(一)用人单位的名称、住所和法定代表人或主要负责人;(二)劳动者姓名、住址和居民身份证或其他有效身份证件号码;(三)劳动合同期限;(四)工作内容和工作地点;(五)工作时间和休息休假;(六)劳动报酬;(七)社会保险;(八)劳动保护、劳动条件和职业危害防护;(九)法律、法规规定的应当纳入劳动合同的其他事项。"

应当与被派遣劳动者签订无固定期限劳动合同,实务界一直有争议。虽然北京、广东等部分地方在部分案件的裁审中支持签订无固定期限劳动合同,但主流的观点是不支持签订无固定期限劳动合同。主要理由有两点:其一,劳务派遣用工灵活性及其岗位的特殊性决定其与无固定期限劳动合同的立法宗旨不符;其二,从立法技术及立法本意的角度解释,特别条款应优于一般条款适用,即应优先适用《劳动合同法》第58条“应当签订两年以上固定期限劳动合同”的规定。

2. 试用期的约定。根据《劳务派遣暂行规定》第6条的规定,劳务派遣单位可以依法与被派遣劳动者约定试用期,但与同一被派遣劳动者只能约定一次试用期。这一立法规定与劳务派遣用工实务操作有出入,因为派遣公司可能会将被派遣劳动者派遣至不同的用工单位,且从事不同的工作,这就需要不止一次地约定试用期。笔者认为,这一立法规定本身并无问题,与关于试用期的相关规定一脉相承。实务中,出现误解的症结依然在于对试用期概念的界定和理解。如果用工单位需要约定试用期,具体有三种约定办法:

一是将用工单位的录用条件写进派遣劳动合同中,并约定试用期;

二是不直接约定试用期,而是以短期的派遣协议和派遣用工代替试用期;

三是将相关的用工条件在劳务派遣协议中约定,作为“试工条件”,派遣员工不符合试工条件,则用工单位可以无条件退工。此约定与《劳动合同法》关于试用期的规定并不冲突。

3. 用工单位、派遣期限、工作地点、工作岗位等信息需明确约定。派遣劳动合同与一般的劳动合同的主要区别就是派遣劳动合同的签订和履行涉及用工单位,且与劳动过程和用工管理直接相关的是用工单位。因此,派遣劳动合同的核心内容除了工资和劳动报酬之外,就是工作地点、工作岗位及派遣期限等。

4. 赔偿责任条款。劳动者在用工单位因各种违法、违规行为造成劳务派遣公司承担相关责任的,劳动者应予赔偿。

三、劳务派遣用工的连带责任问题

关于劳务派遣用工中的连带责任问题,2008年《劳动合同法》第92条规定:“给被派遣劳动者造成损害的,劳务派遣单位与用工单位承担连带赔偿责任。”2012年修订为“用工单位给被派遣劳动者造成损害的,劳务派遣单位与用工单位承担连带赔偿责任”。显然,修订后的《劳动合同法》将原规定的“双方相互连带”,更改为“劳务派遣单位对用工单位的单方连带”。换言之,当用工单位给被派遣劳动者造成损害时,劳务派遣单位需与用工单位一起承担连带赔偿责任。反之,当劳务派遣单位给被派遣劳动者造成损害时,用工单位则不必然与劳务派遣单位一起承担连带赔偿责任。可见,用工单位只需承担用工管理中其依法应承担的责任,而劳务派遣单位则不但要作为用人单位承担责任,对用工单位在用工过程中的责任也要承担。这一立法在一定程度上回归了劳务派遣用工的应有之义,相对降低了用工单位的法律责任,而加重了劳务派遣单位作为用人单位的法律责任。

实务中,需要关注两个问题:一是劳务派遣单位和用工单位在劳务派遣用工过程中各自的责任承担范围是什么?二是用工单位造成劳动者权益损害需承担责任,劳务派遣单位承担连带责任后,能否向用工单位追索?

(一)劳务派遣单位与用工单位的责任划分

劳务派遣用工中,劳务派遣单位和用工单位各自应履行何种法律义务和承担何种法律责任均有明确的立法规定。[1] 概言之,劳务派遣单位承担用人单位的责任,用工单位承担用工管理责任。具体言之:凡是与劳动过程和用工管理直接相关的问题,如工作岗位、工作时间、工资、绩效、劳动保护等由用工单位负责;凡是与劳动用工没有直接关联的,如签订劳动合同、缴纳社保公积金等由劳务派遣单位承担。可见,在劳务派遣用工模式中,劳务派遣单位虽然是用人单位,但承担的是间接管理责任,而用工单位承担的是直接管理责任。

劳务派遣用工关于让劳务派遣单位单方承担连带责任的规定,就是为了调整劳务派遣用工模式下相关主体权利义务的配置,让劳务派遣单位和用工单位各自回归其用人单位和用工单位的主体地位,并配置相应的法律责任。一言以蔽之,用工单位只需承担直接的用工管理责任,劳务派遣单位作为用人单位不仅要承担间接的用工管理责任,还要连带承担直接的用工管理责任。

---

〔1〕 详见《劳务派遣暂行规定》第8条、第20条和《劳动合同法》第62条、第92条规定。

(二)连带责任的具体适用规则

如上所述,用工单位违反相关规定造成劳动者权益损害的,劳务派遣单位需承担连带责任。那么,是否所有的用工单位违反规定给被派遣劳动者造成损害的,劳务派遣单位都需要承担连带赔偿责任?根据《劳动合同法》第92条和《劳动合同法实施条例》第35条的规定,用工单位同时符合“用工单位存在违反《劳动合同法》和《劳动合同法实施条例》有关劳务派遣规定行为”,以及“用工单位的违法行为给被派遣劳动者造成损害”两个条件,是其承担法定连带赔偿责任的前提。

实务中,常见的此类纠纷是被派遣劳动者在用工单位发生工伤事故,能否要求用工单位和劳务派遣单位连带承担工伤赔偿责任?显然不能,因为用工单位并未违反规定造成被派遣劳动者工伤事故,不符合承担连带赔偿责任的条件。

劳务派遣单位承担连带责任后,能否向用工单位追索?或者说用工单位是否属于最终的责任主体?就目前的立法规定和立法本意而言,劳务派遣单位承担连带责任后显然不能向用工单位追索,因为这是劳务派遣单位作为用人单位本应承担的经营成本和用工风险。但就目前我国劳务派遣用工的实践而言,劳务派遣公司沦为“中介”地位,用工单位无疑成了最终责任主体。所以,这就给劳务派遣公司和用工单位之间的博弈留下空间,双方完全可以在劳务派遣协议中进行是否可以追索的相关约定。

四、劳务派遣工的分流安置及其实务处理

劳务派遣用工实践中,劳务派遣工分流安置涉及劳务派遣工的退回、派遣劳动合同的解除和终止、派遣工的“转正”、派遣工的“转制”等处理方式。

(一)派遣劳动合同的解除和终止

派遣劳动合同的解除和终止,与劳务派遣工的退回机制密切关联。根据相关法律规定,不同的退回机制会导致不同的解除或终止结果。具体情形如下:

1. 法定退回,退回和解雇均不受限。用工单位依据《劳动合同法》第39条情形法定退回劳务派遣工的,劳务派遣公司可以立即解除派遣劳动合同,没有条件

限制。

2. 法定退回,退回不受限但解雇受限。用工单位依据《劳动合同法》第 40 条第 1 项、第 2 项法定情形退回劳务派遣工的,劳务派遣公司可解除派遣劳动合同,但如果劳务派遣工存在《劳动合同法》第 42 条规定情形的,不能解除。用工单位主体灭失的,可依法退回劳务派遣工,被退回后劳务派遣单位维持原劳动条件改派,劳务派遣工拒绝的,可以解除,降低原条件改派的,劳务派遣工可以解除。

3. 法定退回,退回和解雇均受限。用工单位依据《劳动合同法》第 40 条第 3 项、第 41 条及派遣协议期满终止等情形的,可以退回,但出现《劳动合同法》第 42 条规定情形的,用工单位不能退回。劳务派遣工被退回后,劳务派遣单位维持原劳动条件改派,劳务派遣工拒绝的,可以解除,降低原条件改派的,劳务派遣工可以解除。

在约定退回的条件下,用工单位依约退回劳务派遣工的,如果劳务派遣公司依法改派或在没有工作期间支付最低工资至派遣劳动合同期满,则自无争议。如果劳务派遣协议中约定,用工单位依约退回的(一般是违法退回),则在派遣劳动合同剩余期限内(不超过 2 年),需按月承担最低工资费用。所以,约定退回机制的关键是用工成本和法律风险如何在劳务派遣公司和用工单位之间划分和承担,并非只要脱离法定退回机制,就一定侵害劳务派遣工的权益或一定引发劳动争议。

(二)劳务派遣工的“转正”

所谓劳务派遣工“转正”,是指劳务派遣工转为用工单位的正式员工。主要有三个适用情形:一是用工单位基于人才战略和人才储备的需要,将优秀的劳务派遣工吸收进来;二是为了规避立法规定的劳务派遣岗位的“三性”和用工比例要求,将派遣工转为正式用工;三是劳务派遣公司主体灭失或与用工单位组织架构调整等,用工单位接受派遣工。在劳务派遣工的“转正”过程中,实务处理的关键就是要有清晰的离职和入职过程和相应的表单或协议文本。劳务派遣工与劳务派遣公司存在劳动关系,故必须解除与劳务派遣单位的劳动关系,然后在入职用工单位。根据笔者实务经验,这一过程应该有相应的载体呈现,否则,很容易被认定为混同用工。按照《劳动合同法实施条例》第 10 条的规定,劳动者被安排至新用人单位,工作年限合并计算。所以,离职手续、工作年限及经济补偿问题,均要明确处理。

具体处理方面,可以采取签订三方协议,"一揽子"解决相关问题,特别是工作年限和经济补偿金问题。比如,经三方协商一致,将用人单位由劳务派遣单位变更为用工单位,劳动者在劳务派遣单位的工作年限计算为本单位工作年限。这样处理劳务派遣单位可暂不支付经济补偿,后续由新的用人单位依法支付。

(三)劳务派遣工的"转制"

所谓劳务派遣工"转制",是指由劳务派遣用工模式转变为其他用工模式,此处主要是指转变为劳务外包或人力资源服务外包用工。劳务外包和人力资源服务外包的关系问题实务中有不同认知。一般来说,劳务外包范围最广,既包括需要有资质的专业性劳务外包,又包括无须专业资质的劳务外包。但无论以何种形式出现,本质上都属于平等民事主体之间的承包、承揽法律关系。

劳务派遣转制成劳务外包,就是用工单位采用与人力资源服务外包公司合作的方式,将其销售、行政、后勤、客户服务等职能中涉及人力资源或劳务方面的工作委托给人力资源服务机构,由人力资源服务机构招聘员工,通过培训、考核和日常管理等方式,组织员工完成合同约定事项的行为。近年来,劳务派遣用工转为劳务外包或人力资源服务外包用工的现象非常普遍,很多劳务派遣公司也开始扩展业务范围,或者直接另行成立劳务外包公司从事外包服务。表面看是因为劳动立法对劳务派遣用工的从严规范,但深层次的原因是劳务外包用工更契合时代发展要求。

实务处理中,主要问题就是防止出现"假外包,真派遣"。[1] 劳务派遣转制为劳务外包,必须是基于经营和组织架构的调整,将可以外包的业务剥离出来后外包给第三方。换言之,判定劳务外包是否成立,不仅要看是否签订了相关协议文本,而且要看是否真正按照劳务外包法律关系在运行。实践中,很多用工单位在什么都没有改变的条件下,仅仅和劳务派遣公司或其他劳务外包公司或人力服务公司

---

〔1〕 根据《劳务派遣暂行规定》第 27 条的规定,用人单位以承揽、外包等名义,按劳务派遣用工形式使用劳动者的,按照本规定处理,即按照劳务派遣用工关系处理。

签订劳务外包相关协议文本,极易被认定为“假外包,真派遣”。[1]

“假外包,真派遣”存在两方面常见法律风险:一是用工单位(发包单位)与派遣公司(承包单位)对劳动者的违法解雇承担连带责任;二是企业(用工单位或发包单位)对劳务外包管理不规范,可能就外包人员给第三方造成的损害承担民事侵权责任。

合规使用外包用工,具体操作层面上需注意两点:

第一,谨慎选择外包公司,即有必要对拟合作的外包公司进行背调,考查外包公司的专业资质、业界口碑、市场占有率和竞争排名等。选择专业的、规模化的外包公司可以最大限度确保其用工过程的管理,从而最大限度降低被认定为“假外包”的风险。此处,需要特别注意的是从劳务派遣转化而来的劳务外包,应在彻底终结劳务派遣法律关系的基础上,再确立劳务外包关系。实务中,一般需要发包单位、派遣公司共同对原劳务派遣工进行合理“安置”,尤其是对原工作年限的计算及补偿问题的处理。

第二,建立系统、完善的业务外包管理制度体系,包括工作流程、工作指引及文件和表单的设计运用。发包单位不应直接参与劳动过程的管理,而应由外包单位派员负责对劳动者进行管理。发包单位与外包公司派驻的员工之间不产生直接的管理与被管理关系。外包单位应该为其派驻的员工配发主要的生产资料,并提供相应的劳动条件及劳动保护。

第三节　其他新型灵活用工方式的实务处理

近年来,人力资源市场上除了非全日制用工、劳务派遣用工、劳务用工、劳务外包等传统的灵活用工模式发展外,也出现了如平台用工、众包用工和共享用工等新

---

[1] 关于“真派遣,假外包”的识别和司法审查、认定,实践中一般会考虑包括但不限于以下因素:(1)合同文本的审查;(2)财务和会计账簿的审查;(3)承包方的性质和经营资质审查;(4)审查劳务外包合同标的是某项“业务或服务”,还是“人”;(5)审查合同约定的费用结算标准,如结算标注是“劳动力”或“员工数”的则容易被认定为劳务派遣等。

型的灵活用工方式。实务中,如何合规、灵活处理这些新型灵活用工方式,是用人单位有效控制用工成本和防控法律风险的重要课题。

一、平台用工管理实务

从实务的角度观察平台用工,重点需关注以下三个问题。

(一)平台用工的界定及其类型化

平台用工,并非法律用语,只是对劳动用工领域常见现象的一种泛称或概括。所谓平台用工,可以描述为:在新经济形态发展的时代背景下,产生了依托互联网平台和技术的共享经济模式,而共享经济模式下的用工方式更加灵活自由,其中,以互联网平台为纽带的平台化用工最为典型。正如《中国分享经济发展报告2016》所指,分享经济已渗透到所有的社会领域,尤其是在交通出行、餐饮住宿、物流快递、生活服务等领域已比较成熟。典型的如"滴滴出行""饿了么""美团外卖"等。平台用工其实是借助了互联网技术和平台实现了人力资源的线上线下整合,本质上依然是各种实际的劳务用工或承包用工。但由于涉及具体用工方式及其法律关系的判定,需要给平台用工进行相应的类型化处理。

按平台的性质及其组织结构划分,平台可以分为自治型平台和组织型平台两种。自治型平台,顾名思义只是提供一个网络平台(虚拟交易场所),劳务需求方和供给方在平台上注册,并登记供需信息,然后匹配交易。显然,自治型平台发挥的是中介作用。组织型平台则是平台公司既是网络技术平台又是组织体,此类平台提供的不是虚拟交易场所,而是基于互联网创设远程交易路径并制订交易规则,统一集成在终端App中。组织型平台的交易路径是劳务供需双方无须直接连通和缔约,而是分别与平台链接和缔约。平台通过劳务定价、接收劳务要约、配置劳动力的方式组织整个交易链条,形成了"劳务需求者—平台"和"平台—服务提供者"两层合同关系。可见,组织型平台作为劳务交易的组织者,与劳务需求方之间存在雇佣关系和各种合作关系的可能。大致有以下三种情形或模式:

第一,平台直接雇佣劳务提供者,为劳务需求者提供劳务。此时,平台与其雇佣的劳动者之间一般成立劳动关系,签订劳动合同,此类平台属于重资产运行模式。

第二,平台不自行雇佣劳动者,而是将特定区域的工作量整体外包给代理商,由代理商雇佣或组织劳务提供者完成工作任务。平台与劳务提供者之间并无直接的合同关系和用工关系。此类平台属于轻资产运行模式。

第三,真正意义上的互联网平台用工,即劳务提供者在平台 App 上注册并接单,可自主决定是否提供劳务、何时以及何地提供劳务,享有完全的自主权。典型的如网约车司机,其提供劳务完全是自由的,其注册、派单、抢单等可以通过网络自行操作。

(二)平台用工的法律关系属性

由上文分析可知,自治型平台用工属于居间性质,不在讨论范围。组织型平台用工中的第一种模式,显然属于劳动关系,实务中并无争议。不过,第一种模式属于重资产运行,其管理成本和风险较高,实践中开始转向第二种和第三种。第二种模式,平台与代理商之间显然是外包关系,而代理商与其雇佣的劳务提供者之间属于劳动关系,实务中也没有争议。第三种平台用工,平台和劳务提供者之间的法律关系往往难以认定,特别是随着平台用工的发展,实践中出现大量专职、固定从事平台工作的人群,以平台工作为主要生活来源,其劳务行为也构成了平台业务的组成部分,具有较强的人格从属性和经济从属性。故在实践中,此类平台用工法律关系的认定争议较大。

关于实践中争议较大的平台化用工的法律关系认定问题,可以从两层面观察:第一,在理想状态上,应该属于平等的合作关系;第二,在现实层面上,容易被认定劳动关系。之所以说理想状态下应该属于平等主体之间的合作关系,是因为平台用工契合了经济新常态、共享经济、创新、创业、灵活用工等新的时代发展背景和趋势。共享经济提倡资源的利用和共享,当然包括人力资源的利用和共享,故平台用工就是依托互联网平台的线下整合力量,充分利用和分享人力资源的典型体现。所以,无论基于何种动机和理由,平台用工应当是以平等合作关系为前提和基础,平等的合作关系显然也是平台用工的初衷和价值追求。

但是,现实层面上平台用工又更容易被认定为劳动关系或雇佣关系。主要原因有三:其一,劳动立法关于劳动关系判定标准的“严格化”和“僵化”;其二,平台公司运行和管理方式的“简单化”;其三,劳动司法实务部门对此类确认劳动关系案件处理的“泛化”。

可见,关于平台用工的法律关系属性问题,现行立法、理论及实务界并无统一认知。实践中,也存在不同的处理口径和裁判结果。目前,实践中主要有两个处理思路:第一,当事人可以约定并选择;[1]第二,结合劳动立法关于劳动关系的界定标准,在综合考虑各种因素的条件下,[2]认定是否属于劳动关系。

(三)平台用工非劳动关系化的实务处理

基于平台用工的宗旨和价值目标考虑,探讨其实务处理,其核心思路是如何避免被认定劳动关系。以下几点值得关注:

1. 优化升级平台的组织形态。由上文分析可知,重资产运行的平台,一般是自己雇佣和管理劳务提供者,符合劳动关系的认定标准。因此,平台组织自身应进行组织形态上的优化升级,轻资产运行,“不雇人,不管人”,实现真正意义上的平台化用工。

当然,组织形态是否优化和升级,主要是基于市场因素的考虑,如当前平台组织运行是有效的且其商业模式是有价值的,则无须单纯为了避免被认定劳动关系而刻意优化升级。比如,“饿了么”平台既有注册该平台的上海拉扎斯信息科技有限公司以自营方式管理配送员的,也有由区域代理公司管理配送员的,还有自行在平台上注册的配送员。

2. 劳务提供者的业务获取类型应以共享型为主。在平台用工实务中,劳务提供者的业务获取类型大致有三种,即指派型、共享型和混合型。指派型是指业务由

---

〔1〕 根据2016年11月1日起施行的《网络预约出租汽车经营管理服务暂行办法》第18条的规定,网约车平台与驾驶员根据工作时长、服务频次等特点签订多种形式的劳动合同或协议。显然是让当事人自行选择,实质上回避了法律关系的定性。

〔2〕 实务中,常见的考量因素包括但不限于:(1)签订劳动合同;(2)劳动者实际接收用人单位的管理、监督和指挥;(3)单位向劳动者支付工资性报酬;(4)劳动者被纳入用人单位的组织体系内劳动,而不是从事独立的业务或经营活动;(5)劳动者无权将工作分包给他人完成;(6)生产资料一般由用人单位提供;(7)劳动者提供的劳务是继续性的,而不是一次性的;(8)用人单位为劳动者缴纳社会保险。

平台指派,共享型则是指劳务提供者是否接单、何时接单等由其自行决定,混合型是既有指派型的又有共享型的。可见,指派型的业务获取过程就是平台用工管理的过程,体现了不同程度的指挥、监督和管理,因而属于劳动关系。故实务中,平台用工的目标应该是以共享型业务获取类型为主,只有在特殊情况下或必要的时候,可以保留部分的指派型。比如,滴滴出行已基本实现了共享型为主的用工模式。

3. 相关协议文本的签订。基于上述关于平台组织形态优化和劳务提供者业务获取类型的分析,我们知道哪些劳务提供者与平台之间不属于劳动关系,但需要相关主体签订相应的协议文本。无论是兼职还是全职的劳务提供者,与平台之间的关系及其相应的权利、义务必须明确约定。比如,关于劳务提供者社保问题的处理,可以对注册者进行初步筛选,有社保关系和社保账户的人优先注册,并辅之以相应的协议文本,可最大限度地避免类似的争议和法律风险。

4. 管理方式的创新和变革。从属性是认定劳动关系的核心标准,平台用工模式下,即便平台的组织形态、劳务提供者的业务获取类型以及协议的签订都指向平等合作关系,但在实际运行中却按照传统的用工方式进行管理,背离了共享经济模式下平台化用工灵活、自由的主旨,自然容易被认定为劳动关系。因此,平台用工实际运行过程中管理方式的创新和变更是关键,不能以协议约定的灵活和自由掩盖实际的支配和管理。[1]

二、众包用工管理实务

众包用工是一种新型的用工方式,从实务管理的角度看,需关注以下问题:

(一)众包用工的界定

众包用工的概念及其相关问题目前并无明确的法律界定。众包与众筹概念均源于互联网业态下的新型创业模式。众包用工是共享经济时代,基于互联网技术

---

〔1〕 最典型的案例就是“好厨师案”。该案中,平台主张其仅提供在线预约厨师上门服务,但法院查明的事实是平台进行严格的管理,如厨师每天10时要到公司打卡报到,迟到的要扣钱,由公司统一派单,没有订单时厨师穿工作服上街宣传等。该案最终被判劳动关系成立。

的一种新型的组织生产方式，既是互联网创业模式，也是新型的、柔性化的生产方式和用工方式。[1] 众包用工，一般是指一个公司或机构把相关的工作任务，通过网络发包给不特定的网民，网民自由、自愿接单，并获取相应的报酬。可见，众包用工有几个特定要素或特点：

第一，众包用工要借助互联网平台和网络技术。不仅是工作任务的发布和发包需要互联网，众包工作任务的完成更需要互联网技术。互联网技术的发展使得大众沟通成本大幅降低，这是众包用工成为可能的直接原因。

第二，众包用工的对象是不特定的公众，主要是从事相关工作或具有相关专业背景，且能完成工作任务的个人，但也不排除群体协作完成。

第三，众包用工没有雇佣关系或劳动关系，也不同于传统的业务外包关系。众包用工是通过互联网以自由自愿的形式发包给大众群体来完成的一种运行模式。在这一过程中，企业只需为贡献者支付少量报酬，有时甚至完全免费。

(二)众包用工与外包用工的区分

从广义上看，众包其实也是一种外包，或者说是传统外包的一种升级版。无论是外包用工还是众包用工，本质上都是承包，都突破了组织边界和框架，充分利用外部资源，从而降低运行成本和提高运行效率。因此，资源的开发、利用和整合需要是外包和众包方式产生的动因或形成机理。但是，众包用工是网络时代的产物，其与传统的外包有明显差异。主要体现在以下方面：

1. 目的不同。传统的外包用工是社会专业化分工的结果，主要利用的是外部的人力资源和专业资源；而众包用工则是社会自由化、差异化、多元化的结果，充分利用外部的，主要体现为创意和创新潜力的智识资源或人力资本，解决企业各种难题，从而增强企业的核心竞争力。

2. 范围和对象不同。外包一般是把企业非核心的和不具有核心竞争力的所有的业务外包出去，而众包对象一般是对创新设计领域提供问题解决方案，如产品与

---

[1] 比如，威客(Witkey)模式和用户原创内容(User Generated Content，UGC)模式均可以算是众包用工模式的一种。

广告设计、营销方案、技术研发、软件设计等。

3. 组织和交易架构不同。传统外包用工往往是一对一的关系，且主要是组织和组织之间的关系，而众包用工则是一对多的关系，且主要是组织和不特定公众之间的关系。比如，某销售公司通过互联网寻求一个营销创意，任何人只要能完成任务均可接单。当然，个人也可以在互联网上寻求解决方案。

4. 运行方式不同。外包的运行是通过传统的市场合作模式，发包人和承包人签订、履行外包合同，而众包则通过互联网平台操作，发包单位向不特定的网民发布项目任务，发包单位和接单的人无须沟通和协商，也无须签订协议文本，验收付费等问题均在网上操作。

（三）众包用工实务处理

那么，众包用工在实务中，需要注意哪些事项？由上文分析可知，无论是外包用工还是众包用工，都是非劳动关系或雇佣关系模式下的灵活用工方式。当然，在外包用工中，外包单位与其雇佣的劳动者之间建立的是劳动关系，但众包用工方式中根本没有劳动关系。故在此意义上，众包用工更契合未来社会经济的发展趋势。故从实务的角度看，就是如何避免建立和运行劳动关系。具体来说，就是要避免被认定为是在劳动关系模式下的远程办公。这里要注意两点：

第一，发包单位除了自身必要的经营和管理之外，不招人、不用人、不管人，特别是与拟接单的网民，最好不要签订委托合同、合作合同、雇佣合同和劳动合同等。否则，有可能被认定雇佣关系、非全日制用工甚至标准劳动关系。

第二，众包用工的操作完全依托互联网平台和技术，只能将可以拆分并能独立发包和独立完成的项目或任务众包出去，发包项目或任务的要求、期限、验收标准、费用及其结算等均应通过互联网操作。这样就能认定发包单位与接单的不特定网民之间只是临时的承包合作关系，而不是劳动关系或雇佣关系前提下的远程办公。

三、共享用工相关法律问题

2020 年新冠肺炎疫情防控期间，劳动力市场上普遍出现劳动合同中止、远程办公、居家办公、共享员工、弹性用工、弹性工时、轮岗轮休等灵活自由的用工方式。

新冠肺炎疫情不仅见证了灵活雇佣时代的来临,也进一步催生、扩展了灵活用工的方式。此处仅以共享员工或共享用工为例进行探讨。

共享用工被广为人知貌似源于新冠肺炎疫情防控期间,盒马鲜生向西北餐饮借用员工的新闻事件。事实上,在此之前就出现过类似的新型用工方式,如 2018 年 1 月,美团、UU 跑腿、邻趣、快服务、闪送等共同建立了共享配送联盟。联盟内的"共享配送员"可以利用闲暇时间自愿承接任一个或者多个平台的订单配送工作,且这些"共享配送员"与平台之间不存在任何正式雇佣关系。目前,劳动立法、理论和实务界对共享用工的概念并无具体的、统一的界定。[1] 此处主要探讨两个问题:一是共享用工作为一种新型灵活用工方式,如何界定?二是如何合规运用共享用工模式?

(一)共享用工的界定

从劳动者的角度来看,共享员工本职上就是劳动者在不同企业或平台上的兼职。无论是体力劳动者,还是拥有一技之长或特殊资源的劳动者,均可以通过各种方式进行兼职,以充分利用人力资源价值。大致方式有两种:一是劳动者依托一家或数家用人单位,利用业余时间兼职;二是没有依托用人单位,纯粹的自由职业者。

从用人单位的角度看,共享用工无非就是劳动力的租用或借用。这就涉及共享用工的具体方式及其相应的劳动关系确定问题。共享用工必然涉及共享的供给方和需求方,实务中大致有两种共享方式:一是两家用人单位之间合作,用工紧缺的用人单位借用人力资源闲置的用人单位的员工;二是用工紧缺的用人单位直接与另一家用人单位的员工签订兼职协议。故在此意义上,没有用人单位的劳动者,如纯粹的自由职业者也就无所谓共享用工。在两种共享用工模式下,都会产生被共享员工的劳动关系确定问题。具体分析如下:

第一,共享用工与劳务派遣、劳务外包、借调等用工方式的界分及其劳动关系确定。上述第一种共享方式,即两家用人单位之间的合作,与劳务派遣和劳务外包

---

[1] 可能基于两点原因:第一,共享用工可以作为一种泛称,泛指共享经济模式下灵活用工方式;第二,共享用工本质上属于劳动力的租借或兼职,已有相应的劳动立法规范。

有一定相似之处,但有本质的不同。劳务派遣用工需要相应的经营资质,且用工单位和劳务派遣单位的主体地位及其关系立法已明确规定,没有共享用工的必要。在劳务外包模式下,一方只发包劳务项目或任务,由承包方派员完成,实际用工管理的是承包方,这与共享用工模式下的借用并管理员工不同。同样,借调一般是关联企业之间的一种灵活用工方式,与共享用工方式也不同。

第二,上述第二种共享方式,即用人单位直接与另一家单位的员工签订兼职协议或相关协议,就可能涉及两种处理方式:一是建立事实上的双重劳动关系;二是劳动者从现用人单位离职,在入职用工紧缺的单位。此两种方式均涉及劳动关系的确定问题。

(二)共享用工的合规处理

在现行劳动立法框架下,共享用工方式显然存在诸多法律障碍。主要是关于劳动关系的界定和劳动者权益保护方面的问题。在新冠肺炎疫情防控期间,共享用工既是一条自救之路,也是一条违法之路。无论何种共享用工方式,无论是否认可双重劳动关系,用工紧缺的用人单位与共享员工之间都可能被认定为事实劳动关系,进而引发相应的劳动争议。

但是,共享用工的确是一种新型的灵活用工方式,不仅解决了客观原因导致的企业停工、停产而承担巨大人力成本的燃眉之急,而且缓解了用工紧缺单位的人手不足问题,充分整合并利用相关行业的人力资源。因此,我们不能因噎废食,固守传统劳动法思维和劳动立法框架,而应立足现行劳动立法和政策,争取合规处理。

以下合规处理意见,可资借鉴。

1. 签订“三方协议”,或“一揽子”协议约定相关共享用工事宜。尤其注意明确约定下列事项:(1)被共享员工花名册需签名同意被借用;(2)被共享员工及其原用人单位承诺劳动关系保留;(3)共享用工的期限;(4)共享用工期间,劳务报酬或工资、福利的支付主体、支付方式等;(5)共享用工期间,相关社保、公积金等费用的缴纳主体及缴纳方式;(6)共享用工期间,被共享员工工伤的处理和责任承担问题;(7)被共享员工在工作中侵犯第三人权益的处理及其责任承担问题;(8)相关违约和赔偿责任;(9)被共享员工的竞业限制及商业秘密保护问题等。

2. 出借员工的用人单位避免在共享员工的行为中获益。在共享用工操作中，出借员工的用人单位不能有获利行为，否则，容易被认定为是经营营利行为，从而被认定为违法从事劳务派遣业务。非法从事劳务派遣业务会承担相应的民事赔偿和行政责任。

3. 共享用工的各方主体，必须关注被共享员工的人身伤亡法律风险的防控。根据工伤保险立法及其运行规则，共享员工被共享期间发生工伤，工伤赔付可能会面临诸多障碍。只有在被认定为是员工借调关系的前提下，原出借单位才可以依法承担工伤保险责任。[1] 如被认定为其他用工方式，则很可能面临工伤无法获得赔付。此时，出借员工的用人单位继续为被共享员工缴纳社保，借入员工的单位则需为被共享员工购买足额的商业保险，转移单位自身用工风险的同时，最大限度地保障被共享员工的权益。

---

〔1〕 详见《工伤保险条例》第 43 条的规定，职工被借调期间受到工伤事故伤害的，由原用人单位承担工伤保险责任，但原用人单位与借调单位可以约定补偿办法。

CHAPTER 12

第十二章 劳动争议处理实务与技巧

劳动用工法律风险管理的主要任务就是劳动争议的预防和处理。本书前面相关内容是对企业劳动用工管理过程中重要节点的法律风险提示、分析,并提出相应的防控措施,其目标在于劳动争议的提前预防。但是,劳动争议的防控措施只能最大限度地预防法律风险和劳动争议的发生,无法避免劳动争议的实际发生。本章则集中分析用人单位在实际遇到劳动争议时的实务处理,包括劳动仲裁和诉讼的处理实务和技巧。

第一节 劳动争议的甄别与管辖

劳动争议的甄别和管辖问题,是劳动争议处理实务的前提和基础。劳动争议处理实践中,关于劳动争议的范围问题一直存有不同认知和处理思路,需要具体甄别和界定。劳动争议的范围确定后,如何纳入劳动争议的处理机制,则需考虑劳动争议的管辖问题。

一、劳动争议的甄别

现行劳动立法并未对劳动争议的概念进行界定,只是就劳动争议范围进行列举和排除。实务中,关于劳动争议范畴的甄别,可以从以下四个角度进行。

（一）劳动争议的界定

顾名思义,所谓劳动争议是指劳动者和用人单位之间在用工管理过程中,因劳动权利和义务引发的纠纷。故把握劳动争议的概念,可以从争议主体和争议内容两个角度进行简单界定。如从争议内容来看,必须是在劳动用工过程中发生并与劳动用工有关的,因劳动权利和义务履行引发的争议,才属于劳动争议,相反,如果没有劳动用工的实际内容,则实质上并无劳动争议。不过,我国劳动立法和政策基于保护劳动者原则,有时直接规定劳动关系的成立和劳动争议的范畴。比如,《最高人民法院审理劳动争议案件适用法律若干问题的解释（三）》（已废止）规定关于停薪留职、内退、下岗、待岗职工与用人单位发生争议属于劳动争议就是典型。

从争议内容的角度观察劳动争议,必须考虑劳动争议的可诉性问题。基于诉讼法理,诉的形成需以存在讼的利益为前提,且该诉的利益必须是明确的、可预期的和可执行的。简单来说,劳动争议必须是因劳动权利受损或义务不履行而引发,必须对劳动者或用人单位的权益造成减损,才属于真正的劳动争议。比如,用人单位基于劳动者的工作表现,降低甚至免除其职务,劳动者能否以恢复职务为由申请仲裁？目前劳动立法并未明确,依据《劳动争议调解仲裁法》第2条的规定,恢复职务或岗位的请求属于因劳动合同履行和变更而引发的争议,故应属于劳动争议。但严格来说,不能纳入劳动争议范畴,因为不具有可诉性,这属于用人单位的用工自主权范畴,是具体的用工行为,不明确也不可执行。如果劳动者以用人单位因调整岗位而降低或克扣工资为由,或以用人单位不提供相应劳动条件为由主张相关权益的,则具有可诉性,就属于典型的劳动争议。对此,相关人事法规有明确的规定,事业单位与其职工就考核、职称评定、职务任免及人事惩处决定等引发的争议均不属于人事争议。

如从主体的角度观察,劳动争议是劳动者和用人单位之间发生的纠纷。凡是不以劳动者和用人单位双方为主体的争议,均不属于劳动争议。据此,可以将社会保险争议（以下简称社保争议）和劳动争议进行较为清晰的界分。简单来说,所有以社保部门为义务主体和争议主体的争议，均不属于劳动争议的范围。比如，工伤案件处理中，对劳动能力鉴定委员的鉴定结论有异议的，不能作为劳动争议处理。[1]

根据社保争议的主体划分，社保争议主要有两类：

第一，关于社保补缴、待遇支付或发放等的社保争议。此类争议是以劳动者已有社保账户或社保关系为前提，社保行政职能的特点决定了一旦发生此类争议，只能向社会部门主张，而不能向用人单位主张。[2] 目前，司法实务部门对此已有共识，将补缴社保争议排除出劳动争议的范畴。请求社保经办机构发放保险金的争议，也不属于劳动争议。[3]

第二，在没有社保账户或社保关系的条件下，劳动者向用人单位主张相关的社保待遇补偿或赔偿方面的社保争议。此类争议的发生是因用人单位没有为劳动者办理社保登记，导致劳动者无法享受相关的社保待遇（主要是养老待遇），劳动者只能向用人单位主张赔偿。故此类争议应纳入劳动争议的范畴，只是目前劳动立法及政策均未就此类争议的具体处理进行明确规定，致使实践部门对此类争议的处理“无所适从”，要么设置障碍不予处理，要么在处理时完全“自由裁量”。[4]

可见，在将社保争议作出上述分类时能较为清晰地界定其是否属于劳动争议。但现行劳动立法，只是概括性地将社保争议列入劳动争议范畴（《劳动争议调解仲裁法》第2条第4项），并没有根据社保争议的性质进行细化，必然引起实践部门理解歧义和适用混乱。另外，关于劳动争议和社保争议范畴的界定问题上，《劳动争

---

〔1〕 参见《劳动争议司法解释（一）》第2条规定。

〔2〕 2015年时司法裁判口径就明确规定此类争议不属于劳动争议。《2015年全国民事审判工作会议纪要》规定，用人单位已经为劳动者办理了社会保险手续，但因用人单位欠缴、拒缴社会保险费或因缴费年限、缴费基数发生争议的，当事人向法院起诉的，法院告知劳动者向劳动行政部门申请解决。

〔3〕 参见《劳动争议司法解释（一）》第2条规定。

〔4〕 实务中，通常认为《劳动争议司法解释（一）》第1条第5项规定就是为此类争议的处理而设。但通过相关检索，此类争议并不多见，主要原因有两点：一是该条文本身的立法技术问题，没有充分考虑到我国社保部门“不作为”的现状和问题，导致“社保经办机构不能补办”这一条件难以落实；二是没有关于此类争议相关赔偿标准的配套规定。另外，实务中对该条的理解和适用也有争议，即劳动者主张赔偿是否有时间限制？有观点主张没有时间限制，劳动者随时可以主张，不必等到退休之后。更为合理的理解和主张是，应该等劳动者符合退休的年龄条件后，其养老待遇面临实际损失时，方可主张。

议调解仲裁法》[1]不仅笼统地将社保争议作为劳动争议的范畴,而且将工伤医疗费与社会保险作为两个不同的劳动争议类型列举,造成工伤医疗费从工伤赔偿争议中被剥离和割裂。笔者认为,此举不仅没有提高工伤案件处理的效率,而且增加了工伤处理程序的混乱和矛盾。

(二)劳动争议范围的正面列举

根据《劳动争议调解仲裁法》第 2 条及相关立法、司法解释的规定,下列争议属于典型的劳动争议:

1. 因确认劳动关系发生的争议。
2. 因订立、履行、变更、解除和终止劳动合同发生的争议。
3. 因除名、辞退和辞职、离职发生的争议。
4. 因工作时间、休息休假、社会保险、福利、培训意即劳动保护引发的争议。
5. 因劳动报酬、工伤医疗费、经济补偿金或赔偿金发生的争议。
6. 养老保险待遇索赔争议(《劳动争议司法解释(一)》第 1 条第 5 项)。注意:关于社保争议与劳动争议范畴的界分,见上文分析。
7. 企业自主改制引发的争议(《劳动争议司法解释(一)》第 1 条第 9 项)。
8. 加付赔偿金争议(《劳动争议司法解释(一)》第 1 条第 8 项)。

(三)劳动争议范围的反向排除

结合《劳动法》《劳动合同法》《劳动争议调解仲裁法》及最高人民法院关于劳动争议的相关司法解释的规定,关于劳动争议的范围,还需注意以下排除性规定:

1. 因住房制度改革引发的纠纷。
2. 住房公积金争议。不过值得一提的是,住房公积金争议类似于社保争议,但远没有社保争议复杂,可以纳入劳动合同履行的争议范畴。但从《公积金管理条

---

[1] 除了《劳动争议调解仲裁法》第 2 条第 5 项将工伤医疗费单独列举外,第 47 条关于"一裁终局"的规定中,工伤医疗费案件也属于"一裁终局"的一个类型。只有工伤医疗费是"一裁终局",而其他工伤保险待遇都要通过正常劳动争议程序解决。此举无疑会造成实践部门在处理工伤案件时的混乱,其立法的逻辑性和技术性显然存在瑕疵。

例》的规定来看,公积金争议目前不属于劳动争议。[1]

3. 已经享受养老待遇的劳动者与用人单位在用工过程中发生的争议。实务部门对此已达成共识,但须注意与《劳动争议司法解释(一)》第1条第6项[2]规定进行区分。《劳动争议司法解释(一)》之所以规定劳动者退休后,与尚未参加社会保险统筹的原用人单位之间因追索养老金、医疗费、工伤保险待遇和其他社保费而发生的争议属于劳动争议,是基于我国社保体制刚开启社会化改革的现实需要,实质上与关于劳动者追索养老待遇赔偿损失这一类劳动争议具有同质性。

4. 家庭或个人与家政服务人员之间的争议。

5. 政府主导的国有企业改制引发的争议。

6. 请求用人单位或劳动者签订劳动合同的争议。

7. 在校生勤工俭学或参加生产性实习与所在单位的争议。注意:关于高校毕业生以就业为目的的实习或用工,劳动立法和政策更倾向于按劳动争议处理。

8. 个体工匠与帮工、学徒之间的争议不属于劳动争议。

9. 农村劳动承包经营户与受雇人之间不属于劳动争议。值得关注的是,因劳动关系的界定具有动态性和开放性,劳动争议的界定必然也具有此类特性。农村劳动者与承包经营户之间,以及各种平台公司与其招揽的员工或合作者之间究竟是否属于劳动关系和劳动争议,须结合多种因素方可确定。[3]

10. 因退休引发的争议等。

---

〔1〕 笔者一直主张废除《住房公积金管理条例》,基于以下四点理由:第一,随着市场经济的发展,我国住房制度的市场化程度已很高,如住房公积金制度的政策溃疡退出;第二,住房公积金对企业来说负担过重,对劳动者来说如同"鸡肋",解决不了住房问题,在使用中还受到各种不当的限制;第三,公积金制度强制性不足,且缺少应有的权利救济途径,形同虚设;第四,很多民营企业基于控制成本考虑而不缴纳公积金,而国有企业一般都会缴纳公积金,长此以往会拉大国企和民企职工的收入差距,进而加大社会贫富差距。

〔2〕 《劳动争议司法解释(一)》第1条规定:"劳动者与用人单位之间发生的下列纠纷,属于劳动争议,当事人不服劳动争议仲裁机构作出的裁决,依法提起诉讼的,人民法院应予受理:……(六)劳动者退休后,与尚未参加社会保险统筹的原用人单位因追索养老金、医疗费、工伤保险待遇和其他社会保险待遇而发生的纠纷……"

〔3〕 理论的阐述和梳理,参见李孝保:《中国劳动法基本理论问题研究》,法律出版社2019年版。

（四）劳动争议范围的特殊情形

除了上述对劳动争议范围的正面列举和反向排除外，还需把握以下特殊情形：

1. 关于档案争议。根据《劳动合同法》第 50 条及《劳动争议司法解释（一）》第 1 条第 4 项的规定，档案争议应属于劳动争议。但是，我国相关立法并未明确档案的管理体制及其性质和分类等问题，比如，企业人事档案或劳动档案与事业单位和行政机关的人事档案有何区别？是否所有档案都属于国家所有？档案争议主要有哪些类型的划分？一般来说，只有因解除和终止劳动关系时，因转移档案关系引发的纠纷才可以纳入劳动争议范畴，而单纯的损毁和丢失档案并要求补办档案的纠纷，不涉及具体劳动权利和义务关系的，则不应属于劳动争议，可以作为普通民事案件处理。

2. 关于股权激励引发的争议。目前，劳动立法和司法实践部门对用人单位与高层次员工之间的股权激励纠纷是否属于劳动争议并未明确。此类纠纷并非单纯的因工资支付或劳动合同履行、解除而引起的纠纷，而是兼有股权纠纷和民事纠纷的性质。鉴于我国劳动立法认可了高管的劳动者身份，对股权激励中劳动者获取收入的定性也比较模糊等因素，实践中更倾向于将股权激励纠纷纳入劳动争议处理。事实上，如用人单位在拟实施各种股权激励方案时，有意识地将股权激励对象的股东身份、股东权益（包括虚拟股东和虚拟股权）和劳动者身份、劳动者权益进行“切割”，形成系统的管理流程和协议文本，并严格按方案实施，则完全可以将股权激励纠纷纳入公司股权纠纷范畴。

二、劳动争议的管辖及其选择技巧

劳动争议管辖包括仲裁管辖和诉讼管辖。因两者基于不同的立法规定，实务处理也不尽相同。根据《劳动争议调解仲裁法》第 21 条及《劳动人事争议仲裁办案规则》（以下简称《仲裁办案规则》）第 8 条的规定，劳动争议仲裁由劳动合同履行地或用人单位所在地管辖，且劳动合同履行地劳动仲裁委优先管辖。另据《劳动争议司法解释（一）》第 3 条的规定，劳动争议诉讼，由用人单位所在地或劳动合同履行地基层人民法院管辖。劳动合同履行地不明确的，由用人单位所在地基层法院管

辖。两相比较,可以得出如下结论:

第一,仲裁管辖具有法定性和优先性。劳动仲裁以劳动合同履行地管辖为原则和优先,只有在劳动合同履行地不明确时,才可能由用人单位所在地的仲裁委管辖,故可以排除劳动仲裁的约定管辖。《仲裁办案规则》第 8 条就劳动合同履行地和用人单位所在地的具体确定及存在多个劳动合同履行地时的优先受理管辖等问题进行了细化规定。

第二,诉讼管辖原则上具有平行性和选择性。诉讼管辖虽然也是劳动合同履行地和用人单位所在地的基层法院有管辖权,但并不存在优先管辖的问题,两地法院是平行的,当事人可以选择,遵循"谁先立案,谁先管辖"规则。这就涉及劳动争议处理过程中一个非常重要的实务问题,即如何争抢诉讼管辖权,具体见下文分析。不过,诉讼管辖也并不完全自由选择,如果劳动合同履行地不明确的,只能由用人单位所在地法院管辖。

可见,劳动仲裁管辖容易确定,但在用人单位异地用工的情形下,可能涉及争抢诉讼管辖问题。实务中,抢诉讼管辖实质上就是劳动仲裁裁决后,看哪一方当事人能先到法院起诉并立案。其中涉及领取裁决文书的时间、法院立案流程的繁杂程度和时间长短、法院地方保护主义意识等多种因素。以下两点值得关注:

一是在用人单位异地用工的情形下,经劳动合同履行地仲裁委审理,裁决结果对自己一方比较有利时,是否应抢管辖权?依笔者之见,此种情形下当事人应继续抢管辖权,力求避免诉讼阶段异地法院的地方保护主义和诉讼成本的增加。

二是经劳动仲裁后,如果双方在同一天分别向不同地区的法院起诉并立案的,则两地法院依法均有管辖权,如何处理?根据《中华人民共和国民事诉讼法》(以下简称《民事诉讼法》)第 37 条的规定,此时应由双方法院协商解决,协商不了的,报请共同的上级人民法院指定管辖。双方为跨省、自治区、直辖市的,高级人民法院协商不成的,由最高人民法院及时指定管辖。[1]

第二节　劳动争议处理机制的正确理解与运用
——以“裁审关系”的实务处理为重点

劳动争议处理机制,又称劳动争议处理体制或处理模式,简单而言是指相关劳动争议处理机构依据一定的程序处理劳动争议的一套制度体系和制度架构。劳动争议处理机制的核心要素包括争议处理机构和处理程序。本节主要是在概述我国现行劳动争议处理机制的基础上,重点探讨劳动争议处理过程中调解、仲裁和诉讼程序及其相互关系的处理,包括调解和仲裁的关系(调裁关系)、调解和诉讼的关系(调审关系)及仲裁和诉讼的关系(裁审关系),其中以裁审关系的实务处理为重点。

一、我国现行劳动争议处理机制

我国现行劳动争议处理机制可以概括为“一调一裁二审”模式,由于调解不是劳动争议的必经程序,且调解协议欠缺法律效力,故实践中一般又称为“一裁二审”制。关于劳动争议的处理机构及其运行规范,自有相关立法予以规范,且与本书论题关系不大,故在此不予赘言。本部分只探讨劳动争议处理程序问题。

就劳动争议的处理程序而言,可以从两个角度观察:一是外部关系,即劳动争议处理机制与劳动监察的关系处理问题;二是内部关系,即劳动争议处理的相关程序及其相互之间的关系处理问题。鉴于劳动监察属于行政管理范畴,其运行的理

[1] 曾有一典型案例,最终由最高人民法院指定管辖。案例情况:上海某商贸公司与员工签订劳动合同,工作地点在北京市东城区。2014 年,双方因变更劳动合同引发争议,商贸公司解除了劳动合同。员工向北京市东城区仲裁委申请仲裁,2015 年 6 月 30 日,仲裁委作出裁决,裁决商贸公司违法解除劳动合同,并支付赔偿金。商贸公司于 2015 年 7 月 6 日向上海市徐汇区人民法院起诉,并进行诉前调解,后因商贸公司不同意调解方案,法院于 2015 年 7 月 9 日正式立案。员工则于 2015 年 7 月 9 日向北京市东城区人民法院起诉并于当天立案。也就是说,两家有管辖权的法院于同一天立案,从而形成管辖权争议。后北京市高级人民法院与上海市高级人民法院就该案管辖问题未能协商解决,北京市高级人民法院于是请示最高人民法院,最高人民法院指定北京市东城区人民法院管辖。

念和规则不同于劳动争议的处理,不在本书探讨范围。此处只探讨劳动争议处理机制中的程序及其相互之间的关系问题。大致可以概括为"一个基本模式加三个特别规则"。

(一)"一调一裁二审"模式

如上所述,"一调一裁二审"模式是我国现行劳动争议处理的机制或模式,除了该基本模式的一般适用规则外,需关注"调""裁""审"三者之间的关系,概括而言即"调裁关系""裁审关系""调审关系(含执行)"。详见后文分析。

(二)三个特别规则

1."一裁终局"规则。一裁终局制度规则是《劳动争议调解仲裁法》的创新,旨在解决长期以来我国劳动争议处理程序复杂、周期长、效率低、劳动者维权成本高等问题。尽管"一裁终局"制度体系的实施效果并不理想,但需在具体的"裁审关系"中把握其实施要点。

2.支付令制度规则。劳动争议中引入支付令制度,无非是为了提高劳动争议处理的效率,降低劳动者维权成本。当然,姑且不论我国现行支付令制度的实施效果,[1]从法律适用技术角度看,引入支付令制度是为了进一步解决调解协议的法律效力问题。"一调一裁二审"的劳动争议处理模式下,调解协议并无法律的强制执行效力,而只有合同的约束力,如果规定调解协议可以申请支付令,则无疑简化了诉讼程序,缩短了通往申请执行的距离。

结合《劳动合同法》第30条、《劳动争议调解仲裁法》第16条及《劳动争议司法解释(一)》第51条的规定,劳动争议处理中的支付令制度适用规则需注意两点:

第一,基于《劳动合同法》第30条第2款的规定,仅就工资支付问题申请支付令,支付令失效后,需按照"先裁后审"的程序规则处理,即按照一般的劳动争议先申请仲裁在启动诉讼程序。其根本原因在于,劳动者追索劳动报酬,申请支付令失

[1] 众所周知,司法实践中支付令案件并不多见,支付令制度的实施实际上被"支付令异议制度"所"架空"。劳动争议案件引入支付令制度,如不对其进行实质性的改造,自然也难逃收效甚微的命运。

效后,双方的权利义务并未明确,需要对案件进行审理方可裁判。

第二,根据《劳动争议调解仲裁法》第16条的规定,就劳动报酬、工伤医疗费、经济补偿或赔偿金事宜达成的调解协议申请支付令的,支付令失效后,可以直接向法院起诉,而无须再申请仲裁。其根本原因在于,此种情况下支付令虽然失效,但双方的权利义务已有协议明确,故可按照民事程序直接起诉。

3.“不裁而审”规则。所谓“不裁而审”是指有些劳动争议案件,可以不经过劳动仲裁程序而直接向法院起诉。主要包括两类:

第一类,最高人民法院明确无须经劳动仲裁而直接起诉的案件,根据《劳动争议司法解释(一)》的规定,此类案件包括两种:一种是劳动者持工资欠条可以直接向法院起诉;另一种是在劳动争议调解委员会主持下仅就劳动报酬达成的调解协议,单位不履行的,劳动者可以直接向法院起诉。

第二类,根据《劳动争议调解仲裁法》第29条和第45条的规定,对劳动争议仲裁委员会不予受理、逾期未做决定及逾期未作出裁决的,申请人可以向法院起诉。从严格意义上讲,此类争议并非属于“不裁而审”案件,因为已经过了仲裁程序,符合“仲裁前者”的立法要求,只是未经仲裁实体处理而已。因此,可以将此类争议作为广义上的“不裁而审”争议。

二、调解和仲裁、诉讼关系的立法梳理与实务要点

一直以来,我国劳动立法、理论及实务中,较少关注调解程序以及调解程序和仲裁、诉讼的关系。[1] 现结合《劳动争议调解仲裁法》和《仲裁办案规则》的规定,就调解与仲裁关系的实务处理梳理如下:

(一)调解和仲裁的关系

1.调解期限、协议及其效力。根据《劳动争议调解仲裁法》第14条和第15条的规定,自调解组织收到调解申请之日起,15日内未达成调解协议的,当事人可申请

[1] 此处的调解程序是指单独的调解组织或机构的调解,并不包括劳动仲裁委和法院在处理案件过程中所进行的调解。

仲裁。达成调解协议后,应当制作调解协议书,调解协议书由双方当事人签名或盖章,经调解员签名并加盖调解组织印章后生效,对双方当事人具有约束力。当事人在协议履行期限内不履行的,另一方可申请仲裁。据此,实务中应关注三点:第一,调解程序非劳动争议必经程序;第二,调解协议对当事人只具有合同约束力;第三,未达成调解协议或达成调解协议后不履行的可以申请仲裁。

2. 关于调解建议书的理解与运用。根据《仲裁办案规则》第 69 条的规定,劳动争议未经调解,当事人直接申请仲裁的,仲裁委可以向当事人发出调解建议书,引导其到调解组织进行调解。当事人如果同意先行调解的,仲裁委暂缓受理,当事人不同意调解的,依法受理。调解建议书制度是《仲裁办案规则》的创新,也是一种特殊的"调裁关系",目的在于引导调解程序的介入充分发挥基层调解组织的功能和作用。

3. 庭前委托调解制度。根据《仲裁办案规则》第 70 条的规定,仲裁开庭前,经双方当事人同意,仲裁庭可以委托调解组织或其他有调解能力的组织和个人进行调解,自当事人同意之日起 10 日内,未达成调解协议的,应开庭审理。仲裁庭前委托调解制度,目的也是发挥调解组织的作用,算是一种特殊的"调裁关系"。

4. 调解协议的仲裁审查制度。根据《仲裁办案规则》第 74 条至第 79 条的规定,调解协议的仲裁审查制度实务要点归纳如下:(1)经调解组织调解达成调解协议的,当事人双方可以在 15 日内共同向仲裁委申请仲裁审查;(2)仲裁委收到申请后,应及时决定是否受理,决定受理的应出具受理通知书;(3)仲裁委审查 5 日内结束,特殊情况需延长的,经负责人批准可以延长 5 日;(4)仲裁委经审查,认为调解协议合法有效的,应制作调解书,调解书与调解协议内容一致,调解书经双方签收后发生法律效力;(5)调解书送达前,一方或双方撤回仲裁审查申请的,应予准许;(6)调解协议违法、虚假、不自愿等情形下,仲裁委不予制作调解书,并通知当事人。

综上,"调裁关系"主要包括两类:一类是调解和仲裁的外部衔接关系,具体包括上述第一种和第四种两种,即未达成调解协议或达成调解协议后不履行时当事人申请仲裁和调解协议的仲裁审查;另一类是调解和仲裁的内部衔接关系,或者说是仲裁程序中的调解和仲裁衔接关系,具体包括上述第二种和第三种两种,即调解建议书和庭前委托调解制度。

(二)调解和诉讼的关系

调解和诉讼的关系,也可称调审衔接、调审关系或调诉关系。具体可关注以下三项制度:

1. 调解协议起诉制度。根据《劳动争议司法解释(一)》第51条的规定,在劳动争议调解委员会主持下达成的调解协议具有劳动合同的约束力,可以作为法院审理案件的依据。仅就劳动报酬达成的调解协议,用人单位不履行的,劳动者可以起诉。

2. 调解协议支付令制度。根据《劳动争议调解仲裁法》第16条和《劳动争议司法解释(一)》第13条的规定,因支付拖欠劳动报酬、工伤医疗费、经济补偿金或赔偿金事项达成调解协议的,劳动者可以持调解协议书依法向法院申请支付令。支付令失效的,劳动者可向法院起诉。

3. 调解协议的司法确认制度。根据《劳动争议司法解释(一)》第52条的规定,当事人在人民调解委员会主持下仅就给付义务达成的调解协议,双方认为有必要的,可以共同向人民调解委员会所在地的基层法院申请司法确认。

三、仲裁和诉讼关系的理解与实务处理

我国现行劳动争议处理机制中,仲裁和诉讼关系的理解及其实务处理较为繁杂,特别是"裁审独立"与"裁审衔接"的理解和适用。因《劳动争议调解仲裁法》设置了一裁终局制度体系,涉及众多的裁审关系处理,故对其单独分析。

(一)一般意义上裁审关系的正确理解

劳动法实务中,劳动争议处理模式通常概括为"仲裁前置,一裁二审",其中的裁审关系,主要包括两大类:第一,裁审分立或裁审独立,主要涉及仲裁和诉讼程序的区分或独立问题;第二,裁审衔接,主要涉及仲裁和诉讼程序的衔接关系。可见,探讨裁审关系问题,可以从以下三个方面把握:

1. "仲裁前置"规则的理解和适用。所谓仲裁前置,是指劳动争议诉争事项原则上必须经劳动仲裁程序。仲裁前置是裁审分立和裁审衔接的前提和基础。实务

中，具体理解和运用需注意：

第一，仲裁前置是一种程序上的前置。换言之，即使未经仲裁的实体处理，也算是经过仲裁程序。包括仲裁委不予受理、逾期未受理和逾期未作出裁决的，虽未经仲裁委实体审理，但当事人均可以向法院起诉。[1]

此处涉及一个重要实务问题：仲裁委作出不予受理、逾期受理及逾期裁决的，当事人收到相关文书或通知15日后起诉的，法院是否应受理？笔者认为，法院依法应予受理，有三点理由：首先，仲裁委的裁定或决定只是程序性事项，不同于实体裁决；其次，《劳动争议司法解释（一）》第12条并未明确15日的起诉期限；最后，通过对《劳动争议调解仲裁法》第29条和第50条的比较可知，对仲裁委不受理、逾期受理及逾期处理的裁定或决定而起诉的，并无15日的期限要求，而对不服仲裁委实体裁决的，有15日起诉期限的明确规定。

第二，仲裁前置，即使是程序前置，也须保持诉争事项的一致性。当事人对仲裁委不受理、逾期受理及逾期作出裁决的，可以向法院起诉，但仅限于已经申请仲裁的事项，不能超越或变更仲裁请求，否则就违反了仲裁前置规则。

2.“裁审分立”原则的理解与运用。裁审分立原则，主要体现在以下两个方面：

第一，仲裁和诉讼的运行机制、管理体制及功能各自独立各不相同。尽管我国劳动人事仲裁机构已进行实体化改革，但其运行和管理依然是行政体制，与法院作为司法机关的运行和管理完全不同。行政和司法的理念、属性、职能、目标等均不同，故劳动仲裁和诉讼的分立是客观存在的。

第二，法院全案审理。经劳动仲裁，当事人不服仲裁裁决的，诉至法院，裁决书失效，法院进行全案审理。劳动争议法院的全案审理制度是“裁审分立”的重要体现，无论是一方当事人起诉，还是双方均起诉，无论是就部分仲裁事项起诉，还是就全部仲裁事项起诉，法院均作全案处理。实质上，就是作为一个全新的案件予

---

[1] 此处允许有例外规定，根据《劳动争议司法解释（一）》第12条的规定，仲裁委逾期未作出受理决定或仲裁裁决，当事人直接起诉的，法院应予受理，但存在以下事项的除外：（1）移送管辖的；（2）正在送达或送达延误的；（3）等待另案诉讼结果、评残结论的；（4）正在等待仲裁委开庭的；（5）启动鉴定程序或委托其他部门调查取证的；（6）其他正当事由。

以处理。[1] 具体有两点体现：

(1)仲裁裁决对法院审判劳动争议案件不具有法律上的约束力，法院不会要求仲裁委提供或主动调阅案卷，将重新就该案件的事实和法律问题进行审理，并作出裁判。

(2)法院不对仲裁裁决作出评价。最高人民法院《对劳动部〈关于人民法院审理劳动争议案件几个问题的函〉的答复》中指出，法院审理劳动争议案件，不能在判决书、裁定书或调解书中对仲裁决定作出维持或撤销的评价性判断，而只能就案件本身重新作出自己的判断和处理。

3.“裁审衔接”的主要情形及其实务处理。现行劳动立法框架下，“裁审衔接”主要体现为以下五个方面的问题：

第一，经劳动仲裁后，一方当事人起诉与双方当事人均起诉时应如何处理？

(1)只有一方起诉的，具体分三种情况：一是一方起诉，另一方完全服从裁决而不起诉的。此时，另一方只需应诉即可，但如果需要争抢诉讼管辖权的，则另当别论。二是一方起诉，另一方对裁决或部分裁决事项不服，但未起诉。虽然裁决书因一方起诉而不生效，法院会全案审理，但法院在审理时会基于另一方不起诉的行为视为其接受仲裁裁决，从而倾向于作出与仲裁裁决一致的裁判。同样，此种情况也有争抢管辖权的问题。三是一方起诉后又撤诉的。根据《关于人民法院对经劳动仲裁裁决的纠纷准予撤诉或驳回起诉后，仲裁裁决何时生效的解释》第 1 条的规定，一方起诉又撤诉的，原裁决自准予撤诉裁定送达之日起生效。

(2)双方都起诉的，具体也分三种情况：一是双方向同一法院起诉的，互为原被告，法院并案审理。二是双方向不同法院起诉的，后受理的法院需移送管辖。三是双方起诉，但一方撤诉的，法院继续审理。[2]

第二，撤回申请(或按撤回处理)后再起诉，以及撤回起诉(或按撤回起诉处理)

---

〔1〕 实务中，仲裁阶段认定的案件事实，能否作为法院的证据使用？特别是开庭笔录中记载当事人自认的事实能否作为法院认定案件事实的依据？目前并无明确的规定。但《2015 年全国民事审判工作会议纪要》第 57 条作了一个除外规定：在诉讼程序中，除经对方当事人同意，或有相反证据足以推翻的，当事人否认在仲裁程序中认可的事实的主张，法院不予支持。

〔2〕 参见《劳动争议司法解释(一)》第 4 条规定。

后再起诉情形下如何处理？

具体可以分三种情况：(1)申请仲裁后，主动撤回仲裁申请的：如重新申请仲裁，应予受理；直接起诉的，不予受理，已经受理的，驳回起诉。[1] (2)申请仲裁后，按撤回申请处理(拒不到庭或中途退庭)的：重新申请仲裁，不予受理；[2]直接起诉的，不予受理(违反仲裁前置)。(3)不服仲裁裁决，诉至法院后撤回起诉或被法院按撤诉处理的：又起诉的，法院不予受理(此时仲裁裁决已生效)，已经受理的，驳回起诉。[3]

第三，诉讼程序中，对仲裁阶段遗漏当事人的情形如何处理？

根据《劳动争议司法解释(一)》第31条的规定，人民法院审查认为仲裁裁决遗漏了必须共同参加仲裁的当事人的，应依法追加遗漏的人为诉讼当事人。被追加的当事人应当承担责任的，人民法院应当一并处理。

第四，如何处理仲裁请求与诉讼请求的关系？

仲裁请求与诉讼请求的关系处理，是“裁审衔接”问题的关键。大致可从以下三种情况进行梳理和分析：(1)未经仲裁的诉请：违反仲裁前置规则，应予驳回。(2)超过仲裁请求范围，或对仲裁请求作出实质性变更的诉请：应驳回起诉，当事人可重新申请仲裁；如与仲裁请求具有不可分性，法院应予受理并裁判。此处值得一提的是，诉讼请求与仲裁请求的不可分性如何判断和处理？实践中，可以把握两个要素：一是基于同一行为或事实，如仲裁阶段主张解除劳动关系的补偿金，起诉后发现是违法解除，遂主张赔偿金，均是基于解除劳动关系这一事实而提出。比如，基于合同解除这一事实可以产生出具离职证明、转移社保、转移档案、支付经济赔偿金、撤销解除决定、继续履行合同，等等。这些请求都是基于合同的解除产生的，符合基于同一事实而产生的要件。二是诉讼请求与仲裁请求之间具有依附性，不能具有矛盾、反对、并列等关系，而应当具有包含、因果、递进、部分或全部重叠等密

---

[1] 参见《2015年全国民事审判工作会议纪要》第55条。

[2] 此时需注意的是，重新申请仲裁，仲裁委不予受理，当事人以仲裁委不予受理为由，诉至法院的，法院应予受理，但法院经查确属拒不到庭或中途退庭的，可裁定驳回起诉。所以，劳动争议处理实务中需特别注意认真应对劳动仲裁，如果被仲裁委按撤回申请处理的，很可能就丧失了权利救济渠道。

[3] 参见《2015年全国民事审判工作会议纪要》第58条。

切关系。比如,支付经济赔偿金与继续履行合同就是反对关系,不具有依附性;出具离职证明与支付经济赔偿金是并列关系,也不具有依附性;继续履行合同与撤销解除决定就是包含关系,要求继续履行合同就潜在地需要撤销解除决定,具有依附性;出具离职证明与转移社保就是直接因果关系,具有依附性。(3)经仲裁,当事人只对部分裁决事项不服而起诉的,法院对起诉的请求事项如何处理?目前,立法层面上并未明确法院如何处理,但基于裁审分立原则,一旦起诉,整个裁决书不生效,法院进行全案审理。按照目前部分地方的裁审口径,对于未起诉的事项,法院应在裁判文书中进行交代,以免这些未起诉的事项因裁决书的不生效而失去执行依据。

第五,劳动争议处理中,如何处理财产保全、先行裁决及先予执行等相关问题?

劳动争议处理实务中,财产保全、先行裁决及先予执行等问题较少被关注,在此一并梳理和分析。

(1)劳动争议处理中如何申请财产保全?关于劳动争议处理中如何申请财产保全,特别是劳动仲裁如何申请财产保全,劳动立法无明确规定。《劳动争议司法解释(一)》[1]也只规定了劳动争议诉讼阶段的财产保全,并未涉及仲裁阶段能否申请以及如何申请。《劳动人事争议仲裁办案规则(征求意见稿)》曾规定劳动仲裁中申请人如何申请财产保全,但后来在正式通过时被删除。即便如此,笔者认为劳动争议处理中当事人可以申请财产保全,主要依据及实务要点有以下三个层面:

第一层:民事诉讼法及仲裁法均有相应的规定。[2] 劳动争议属于民事案件,原则上当然适用民事诉讼立法和仲裁立法,而且《中华人民共和国仲裁法》(以下简称《仲裁法》)中关于财产保全的规定,并未排除劳动仲裁。

第二层:广东、江苏等地方劳动立法及裁审口径对劳动争议中的财产保全问题

---

〔1〕 参见《劳动争议司法解释(一)》第 49 条。

〔2〕 《民事诉讼法》第 101 条规定,利害关系人因情况紧急,不立即申请保全将会使其合法权益受到难以弥补的损害的,可以在提起仲裁或申请仲裁前向被保全财产所在地、被申请人所在地或对案件有管辖权的人民法院申请采取保全措施。法院接受申请后,48 小时之内作出裁定。法院采取保全措施 30 日内,不依法提起诉讼或仲裁的,法院应解除保全。《仲裁法》第 28 条也规定,一方当事人因另一方当事人的行为或其他原因,可能使裁决不能执行或难以执行的,可以申请财产保全。仲裁委应将申请依照民事诉讼法的规定提交人民法院处理。

已有明确规定,对各地劳动争议处理实务部门均有参考和借鉴作用。[1]

第三层:《最高人民法院关于办理财产保全案件若干问题的规定》对相关劳动争议财产保全的具体操作,包括保全申请的提出、保全裁定的期限、保全担保的方式等问题均作了指导性规定。

(2)先行裁决和先予执行相关问题。根据《劳动争议调解仲裁法》第44条[2]和《劳动争议司法解释(一)》第10条[3]的规定,劳动争议处理实务中的先行裁决及先予执行问题,可归结为以下三个要点:

其一,先予执行是民事诉讼中的固有概念和制度体系,而先行裁决制度则是劳动争议仲裁特有的概念。在劳动争议处理实务中,先予执行和先行裁决制度主要有两点区别:一是范围有别,先行裁决适用范围较广,对案件部分事实清楚的就可以先行裁决,并未限定具体的特定的范围,而先予执行只适用于追索劳动报酬、工伤医疗费、经济补偿金和经济赔偿金四类案件;二是处理程序及方式不同,虽然两者都具有"一裁终局"的法律效果,但处理方式不同。结合《劳动争议司法解释(一)》第10条的规定,先行裁决制度可用一句话表述为"先行裁决不可诉但可执行",不过需要劳动者向法院申请强制执行,而先予执行则直接由仲裁机构裁决并移送法院执行。

其二,先予执行制度在功能和作用上部分替代了财产保全制度。根据《最高人民法院关于办理财产保全案件若干问题的规定》第9条的规定,追索抚恤金、医疗费用、劳动报酬的,可以直接申请法院先予执行,不需要申请财产保全。可见,先予

---

〔1〕 如江苏省高级人民法院、江苏省劳动争议仲裁委员会印发《关于适用〈劳动争议调解仲裁法〉若干问题的意见》的通知第11条规定,劳动争议仲裁过程中,用人单位可能出现逃匿、转移财产等情形的,劳动者可以申请财产保全。劳动争议仲裁委应就是否同意采取财产保全措施向该仲裁委所在地的基层人民法院递交书面意见,并附当事人的财产保全申请、财产保全担保及需要保全财产的线索。劳动者在仲裁裁决或法院判决生效后的3个月内未申请法院强制执行的,用人单位要求解除保全的,法院应当解除保全措施。

〔2〕 《劳动争议调解仲裁法》第44条规定:"仲裁庭对追索劳动报酬、工伤医疗费、经济补偿金或赔偿金的案件,根据当事人申请,可以裁决先予执行,移送人民法院执行。仲裁庭裁决先予执行的,应当符合下列条件:(一)当事人之间权利义务关系明确;(二)不先予执行将严重影响申请人生活。"

〔3〕 《劳动争议司法解释(一)》第10条规定:当事人不服劳动争议仲裁机构作出的预先支付劳动者劳动报酬、工伤医疗费、经济补偿或者赔偿金的裁决,依法提起诉讼的,人民法院不予受理。用人单位不履行上述裁决中的给付义务,劳动者依法申请强制执行的,人民法院应予受理。

执行制度解决了劳动者维权的及时性和紧迫性问题,在很大程度上替代了财产保全制度。

其三,先予执行制度的实施,需要同时满足两个条件:一是当事人之间的权利义务关系明确;二是不先予执行将严重影响申请人生活。即劳动者要想启动先予执行,需证实当事人之间权利义务关系明确且执行的紧迫性。

(二)“一裁终局”意义上裁审关系处理

结合《劳动争议调解仲裁法》、相关劳动争议的司法解释及《仲裁办案规则》等规定,“一裁终局”制度体系除了适用案件的类型、裁判标准及撤销裁决制度等一般规定外,实务中还需把握以下常见问题。

1. 劳动者起诉,同时用人单位申请撤裁的,如何处理?

“一裁终局”制度的核心是仲裁裁决生效规则的区分,即仲裁裁决作出后,对劳动者来说是附期限生效,而对用人单位来说则是即时生效。但是,“一裁终局”依然遵循“一旦劳动者起诉,裁决书不生效”的原则。实务中,就可能存在裁决书作出后15 日内,劳动者起诉的同时用人单位申请撤销裁决(以下简称撤裁)的情形,如何处理?根据《劳动争议司法解释(一)》第 21 条的规定,这种情形下中级人民法院不应受理撤裁申请,如果受理了,应予驳回。此时诉讼程序吞并撤裁程序,因为劳动者起诉,裁决就不生效,撤裁失去了前提条件。

2. 劳动者起诉,用人单位不申请撤裁,能否提起反诉?

在此种情形下,用人单位不能提起反诉。首先,在劳动争议“一裁二审”模式下,仲裁阶段可以提反请求,但诉讼阶段并不存在反诉,当事人不服仲裁裁决的可以同时起诉,互为原被告,法院并案审理;其次,在“一裁终局”制度下,只针对部分特定的以用人单位作为义务主体的请求事项,用人单位提反诉显然违反仲裁前置规则。

3. 劳动者申请执行,同时用人单位申请撤裁的,如何处理?

终局裁决作出后,劳动者不起诉而是基于生效的裁决书申请法院执行,用人单位不服裁决而申请撤裁的,此种情形如何处理?根据《劳动争议司法解释(一)》第 25 条的规定,此时法院应裁定中止执行,等待撤裁案的处理结果,否则,一旦申请撤裁成立,法院会撤销裁决,必然导致执行没有依据。当然,如果申请撤裁不成立,则可以继续执行程序。

4. 劳动者申请执行，用人单位申请不予执行，如何处理？

终局裁决作出后，劳动者不起诉但申请执行，用人单位不申请撤裁而是申请不予执行，这种情形如何处理？根据《劳动争议司法解释（一）》第 24 条的规定，此时应先审查不予执行的理由是否成立，理由成立的裁定不予执行。同时，在不予执行裁定书中告知当事人自收到裁定书之日起 30 日内可起诉。

5. 申请撤裁案件的处理实务中，应注意哪些问题？

撤裁案件的处理，包括下列两个实务要点：

第一，中级人民法院如何审理撤裁案件？根据《劳动争议司法解释（一）》第 23 条的规定，审理撤裁案件需注意：（1）应组成合议庭审理；（2）没有新的事实、证据和理由，合议庭认为无须开庭审理的，可以书面审理；（3）可以组织调解。

第二，如何理解撤裁案件的终审裁定？依《劳动争议司法解释（一）》第 22 条的规定，用人单位申请撤裁的，中级人民法院作出的驳回申请或撤销仲裁裁决的裁定为终审裁定，用人单位不能提出上诉。依据诉讼法理，该裁定具有既判力。如申请撤裁理由不成立，单位以同样的理由申请不予执行的，其理由也不成立，因为该终审裁定对受理申请执行仲裁裁决的基层法院同样具有约束力，基层法院不得作出相反的认定。

6. “一裁终局”案件中，同时涉及非终局事项时如何处理？

关于“一裁终局”案同时涉及非终局裁决事项的处理，先后经历了《最高人民法院关于审理劳动争议案件适用法律若干问题的解释（三）》（已失效）第 14 条和《最高人民法院关于审理劳动争议案件适用法律若干问题的解释（四）》（已失效）第 2 条的两次变迁，最终确定于《仲裁办案规则》第 50 条第 4 款规定，即应当分别制作裁决书，并告知当事人相应的救济权利。[1]

---

〔1〕 事实上，分别出裁决书，貌似解决了之前实务的程序冲突问题，但依然存在冲突的可能。比如，有确认工作年限和经济补偿金两项仲裁请求，仲裁委作出两个裁决：一是裁决用人单位支付经济补偿金，且是终局裁决；二是裁决确认相应的工作年限，为非终局裁决。如果确认工作年限案件继续进入诉讼阶段，法院可能裁判单位胜诉，即裁判更短的甚至没有工作年限，此时与经济补偿金的终局裁决显然存在无法消解的冲突。

第三节　劳动争议案件当事人

劳动争议是劳动者和用人单位之间因劳动用工管理问题产生的纠纷，故劳动争议主体原则上或一般意义上是劳动者和用人单位。但是，在劳动争议处理过程中，作为个案意义上和实操层面上的劳动仲裁和诉讼案件当事人的确定，需考虑众多特殊情况。本节拟结合相关劳动立法和司法解释，就劳动争议案件当事人的确定问题进行梳理和分析。

一、用人单位一方当事人的确定

我国劳动立法关于劳动关系主体问题，规定用人单位一方必须是组织体。因此，只要是依法登记的组织机构，在正常经营管理过程中与劳动者发生纠纷而成诉的，自然可以直接作为一方当事人参加仲裁和诉讼。但对尚未依法登记却存在实际经营和用工行为的组织，如何确定其为当事人，以及用人单位发生组织架构调整的，如何确定当事人？这就需要对用人单位非正常状态下的当事人确定问题进行特别处理。主要包括下列几种情形。

（一）用人单位处于筹办阶段

用人单位处于筹办阶段，包括用人单位尚未办理或正在办理营业执照，但未实际经营和已实际经营并有实际用工行为两种情形。此处显然是指后一种情形。根据《劳动争议司法解释（一）》第29条、第30条的规定，劳动者与未办理营业执照的用人单位发生争议的，应当将用人单位或者其出资人列为当事人。未办理营业执照的用人单位，以挂靠等方式借用他人营业执照经营的，应当将用人单位和营业执照出借方列为当事人。

（二）用人单位合并分立

根据《劳动争议司法解释（一）》第26条的规定，用人单位与其他单位合并的，合并前发生的劳动争议,由合并后的单位为当事人;用人单位分立为若干单位的,其分立前发生的劳动争议,由分立后的实际用人单位为当事人。用人单位分立为若干单位后,具体承受劳动权利义务的单位不明确的,分立后的单位均为当事人。

(三)用人单位经营资格丧失

根据《劳动争议司法解释(一)》第29条和第30条的规定,营业执照被吊销或者营业期限届满仍继续经营的用人单位发生争议的,应当将用人单位或者其出资人列为当事人。营业执照被吊销或者营业期限届满仍继续经营的用人单位,以挂靠等方式借用他人营业执照经营的,应当将用人单位和营业执照出借方列为当事人。

综上,根据《仲裁办案规则》第6条的规定,发生争议的用人单位被吊销营业执照、营业执照到期继续经营、被责令关闭、被撤销以及用人单位解散、歇业,不能承担相关责任的,应当将用人单位和其出资人、开办单位或者主管部门作为共同当事人。显然,《仲裁办案规则》与《劳动争议司法解释(一)》相比,有两处变化:其一,将"不能承担相关责任"作为经营资格丧失时用人单位需和其出资人、开办单位或主管部门工作作为当事人的条件。换言之,如果此时的用人单位能独立承担相关责任,则可以单独作为当事人。其二,扩大并修订了用人单位经营资格丧失或主体资格丧失的范围或情形,增加"被责令关闭""被撤销""解散""歇业"等情形,且表述更加规范合理。

二、劳动者一方当事人的确定

劳动争议处理中,劳动者一方当事人的确定相对简单明确。只要是以劳动关系为前提的劳动争议,就可以确定劳动者当事人的身份和地位。主要基于两点理由:第一,劳动者的自然人身份和状态,决定了只要符合劳动法和劳动关系意义上的"劳动者"身份,自然就是劳动争议案件的当事人。第二,现行劳动立法对劳动关系的界定趋于宽松和多元,灵活雇佣和多重劳动关系渐成潮流,劳动者作为劳动争议案件的当事人,并无特殊情形的存在空间。可见,劳动者作为争议案件当事人本身并没有问题,即使存在特殊情形需要特别规制的,也是劳动关系的界定标准和劳动争议范围的争议。换言之,劳动者作为劳动关系主体、劳动争议主体及劳动争议案件当事人是一致的。因此,如果从劳动者作为案件当事人的角度来看,以下特殊情形应予考虑:

第一,劳动争议过程中,劳动者死亡或丧失行为能力时当事人的确定。根据《劳动争议调解仲裁法》第 25 条的规定,丧失或者部分丧失民事行为能力的劳动者,由其法定代理人代为参加仲裁活动;无法定代理人的,由劳动争议仲裁委员会为其指定代理人。劳动者死亡的,由其近亲属或者代理人参加仲裁活动。

第二,诉讼代表人问题。根据《劳动争议调解仲裁法》第 7 条的规定,发生劳动争议的劳动者一方在 10 人以上,并有共同请求的,可以推举代表参加调解、仲裁或者诉讼活动。另据《仲裁办案规则》第 5 条的规定,此类案件仲裁委应优先立案,优先审理。

三、当事人确定的特殊情形

劳动争议案件当事人的确定,除了上述用人单位和劳动者各自的特殊情形之外,还存在以下一些涉及三方关系的特殊情形。

(一)劳动关系与雇佣、承包关系交叉模式下争议的当事人确定

劳动关系、雇佣关系及承包关系各自均有相应的界定标准及争议处理机制。但在一些特殊情形下,劳动关系与雇佣关系、承包关系存在交叉或包含关系,此时涉及劳动关系的判定和劳动争议当事人的确定问题。比如,个人承包经营者承包发包单位的项目,可能涉及个人承包经营者与其招用的劳动者以及发包单位之间的法律关系定性和争议案件当事人的确定。此种情形涉及如下两种情况:

第一,如果是单位内部承包,则个人承包者与发包单位之间劳动关系的属性不变,则劳动者当事人的身份自然也不变。

第二,如果是外部承包,个人承包经营者与其招用的劳动者之间不符合劳动关系的界定标准,不属于劳动关系。但在承包发包组织项目的用工过程中,劳动者是否与发包组织之间成立劳动关系,并在引发争议时按劳动争议处理?相关立法并未明确,实务界也有不同的认知。此种情况可具体分为两个类型:一是发包单位与

劳动者成立劳动关系，主要是从劳动关系的判定标准着手，如果个人承包经营者只是居中介绍，实际用人、管人均由发包单位负责，则显然属于劳动关系；二是不成立劳动关系，个人承包经营者实际招人、用人和管人，劳动者与发包单位之间并无成立劳动关系的合意和认定因素，故不能成立劳动关系。目前，司法实践不认可建筑领域中的农民工与发包单位之间成立劳动关系就属于此类争议的典型。

此种情形下当事人的确定，先后有两处规定涉及：

其一，根据《劳动争议司法解释（一）》第 28 条的规定，劳动者在用人单位与其他平等主体之间的承包经营期间，与发包方和承包方双方或者一方发生劳动争议，依法提起诉讼的，应当将承包方和发包方作为当事人。笔者认为，这一规定是为了解决当时相关劳动立法缺失状态下混乱的关联用工争议，按现行劳动关系的立法、理论和实践，该规定是在规制用人单位之间的承包合作关系，理论上不会发生劳动者与一家用人单位建立劳动关系，同时又和其他合作单位发生劳动争议。因而并不符合此处所指的个人承包、雇佣关系与劳动关系的交叉、包含认定及劳动争议案件当事人的确定情形。

其二，根据《仲裁办案规则》第 7 条的规定，劳动者与个人承包经营者发生争议，依法向仲裁委申请仲裁的，应将发包的组织和个人承包经营者作为共同当事人。就该条文本身来理解或文义解释，依然没有厘清个人承包、雇佣关系与劳动关系的关系问题。只是确定了此类案件的当事人，解决了争议处理的诉讼主体问题。实际上，这一规定是承接了《劳动合同法》的规定。根据《劳动合同法》第 94 条的规定，个人承包经营违反本法规定招用劳动者，给劳动者造成损害的，发包组织与个人承包经营者承担连带责任。个人承包经营者招工承包发包单位项目，属于非法用工，但《劳动合同法》将其纳入调整范围，自然可以作为劳动争议处理。《仲裁办案规则》第 7 条就是为了解决当事人确定和责任承担问题。

（二）用人单位招用尚未与原用人单位解除劳动合同的劳动者引发争议时当事人确定

根据《劳动争议司法解释（一）》第 27 条的规定，用人单位招用尚未解除劳动合同的劳动者，原用人单位与劳动者发生的劳动争议，可以列新的用人单位为第三人。原用人单位以新的用人单位侵权为由提起诉讼的,可以列劳动者为第三人。原用人单位以新的用人单位和劳动者共同侵权为由提起诉讼的,新的用人单位和劳动者列为共同被告。

(三)劳务派遣用工模式下争议当事人的确定

根据《劳动争议调解仲裁法》第 22 条第 2 款的规定,劳动者因履行劳务派遣合同产生劳动争议而起诉,以派遣单位为被告,争议内容涉及用工单位的,以派遣单位和用工单位为共同被告。

第四节　劳动争议时效问题

所谓诉讼时效,是指当事人享有的权利在一定期限内不主张救济的,就会丧失胜诉权的制度体系。在商事仲裁与民事诉讼各自独立运行的司法体制下,诉讼时效与仲裁时效是一致的,但我国现行“一裁二审”的劳动争议处理模式下,会同时涉及劳动争议的仲裁时效和诉讼时效。仲裁时效与诉讼时效的关系以及如何理解和运用仲裁时效等实务问题,值得关注。

一、仲裁时效与诉讼时效及相关概念的界分问题

劳动争议处理实务中,需要关注仲裁时效与诉讼时效、除斥期间及办案时效等相关概念的界分问题。

(一)仲裁时效与诉讼时效

劳动争议处理机制中的仲裁时效与诉讼时效的关系,用一句话概括就是仲裁时效是前提和基础,仲裁时效涵盖了诉讼时效,诉讼时效寓于仲裁时效之中。因为在劳动争议案件中,仲裁是诉讼的必经程序,在仲裁时效内申请仲裁,并导入裁审程序的衔接,也就不存在诉讼时效的问题。或者说,劳动争议处理实务中,仲裁时

效适用的是诉讼时效的规则，包括时效的中止、中断及实务部门不得主动审查时效等，[1]只是因为仲裁前置规则，才突出了仲裁时效制度。所以，《劳动争议调解仲裁法》规定的仲裁时效实质就是劳动争议案件的诉讼时效。虽然劳动争议也属于民事案件，适用民事诉讼规则，但法院在处理劳动争议案件时，不能适用原《中华人民共和国民法总则》关于诉讼时效的一般规定，而应适用劳动争议调解仲裁法中关于仲裁时效的规定。

（二）仲裁时效与除斥期间

所谓除斥期间，简单而言就是法定权利预设的存续期间。除斥期间针对的是形成权，其典型特征是期间届满权利当然消灭，而仲裁时效或诉讼时效针对的是请求权，其典型特征是可以中止和中断。劳动争议处理实务中应该设置除斥期间。比如，在劳动用工管理实践中，劳动者和用人单位单方解除劳动合同的权利均属于形成权，理应设置相应的除斥期间。但我国现行劳动立法中并无明确的除斥期间的规定，只有部分地方立法或指导意见有规定。[2] 这无疑增加了劳动用工管理的难度和劳动争议处理的不确定性。

（三）仲裁时效与办案时效

劳动争议处理实践中，存在大量的实务部门办案的时效制度，其实质是法律规定的实务部门办理案件的期限，如劳动争议调解期限、仲裁期限、工伤认定期限、诉讼期限等。办案时效针对的是劳动争议实务处理部门的职权，其典型特征是法律

---

〔1〕 仲裁和法院在审理劳动争议案件时不得主动审查仲裁时效，并以仲裁时效已过为由而不予实体处理。《劳动争议司法解释（一）》和《仲裁办案规则》（2009 年）中有明确规定，仲裁委和法院可主动审查时效并进行相应的处理。《仲裁办案规则》（2017 年）将其删除，并完全借鉴了法院不得主动审查诉讼时效的规定。参见最高人民法院《关于审理民事诉讼案件适用诉讼时效制度若干问题的规定》（法释〔2008〕11 号）第 3 条的规定。

〔2〕 如《安徽省劳动人事争议仲裁案例研讨会纪要》（2019 年 11 月）第 4 条规定，用人单位依据《劳动合同法》第 39 条解除劳动合同的，应当在合理期限内行使解除权。用人单位知道或应当知道劳动者具有《劳动合同法》第 39 条相应情形超过 1 年（相应情形呈连续或持续状态的，从相应行为终了之日起算）解除劳动合同，且解除劳动合同前劳动者仍在用人单位的，应当认定为违法解除。

直接规定,但又可基于法定的事由进行延长或中止。如根据《仲裁办案规则》的规定,[1]仲裁期限原则上 45 日内结束,案情复杂需要延期的,经仲裁委主任或相关负责人批准,可以延期不超过 15 日。存在追加当事人或第三人等法定事由的,仲裁期限重新计算。可见,仲裁办案时效这既不同于除斥期间的不可变性又不同于仲裁时效的中止和中断。

二、仲裁时效的适用范围

依据诉讼法理,诉讼时效制度针对的是请求权,一般只适用于债权纠纷。从诉的类型划分来看,诉讼时效制度一般只适用于给付之诉,而不用于确认之诉。因此,并非所有的劳动争议案件都适用仲裁时效,实务中常见的确认事实和行为的争议均不适用仲裁时效制度。典型的如确认劳动关系案件、确认劳动合同无效及确认劳动合同解除等案件。

目前劳动立法并未明确规定,属于劳动争议范畴的确认劳动关系案件是否适用仲裁时效,《劳动争议调解仲裁法》第 27 条也未明确排除,故有观点认为应该统一适用仲裁时效制度。各地司法裁审口径也大相径庭,不过笔者检索的主流观点认为,确认劳动关系案件适用一般的仲裁时效。部分地方立法和裁审意见也有明确规定,如江西省高级人民法院、江西省人力资源和社会保障厅《关于办理劳动争议案件若干问题的解答(试行)》第 24 条就规定确认劳动关系案件适用《劳动争议调解仲裁法》第 27 条第 1 款的规定申请仲裁时效制度。[2] 笔者认为,基于确认事实劳动关系争议的性质和特点,不应适用仲裁时效。

确认劳动合同是否已解除的争议能否适用仲裁时效制度?对这一问题的回答,先要弄清楚与此相关的一个实务问题,即当事人能否申请仲裁要求解除劳动合同?尽管实务中请求仲裁委解除劳动合同比较常见,但并不合规。因为解除劳动合同是用人单位用工管理行为,仲裁委作为中立的裁判机构只能确认劳动合同是

---

〔1〕 详见《仲裁办案规则》第 45 条、第 46 条、第 47 条。

〔2〕 参见该解答第 24 条规定。

否解除或解除行为是否合法,而不能直接裁判解除劳动合同。[1] 那么,确认劳动合同是否解除的争议应适用仲裁时效吗?应当适用。因为劳动合同是否解除是事实认定,而劳动合同是否被违法解除是价值判断,两者是一体的。关于劳动合同解除的争议实际就是判定劳动合同是否被违法解除的争议,属于典型的劳动争议,当然应适用仲裁时效。

三、一般时效和特殊时效

根据《劳动争议调解仲裁法》第 27 条及《仲裁办案规则》第 26 条的规定,劳动争议仲裁时效分为一般时效和特殊时效两种。一般时效为 1 年,特殊时效专用于劳动关系存续期间追索劳动报酬的争议。[2]

特殊时效有利有弊,虽然有利于劳动者权益保护,但减损了仲裁时效的制度功能和价值。特殊时效制度与我国当前劳动用工实践存在一定的冲突,主要体现为两点:第一,没有考虑我国存在大量的由劳动立法直接规定的,却没有实际用工行为的"虚拟"劳动关系的现状,引发大量的劳动者追索多年前劳动报酬的争议,平添了劳动关系的不和谐因素;第二,没有注意到用工管理实践中关于工资及加班工资"用人单位保存工资支付凭证 2 年"的特殊性,显然增加了用人单位的举证难度和举证责任。

值得一提的是,还有未签劳动合同双倍工资差议和应休未休年休假工资等争议的仲裁时效问题,实务中容易被误解。双倍工资差额的性质并非劳动者提供正常劳动所获得的一种劳动报酬,而是因用人单位未按法律规定与劳动者签订书面劳动合同而应承担的法定责任。故实务界双倍工资差额争议原则上适用 1 年的一般时效并无争议,但各地对仲裁时效的起算方式有不同裁审口径。

应休未休年休假工资争议的时效问题劳动立法并未明确,部分地方立法明确

---

[1] 劳动者在适用《劳动合同法》第 38 条时经常犯的一个错误就是,一旦发现用人单位存在该条规定的相关情形时,就申请劳动仲裁请求解除劳动合同并要求单位支付经济补偿金。殊不知,该条文本身就明确规定劳动者据此解除劳动合同的要事先通知用人单位。

[2] 值得一提的是,人事争议的仲裁时效适用《中华人民共和国公务员法》的规定,依然是 60 日。

适用 1 年的仲裁时效。[1] 原则上,此类争议适用 1 年的仲裁时效,但因年休假可以分期安排也可以跨年安排,故年休假工资争议的仲裁时效也可能是 2 年,最多是 3 年。

四、仲裁时效的具体适用规则

劳动争议仲裁时效的具体适应规则,主要需关注以下三个问题。

(一)仲裁时效的中断

劳动争议仲裁时效的中断,是指因当事人一方向对方当事人主张权利,或者向有关部门请求权利救济,或者对方当事人同意履行义务而中断。从对方当事人明确拒绝履行义务,或者有关部门作出处理决定或明确表示不予处理时起,申请仲裁期间重新计算。

(二)仲裁时效的中止

仲裁时效的中止,是指因不可抗力或者有其他客观原因无法在 1 年仲裁时效期间申请仲裁的,仲裁时效中止。从中止时效的原因消除之日起,仲裁时效期间继续计算。据此,以下四种情况仲裁时效可以中止:第一,政策规定不明确,或者缺乏处理依据,需要请示上级有关部门并等待答复期间;第二,需要进行工伤鉴定、现场勘验、委托其他仲裁委员会调查时,在等待结果出来期间;第三,出现当事人死亡,法定代理人和利害关系人尚不明确,当事人患重病或丧失行为能力等情况,致使当事人不能参加仲裁活动期间;第四,发生自然灾害或社会变故,造成交通、通信阻断等其他妨碍仲裁办案正常进行的客观情况期间。

比如,2020 年 1 月 24 日人力资源社会保障部办公厅发布的《关于妥善处理新型冠状病毒感染的肺炎疫情防控期间劳动关系问题的通知》规定,因受疫情影响造

---

〔1〕 如《北京市高级人民法院、北京市劳动人事争议仲裁委员会关于印发〈审理劳动争议案件适用法律问题的解答〉的通知》(京高法发〔2017〕142 号)第 19 条规定,对劳动者应休未休年休假天数,单位应按该职工日工资收入的 300% 支付年休假工资。劳动者要求单位支付其应休未休年休假工资中的法定补偿(200%)诉请的仲裁时效适用 1 年的规定。

成当事人不能在法定仲裁时效期间申请劳动人事争议仲裁的，仲裁时效中止。从中止时效的原因消除之日起，仲裁时效期间继续计算。因受疫情影响导致劳动人事争议仲裁机构难以按法定时限审理案件的，可相应顺延审理期限。

(三)仲裁时效的裁审衔接

所谓仲裁时效的裁审衔接，是指在仲裁阶段当事人没有以超过时效为由进行抗辩的，则其法律后果延伸至诉讼阶段。根据《2015 年全国法院民事审判工作会议纪要》第 54 条的规定，当事人在仲裁阶段未提出超过仲裁申请期间的抗辩，劳动人事仲裁机构作出实体裁决后，当事人在诉讼阶段又以超过仲裁时效期间为由进行抗辩的，人民法院不予支持。当事人未按照规定提出仲裁时效抗辩，又以仲裁时效期间届满为由申请再审或者提出再审抗辩的，人民法院不予支持。

第五节　劳动争议举证规则与技巧

"举证之所在，败诉之所在"。举证问题不仅是劳动争议处理实务的核心，而且直接决定当事人主张能否获得仲裁和法院支持。本节结合相关立法和笔者的实务经验，重点探讨我国劳动争议处理实践中的举证规则和举证技巧。

一、劳动争议处理中的举证规则

在我国现行证据立法和劳动立法的框架下，关于劳动争议处理举证规则，大体可以归纳为以下三种：

(一)"谁主张，谁举证"：基本举证规则

"谁主张，谁举证"是民事诉讼举证的基本规则，劳动争议案件为民事案件，原则上同样适用该举证规则。对此，《劳动争议调解仲裁法》第 6 条明确规定，发生劳动争议，当事人对自己提出的主张有责任提供证据。需要强调的是，即使劳动争议的处理不同于其他民事案件，但"谁主张，谁举证"依然是原则性的、基础性的举证规则,而不是例外性的或辅助性的举证规则。《仲裁办案规则》第 18 条规定"争议处理中涉及证据形式、证据提交、证据质证、证据认定等事项,本规则未规定的,参照民事诉讼证据规则的有关规定执行"的规定,正是对此举证规则的回应。

(二)"谁掌控,谁举证":特定事项举证责任倒置规则

民法和劳动法不同的理念、目标、属性及调整对象,决定了劳动争议案件的举证规则与其他民事案件有很大不同。劳动争议案件如果完全适用民事诉讼法的举证规则,则显然对劳动者不公平,因为有很多证据劳动者根本无法获取。其根本原因在于,劳动争议源于劳动用工管理过程或与劳动用工有关,用人单位是管理者,一定程度上与行政机关的管理地位和角色相似,有义务对其作出处理所依据的规章或相关事实提供证据。因此,劳动争议涉及特定的诉争事项,即使是劳动者主张,也应由用人单位举证。

对此,《劳动争议司法解释(一)》第 44 条明确规定,因用人单位作出的开除、除名、辞退、解除劳动合同、减少劳动报酬、计算工作年限等决定而发生的劳动争议,用人单位负举证责任。《劳动争议调解仲裁法》基本沿袭了司法解释的精神,在一定程度上确立了劳动争议案件特定事项举证责任倒置的原则。《劳动争议调解仲裁法》第 6 条规定:"……与争议事项有关的证据属于用人单位掌握管理的,用人单位应当提供;用人单位不提供的,应当承担不利后果。"实务中,对这一规定的正确理解和运用需把握两点:一是如何理解用人单位掌控证据的问题,应理解为用人单位依法和依约应当掌控的证据;二是如何理解"不提供"的问题,"不提供"是指用人单位主观上"不提供"而不是客观上"不提供"。

需要提及的是,特定事项举证责任倒置规则的设计,主要是因为特定事项的相关证据由单位掌控,故适用"谁掌控,谁举证",但用人单位掌控的证据范围并非仅指《劳动争议司法解释(一)》第 44 条规定的事项。根据《劳动争议调解仲裁法》第 6 条和第 39 条的规定,对于其他由用人单位掌控的证据,仲裁庭可以要求用人单位限期提供,期限内不提供的,应承担不利后果。

(三)“有能力,须举证”

“有能力,须举证”也是民事诉讼举证责任分配的一项特殊规则。在劳动争议案件处理中,按照“谁主张,谁举证”原则无法确定举证责任承担,且不属于法定的举证责任倒置和“谁掌管,谁举证”的特殊情形,此时应当由仲裁委按照公平原则和诚信原则,综合当事人的举证能力等因素,确定举证责任承担的一种举证责任分配方式。对此,《仲裁办案规则》第 14 条规定:“法律没有具体规定,按照本规则第十三条[1]规定无法确定举证责任承担的,仲裁庭可以根据公平原则和诚信原则,综合当事人举证能力等因素确定举证责任的承担。”

二、劳动争议处理实务中的举证技巧

劳动争议处理实务中,用人单位基于用工管理实践,应关注以下举证技巧。

(一)管理留痕,及时举证

用人单位在日常的用工管理实践中,应注重管理留痕并及时固定。对涉及用人单位和劳动者权利义务的,特别是与劳动者切身利益相关的重要事项,均应注重证据的收集,并形成有效的证据。

(二)有效举证,共同指向

无论是用工管理实践中还是劳动争议处理实务中,用人单位采集固定证据,都需要确保证据的有效性,即能向仲裁和法院提交的,可以证明案件事实的证据形式。注意三方面的取证技巧:第一,注意证据的法定要求,即确保证据真实性、合法性和关联性的“三性”要求;第二,如果只有孤证,需要确保孤证的效力;第三,如果没有直接证据,或孤证不能使用的,则需按照证据共同指向的原则,充分运用证据锁链的作用。

---

[1] 《仲裁办案规则》第 13 条与《劳动争议调解仲裁法》第 6 条的规定一致,是关于“谁主张,谁举证”和特定事项的“谁掌控,谁举证”规定。

（三）严格审查，谨慎提交

劳动争议处理实务中，用人单位为了证明己方的主张或反驳对方的主张，均应积极提供证据证明，但应严格审查，谨慎提交。具体需注意三点：第一，与案件无关的证据材料，不应提供；第二，互相矛盾的证据，需甄别；第三，对己方不利的证据，需剔除。[1]

特别要注意的是，劳动仲裁和诉讼阶段证据认定的衔接问题。如果用一句话评价现行“一裁二审”的劳动争议处理机制所存在的问题，用“分立有余，而衔接不足”来概括较为精准。所以，立法和实务部门已开始加强裁审衔接机制的建设，其中包括证据认定衔接机制的完善。根据《关于加强劳动人事争议仲裁与诉讼衔接机制建设的意见》（人社部发〔2017〕70号）的规定，当事人仲裁阶段认可，诉讼阶段又予以否认的事实，除经对方当事人同意或有充分证据证明与事实不符的，法院不予采信。可见，用人单位提交证据如不严格审查，出现互相矛盾或对己方不利时，就可能会承担不利的法律后果。

三、特殊事项的举证思路及其注意事项

劳动争议处理实务中，在上述举证规则和举证技巧基础上，需特别关注一些特殊事项的举证问题：

（一）加班费和年终奖的举证

关于劳动者主张加班费和年终奖的争议，用人单位的举证思路有三个：第一，双方之间有无劳动关系；第二，对劳动者初步证据的审查；第三，加班费和年终奖已支付。根据《劳动争议司法解释（一）》第42条的规定，劳动者主张加班费的，应当就加班事实的存在承担举证责任。但劳动者有证据证明用人单位掌握加班事实存在的证据，用人单位不提供的，由用人单位承担不利后果。因此，关于加班费和年

---

〔1〕 实务处理中，这是一项专业工作，需要在对案件进行全面、系统的把握的基础上，才能最终确定相应的证据材料，剔除无关的甚至不利的证据。

终奖争议证据认定问题的关键是用人单位如何审查劳动者的初步证据,并举证予以否认或反驳。

(二)电子证据的认定

随着劳动用工管理领域智能化的发展,电子数据方面证据形式日渐丰富。如何把握和认定电子证据,需关注下列问题:

1. 电子证据的形式或范畴有哪些?目前,电子数据证据形式多样,常见的包括电子邮件、录音、录像、短信、微信等。

2. 如何确保电子证据的合法性?对此,必须满足法定要求。比如,录音(录像)属于"视听资料",取得必须合法,包括取证手段要合法,没有胁迫、威胁、限制人身自由等情形,不能采取非法手段、侵犯他人隐私,也不能使用法律禁止使用的窃听器材等。

3. 如何保证电子证据的真实性?电子证据具有易篡改性,故在采集和固定证据时,要满足相应的取证技术条件。比如,录音时须保证谈话人身份明确,内容清晰,具有客观真实和连贯性,未被剪接或伪造;电子邮件、聊天记录等应保证是原始信息,不宜通过截取或转发所得。

4. 如何确保电子证据的关联性?电子证据不在多而在精,即确保与案件有关联性,能够达到证明目的即可。为此,电子证据尽量不用孤证,而应形成证据链,共同指向证明对象。如证明员工存在旷工的,微信、微博等显示的员工旅游的照片,结合员工实际未出勤亦未请假的事实,可以证明。

(三)解除劳动合同的举证

根据《劳动争议司法解释(一)》第44条的规定,关于劳动合同解除的举证责任由用人单位承担。但实务中对这一规则的理解有误解,主要体现为在劳动合同尚未解除或是否已解除尚不明确的情况下,劳动者主张用人单位违法解除劳动合同并要求赔偿的争议处理。此时,可以适用这一举证规则,让用人单位举证其已解除劳动合同吗?显然不能。根据"只能证有,不能证无"的举证原理,用人单位在未解除劳动合同的情况下,如何证明其解除行为?

因此,劳动合同解除事项的举证责任倒置规则适用的前提是用人单位已经作出解除劳动合同行为。换言之,所谓的劳动合同解除的举证责任倒置,是指用人单位须举证证明其解除行为的合法性。故对于劳动合同是否已经解除,依然遵循“谁主张,谁举证”的基本举证规则,即应由劳动者举证。劳动者只要举证证明劳动合同已被实际解除,至于劳动合同解除的依据、程序是否合法,则由用人单位举证。

后　记

本书原计划于2020年年底出版，但因各种原因滞后了很久。此时仍难抑激动，因为本书的出版，一方面，让我如释重负，终于完成了多年前立下的完成劳动法专著“三姊妹篇”的“小目标”；另一方面，也让自己在多年劳动法理论研究和实务工作中所积累的经验和教训有了一个总结，希望能为读者提供借鉴和参考。

本书可圈可点之处有两点，一是这本书见证了本人多年在劳动法领域“耕耘”的心路历程，可谓多年劳动法理论和实务心血的结晶。先研究理论后总结实务，是我和圈内很多劳动法实务界人士的不同之处，并无路径上的优劣之分，但的确有我对劳动法的热情和执着。二是在本书在交付出版的过程中，不断受到《中华人民共和国民法典》《最高人民法院关于审理劳动争议案件适用法律问题的解释（一）》等新立法和政策的“冲击”，书稿经多次修订完善，最大限度地保证内容新颖性和一致性，为企业提供切实有效的劳动用工合规风险防控和实操指引。

当然，区区一本劳动法实务类著作，不可能面面俱到，将用人单位所有的劳动用工法律问题“一网打尽”，不可避免地会“遗漏”一些不具有普遍性或专题性的重要问题。同时，鉴于目前劳动法圈内人士对劳动法领域各种问题认知水平及观点的差异,针对部分问题的解决思路,本书可能与其他著作的观点存在不同程度的出入,希望读者认真辨别,以决定是否借鉴和参考。

在新劳动立法和企业合规时代背景下,劳动法及企业人力资源合规获得了迅速发展。随着《中华人民共和国民法典》的施行,劳动法是民法特别法的观点开始兴起,加上新就业形态下灵活用工模式呈常态化,传统劳动法理论和实务正面临巨大的风险和挑战。劳动法可以发展,但其独立地位绝不容颠覆,这需要我们劳动法圈内人士共同坚守和努力。我自认是劳动法的捍卫者和守护者之一。在此,特别感谢姜俊禄博士在百忙中为本书作序,并给予了高度的评价,也感谢妻子何爱华女士对我一如既往的支持和对家庭的辛苦付出。

李孝保

2021 年 11 月 28 日